竞争法裁判规则评析

（第二辑）

李雪宇　张黎　主编

中国人民公安大学出版社

群众出版社

·北　京·

图书在版编目（CIP）数据

竞争法裁判规则评析. 第二辑 / 李雪宇，张黎主编 . —北京：中国人民公安大学出版社，2020.1

ISBN 978-7-5653-3812-0

Ⅰ. ①竞… Ⅱ. ①张… Ⅲ. ①反不正当竞争 – 经济纠纷 – 审判 – 案例 – 中国 ②商标法 – 经济纠纷 – 审判 – 案例 – 中国 Ⅳ. ① D922.294.5 ② D923.435

中国版本图书馆 CIP 数据核字（2019）第 241038 号

竞争法裁判规则评析（第二辑）

李雪宇 张黎 主编

出版发行：中国人民公安大学出版社
地 址：北京市西城区木樨地南里
邮政编码：100038
经 销：新华书店
印 刷：北京市泰锐印刷有限责任公司

版 次：2020 年 1 月第 1 版
印 次：2020 年 1 月第 1 次
印 张：14.5
开 本：787 毫米×1092 毫米 1/16
字 数：294 千字

书 号：ISBN 978-7-5653-3812-0
定 价：68.00 元

网 址：www.cppsup.com.cn www.porclub.com.cn
电子邮箱：zbs@cppsup.com zbs@cppsu.edu.cn

营销中心电话：010-83903254
读者服务部电话（门市）：010-83903257
警官读者俱乐部电话（网购、邮购）：010-83903253
公安业务分社电话：010-83906108

编　委　会

写在前面的话

······

不曾忘记的

是古老的痕迹和誓词

心上的天空是什么颜色

呐喊　就是什么颜色

蒋碧荣《我们仍如孩童般天真》

自 2013 年 10 月竞争小组成立至今，已经六年有余。

最初想就一些经典案例予以点评，是因为社会各界都在点评案例，一时成风。仿佛法律界人士不点评案例实在是不专业且落伍的表现。纵观几类风格的点评文章，多以"赞颂"和"褒扬"法院观点为中心。但实际上，众所周知，法官也有迷茫的时候，法院也有为时世所迫的时候，因此，判决书体现出来的多有当时情势下的痕迹，及值得进一步追究法律本源的地方。但律师毕竟不是专业的法学人士，所知的法律理论和案件背景都远离应有的说理基础。通过怎样的途径和方法将历年来竞争法案例给予点评，在于点评的基础和目标设定。

我们将案例点评设定在一般律师能够通读统感的基础上，用案例展示竞争法的脉络、理念以及审判变迁的过程为一宏大目标。最为关键的是，要让律师群体在案例中真正领悟和受益于现行的裁判规则，而不是局限于个案的评述。法律脱离现实背景就是满纸的条文，并无实现公平正义的实践意义。因此，我们所做的每一个案例都将尽可能地与当年的经济、技术、社会以至人文相关联，即使不能融会贯通，也是一种追溯的过程记录。

我们期望各位读者对于"不妥和错误"，不要过于介意，亦不要对个人言论过分苛责，尤其不应以学术研究讨论之观点，作不当的利用或使用。

　　一路走来的践行过程，是困苦的过程，是进步的过程，请给我们时间，让我们慢慢成长！

　　　　　　　　　　　　　　　　　　　　　　　竞争小组

　　　　　　　　　　　　　　　　　　　　　　2019 年 12 月 12 日

目 录

海南裕泰科技饲料有限公司诉海南省物价局
纵向垄断协议行政处罚纠纷案

潘志成 [①]

一、案例基本信息

案例类型	固定转售价格　纵向垄断协议　反垄断　行政处罚　行政案件
案例名称	海南裕泰科技饲料有限公司诉海南省物价局纵向垄断协议行政处罚纠纷案
裁判文书	一审：海南省海口市中级人民法院（2017）琼 01 行初 681 号《行政判决书》 二审：海南省高级人民法院（2017）琼行终 1180 号《行政判决书》
合议庭成员	二审：审判长王好、审判员林达、审判员尹茂平
一审原告	海南裕泰科技饲料有限公司（本文简称"裕泰公司"）
一审被告	海南省物价局
二审上诉人	海南省物价局
二审被上诉人	裕泰公司
受理日期	二审：2017 年 8 月 31 日
判决日期	二审：2017 年 12 月 11 日
审理程序	一审、二审
一审判决结果	撤销海南省物价局作出的琼价监处〔2017〕5 号《行政处罚决定书》。

[①] 潘志成，上海市汇业律师事务所，高级合伙人，法学博士。

续表

二审判决结果	一、撤销海口市中级人民法院（2017）琼01行初681号行政判决； 二、驳回海南裕泰科技饲料有限公司的诉讼请求。
涉案法律、法规和司法解释	一审：《中华人民共和国行政诉讼法》第七十条①第（一）项 二审：《中华人民共和国行政诉讼法》第八十九条②第一款第（二）项 同时一审、二审法院均涉及行政执法机关对《中华人民共和国反垄断法》以下条款的理解和适用是否正确的分析： 第一条③、第十四条④第一款第（一）项、第四十六条⑤
裁判要点	1. 裕泰公司对海南省物价局在《行政处罚决定书》中查明的事实并无异议。裕泰公司与经销商签订的销售合同规定经销商的销售价格服从裕泰公司的指导价，固定了经销商向第三人转售鱼饲料的价格，并制定了相应的处罚条款，该协议排除、限制经销商销售同一品牌"裕泰"鱼饲料之间的价格竞争，构成了与交易相对人达成

---

① 《行政诉讼法》第七十条：行政行为有下列情形之一的，人民法院判决撤销或者部分撤销，并可以判决被告重新作出行政行为：（一）主要证据不足的；（二）适用法律、法规错误的；（三）违反法定程序的；（四）超越职权的；（五）滥用职权的；（六）明显不当的。

② 《行政诉讼法》第八十九条：人民法院审理上诉案件，按照下列情形，分别处理：

（一）原判决、裁定认定事实清楚，适用法律、法规正确的，判决或者裁定驳回上诉，维持原判决、裁定；（二）原判决、裁定认定事实错误或者适用法律、法规错误的，依法改判、撤销或者变更；（三）原判决认定基本事实不清、证据不足的，发回原审人民法院重审，或者查清事实后改判；（四）原判决遗漏当事人或者违法缺席判决等严重违反法定程序的，裁定撤销原判决，发回原审人民法院重审。

原审人民法院对发回重审的案件作出判决后，当事人提起上诉的，第二审人民法院不得再次发回重审。

人民法院审理上诉案件，需要改变原审判决的，应当同时对被诉行政行为作出判决。

③ 《反垄断法》第一条：为了预防和制止垄断行为，保护市场公平竞争，提高经济运行效率，维护消费者利益和社会公共利益，促进社会主义市场经济健康发展，制定本法。

④ 《反垄断法》第十四条：禁止经营者与交易相对人达成下列垄断协议：

（一）固定向第三人转售商品的价格；（二）限定向第三人转售商品的最低价格；（三）国务院反垄断执法机构认定的其他垄断协议。

⑤ 《反垄断法》第四十六条：经营者违反本法规定，达成并实施垄断协议的，由反垄断执法机构责令停止违法行为，没收违法所得，并处上一年度销售额百分之一以上百分之十以下的罚款；尚未实施所达成的垄断协议的，可以处五十万元以下的罚款。

经营者主动向反垄断执法机构报告达成垄断协议的有关情况并提供重要证据的，反垄断执法机构可以酌情减轻或者免除对该经营者的处罚。

行业协会违反本法规定，组织本行业的经营者达成垄断协议的，反垄断执法机构可以处五十万元以下的罚款；情节严重的，社会团体登记管理机关可以依法撤销登记。

续表

裁判要点	"固定向第三人转售商品的价格"的垄断协议。由于事实上经销商并未按裕泰公司的指导价销售，裕泰公司也没有对经销商的销售价格进行监控或对经销商违反合同中限定价格规定行为进行处罚，海南省物价局将该协议认定为尚未实施所达成的垄断协议。 2. 关于《反垄断法》第十四条所规定的：限制固定转售价格的垄断协议是否以该法第十三条第二款规定的"排除、限制竞争"为构成要件的问题： 首先，从立法目的来看，结合《反垄断法》第一条和第十五条，反垄断执法机构对垄断行为进行规制的原因在于对垄断行为不仅须"制止"，而且须"预防"。 其次，从关于纵向垄断协议的规定来看，结合《反垄断法》第三条、第十三条第二款和第十四条，直接将"固定向第三人转售商品的价格"视为垄断协议并明令禁止，且未规定该法第十四条所规定的固定转售价格的垄断协议须以该法第十三条第二款规定的"排除、限制竞争"为构成要件。在无法条明确规定的情况下，不能得出反垄断执法机构所认定的纵向垄断协议必须以排除、限制竞争为构成要件这一结论。 再次，从关于垄断协议的处罚规定来看，结合《反垄断法》第十五条和第四十六条，第十五条的举证责任在于达成垄断协议的经营者一方，若经营者未能完成其举证责任，则反垄断执法机构可以根据该法第四十六条的规定，对达成并实施垄断协议以及达成但未实施垄断协议的经营者进行处罚。 最后，本案为关于纵向垄断协议的行政案件，为实现我国反垄断法预防和制止垄断行为、维护消费者利益和社会公共利益的立法目的，行政机关在认定纵向垄断协议时与单个民事主体主张垄断行为造成的实际损失时并不相同。 3. 关于海南省物价局作出琼价监案处〔2017〕5号《行政处罚决定书》程序是否合法问题。 《反垄断法》第四十五条第一款①规定的承诺制度是为减少垄断行为调查成本、维护经营者声誉，由反垄断执法机构与被调查的经营者和解的一种方式，并非反垄断执法机构在调查和执法程序中必须履行的法定义务。裕泰公司对海南省物价局拥有行政处罚的行政职权及其他行政程序均无异议，海南省物价局作出本案行政处罚决定的程序合法
案例规则	1. 行政机关在行政执法中认定垄断协议构成无需以具有排除、限制竞争效果为前提，无需以给他人造成损失为前提。 2. 《反垄断法》第四十五条第一款规定的承诺制度并非反垄断执法机构在调查和执法程序中必须履行的法定义务

---

① 《反垄断法》第四十五条第一款：对反垄断执法机构调查的涉嫌垄断行为，被调查的经营者承诺在反垄断执法机构认可的期限内采取具体措施消除该行为后果的，反垄断执法机构可以决定中止调查。中止调查的决定应当载明被调查的经营者承诺的具体内容。

二、案件综述

【行政处罚决定】

本案被诉行政行为为海南省物价局于 2017 年 2 月 28 日作出的琼价监案处〔2017〕5 号《行政处罚决定书》。

该决定书认定：裕泰公司 2014 年及 2015 年与其经销商签订统一格式文本的《饲料产品销售合同》第七条规定的"乙方（经销商）应为甲方（裕泰公司）保密让利标准，且销售价服从甲方的指导价，否则，甲方有权减少其让利"。此规定排除限制经销商销售同一品牌"裕泰"鱼饲料之间的价格竞争，违反了《反垄断法》第十四条第（一）项的规定，构成了与交易相对人达成"固定向第三人转售商品的价格"垄断协议的行为。但鉴于经销商并未按指导价销售，裕泰公司在海南省物价局调查过程中能积极配合，主动整改等情节，根据《反垄断法》第四十六条第一款及第四十九条的规定，海南省物价局决定对裕泰公司作出：1. 责令裕泰公司立即停止违法行为；2. 处 20 万元的罚款处理。

【基本事实】

2014 年至 2015 年间，裕泰公司与其经销商在《饲料产品销售合同》中约定："让利标准见合同附件，乙方（经销商）应为甲方（裕泰公司）保密让利标准，且销售价服从甲方的指导价，否则，甲方有权减少其让利。"

2015 年 8 月 25 日海南省物价局对裕泰公司展开反垄断调查。2016 年 10 月 11 日海南省物价局作出琼价监案〔2016〕32 号《行政处罚事先告知书》，认定：裕泰公司与经销商签订的《饲料产品销售合同》第七条的规定违反了《反垄断法》的规定，涉嫌达成《反垄断法》第十四条第（一）项"固定向第三人转售商品的价格"的垄断协议的违法行为。因经销商未执行协议规定的价格，所以属于尚未实施所达成的垄断协议的违法行为。对裕泰公司拟作出：1. 责令该公司立即停止违法行为；2. 对该公司处以 30 万元的罚款处理。2016 年 10 月 14 日海南省物价局向裕泰公司送达该告知书。

2016 年 10 月 17 日，裕泰公司向海南省物价局申请听证，2016 年 10 月 28 日，海南省物价局作出琼价监案〔2016〕60 号《行政处罚听证通知书》，决定于 2016 年 11 月 8 日 9：00 听证。2016 年 10 月 31 日，海南省物价局向裕泰公司送达该通知书。2016 年 11 月 8 日，海南省物价局组织听证，裕泰公司代理人孙标、吴军到场。

2016 年 12 月 7 日，海南省物价局向国家发展和改革委员会上报琼物价〔2016〕264 号《海南省物价局关于对海南百洋饲料有限公司等鱼饲料生产企业价格垄断案拟作出行政处罚决定的报告》。

2016 年 12 月 23 日，国家发展和改革委员会价格监督检查与反垄断局复函："《报告》将海南百洋饲料有限公司等七家公司的行为性质认定为达成但未实施纵向垄断协议。但从本案案情看，认定当事人与经销商未实施纵向垄断协议的理由不充分，限定、固定价格是否完全执行只应作为处罚时的参考因素，不应作为案件定性的依据。建议你局根据上述意见对处罚决定书修改完善后，再报我局审查。"

2017 年 1 月 13 日，海南省物价局向国家发展和改革委员会价格监督检查与反垄断局上报琼价监函〔2017〕27 号《关于对海南百洋饲料有限公司等鱼饲料生产企业价格垄断案拟作出行政处罚决定的补充报告》。2017 年 2 月 3 日，国家和发展改革委员会价格监督检查与反垄断局复函："经研究，我们无不同意见。"

2017 年 2 月 28 日，海南省物价局作出琼价监案处〔2017〕5 号《行政处罚决定书》。

裕泰公司不服海南省物价局作出的《行政处罚决定书》，遂将海南省物价局起诉至海南省海口市中级人民法院。一审法院认为对于《反垄断法》第十四条所规定的垄断协议的认定，不能仅以经营者与交易相对人是否达成了固定或者限定转售价格协议为依据，而需要结合该法第十三条第二款所规定的内容，进一步综合考虑相关价格协议是否具有排除、限制竞争效果。具体在本案中，需要综合考虑裕泰公司的经营规模、裕泰公司与经销商签订合同项下的鱼饲料在相关市场所占份额、鱼饲料在市场上的竞争水平、该约定对产品供给数量和价格的影响程度、该约定对市场行情的影响等因素。现有证据表明，裕泰公司的经营规模、市场所占份额等上述因素不具有排除、限制竞争效果，不构成垄断协议。遂判决撤销海南省物价局作出的琼价监处〔2017〕5 号《行政处罚决定书》。

然而，本案在经历二审时，海南省高级人民法院认为上诉人海南省物价局作出本案行政处罚决定无需以裕泰公司与经销商达成的协议具有排除、限制竞争效果为前提，更无需以给他人造成损失为前提。遂认定海南省物价局作出琼价监案处〔2017〕5 号《行政处罚决定书》程序合法，认定事实清楚，适用法律正确。一审判决适用法律错误，海南省物价局的上诉理由成立，判决撤销海口市中级人民法院（2017）琼 01 行初 681 号行政判决。

【对事实的认定】

1. 涉案价格协议的达成。

2014 年至 2015 年期间，裕泰公司与经销商签订《饲料产品销售合同》。其第七条约定"让利标准见合同附件，乙方应为甲方（裕泰公司）保密让利标准，且销售价服从甲方的指导价，否则，甲方有权减少其让利"。

2. 纵向垄断协议的认定。

涉案价格协议究竟是否可被认定为纵向垄断协议，行政机关（包括海南省物价局和国家发改委价格监督检查与反垄断局）认定涉案价格协议已构成纵向垄断协议。然而此案在进行司法审判时，法院对纵向垄断协议的认定持不同意见。一审法院认为纵向垄断协议的认定不能仅以经营者与交易相对人是否达成了固定或者限定转售价格协议为依据，而需要结合该法第十三条第二款所规定的内容，进一步综合考虑相关价格协议是否具有排除、限制竞争效果。需要综合考虑裕泰公司的经营规模、裕泰公司与经销商签订合同项下的鱼饲料在相关市场所占份额、鱼饲料在市场上的竞争水平、该约定对产品供给数量和价格的影响程度、该约定对市场行情的影响等因素。现有证据表明，裕泰公司的经营规模、市场所占份额等上述因素不具有排除、限制竞争效果，不构成垄断协议。海南省高级人民法院认为纵向垄断协议的认定无需考虑相关价格协议是否具有排除、限制竞争效果。因此，涉案价格协议应被认定为纵向垄断协议。

3. 纵向垄断协议的实施。

裕泰公司虽与经销商签订的销售合同规定经销商的销售价格服从当事人的指导价，但事实上经销商并未按裕泰公司的指导价销售，裕泰公司也没有对经销商的销售价格进行监控或对经销商违反合同中限定价格规定行为进行处罚，因此所达成的垄断协议并未实施。

【违法行为】

达成"固定向第三人转售商品的价格"纵向垄断协议。裕泰公司与经销商签订的销售合同规定经销商的销售价格服从裕泰公司的指导价，固定了经销商向第三人转售鱼饲料的价格，并制定了相应的处罚条款，该协议排除、限制经销商销售同一品牌"裕泰"鱼饲料之间的价格竞争，构成了与交易相对人达成"固定向第三人转售商品的价格"的垄断协议，违反《反垄断法》第十四条的规定。

【核心要点】

1. 裕泰公司与经销商签订的销售合同，固定了经销商向第三人转售鱼饲料的价格，达成了价格协议。

2. 纵向垄断协议无需以《反垄断法》第十三条第二款规定的"排除、限制竞争"为构成要件。因此涉案价格协议构成了与交易相对人达成"固定向第三人转售商品的价格"的纵向垄断协议。

3. 本案达成的纵向垄断协议并未实施。

三、案例评析

【名词解释】

1. 纵向限制协议。

纵向限制协议，又称为垂直协议（vertical agreements）或纵向限制（vertical restraints，vertical restrictions）等，是上游企业与下游企业之间限制其经营活动的协议。现实中，常见的纵向限制协议包括：（1）维持转售价格：指制造商（供应商）确定销售商向客户转售商品的价格的行为；（2）纵向地域限制：指制造商（供应商）要求销售商在指定区域内向客户销售商品，不得跨区销售商品；（3）独家销售限制：指制造商（供应商）要求销售商只能从供应商处购买用于转售的商品。

2. 固定转售价格。

制造商（供应商）限制销售商向客户转售商品时只能以固定的价格销售。此项行为在我国《反垄断法》第十四条第（二）项中加以规定。

【焦点评析】

1. 本案是司法机关首次明确认可构成《反垄断法》第十四条纵向垄断协议无需具有排除、限制竞争效果。

在本案判决之前，对于认定构成《反垄断法》第十四条纵向垄断协议是否需要具有排除、限制竞争效果，行政执法机关在行政执法中的认定标准与法院在民事诉讼司法裁判中的判定标准不同。行政执法机关认为无需具有排除、限制竞争效果，如发改委查处的美敦力案（美敦力纵向垄断案）以及上海物价局查处的日上案（海尔电器纵向垄断案），行政执法机关均没有考察纵向价格限定行为是否具有排除、限制竞争效果。

而在法院的司法裁判中，法院则认为需要考察纵向价格限定行为是否具有排除、限制竞争的效果，仅具有排除、限制竞争效果的纵向限制才构成纵向垄断协议。例如，上海高级人民法院判决的强生案（锐邦公司诉强生公司纵向垄断协议纠纷案）、东莞法院判决的格力案（国昌电器商店诉晟世欣兴公司、合时公司纵向垄断协议纠纷案），法院均考察了生产商是否具有市场支配地位、限制行为是否具有不利竞争效果等因素，并在此基础上判定纵向价格限定行为是否构成垄断协议。

综上，本案是司法机关首次明确认可构成《反垄断法》第十四条纵向垄断协议无需具有排除、限制竞争效果。

另一方面，尽管本案中海南省高级人民法院作出此判决，但其也明确本案仅为行政诉讼案件，仅对行政执法机关的执法是否具有事实和法律依据进行审查；同时明确法院在民事诉讼案件中的认定标准可以与行政机关在行政执法中的认定标准不同。据此，海南省高级人民法院也并未宣告行政机关行政执法中的认定标准与法院在民事诉讼司法裁判中的认定标准应当统一。

2. 本案判决的逻辑推理值得商榷。

本案的主要争议焦点集中在海南省物价局作出的琼价监案处〔2017〕5号《行政处罚决定书》是否有法律依据。而这个问题的关键在于《反垄断法》第十四条所规定限制固定转售价格的垄断协议是否以该法第十三条第二款规定的"排除、限制竞争"为构成要件。海南省高级人民法院的思路主要是从反垄断法的立法目的、反垄断法条文体系等方面加以推理。

首先，关于《反垄断法》的立法目的，判决从《反垄断法》第一条和第十五条进行解读，认为反垄断法执法机构对垄断行为进行规制的原因不仅在于"制止"垄断行为，还须"预防"垄断行为。《反垄断法》的目的的确在于保护市场公平竞争、提高经济运行效率、维护消费者利益和社会公共利益，但是"预防"垄断行为，并不代表可以将并非垄断行为的行为认定为垄断行为加以制止和处罚。换句话说，必须先构成垄断协议，然后才需要加以预防和制止。而是否构成垄断行为，还是需要根据行为者是否具有市场支配地位、行为对市场竞争的影响等因素加以判断。

其次，海南省高级人民法院对《反垄断法》第十四条进行文义解释，认为《反垄断法》直接将"固定向第三人转售商品的价格"视为垄断协议并命令禁止，且未规定该法第十四条所规定的固定转售价格的垄断协议须以该法第十三条第二款规定的"排除、限制竞争"为构成要件。此处对《反垄断法》的相关规定存在一定程度的误读，且有逻辑前后矛盾之处。在对第三条的规定进行解读时，判决原文明确说明"在该条规定的三类垄断行为中，仅经营者集中要求'具有或者可能具有排除、限制竞争效果'，对垄断协议并无该限制条件"。但是后面又明确写到："未规定该法第十四条所规定的固定转售价格的垄断协议须以该法第十三条第二款规定的'排除、限制竞争'为构成要件。"因此，要求"排除、限制竞争"的要件绝不仅仅是经营者集中的垄断行为才有此要求。从法律的连贯性和体系性来看，如此割裂地理解法条，导致前后矛盾的文义解释，显然是不合理的。此外，判决中分析到"列举具体情形前用的表述为'禁止'，表明我国反垄断法对于垄断协议持积极否定态度"，以及"将所列举的对象表述为'垄断协议'而非'协议'，从逻辑上说符合该条明确列举情形的已属垄断协议"。但是笔者认为，否定垄断协议并不必然是否定固定转售价格的垄断协议须以"排除、限制竞争"为构成要件。

《最高人民法院关于审理因垄断行为引发的民事纠纷案件应用法律若干问题的规定》第七条明确规定："被诉垄断行为属于反垄断法第十三条第一款第（一）项至第（五）项规定的垄断协议的，被告应对该协议不具有排除、限制竞争的效果承担举证责任。"对法律进行解释时，考虑法律的体系结构和前后关系，对于正确理解法条的规定是非常必要的步骤。如不对反垄断法关于垄断协议上的规定加以体系上的考虑，则会出现非常荒诞的结果。其一，一部完整的《反垄断法》却存在两种垄断协议的定义和判断方法；其二，对第十三条横向垄断协议这种学界和实务界公认限制竞争危害性更大的垄断协议都需要认定其"排除、限制竞争"的效果，而对促进竞争效果还是限制竞争效果仍无定论的纵向垄断协议却只根据形式本身就加以禁止，这无疑是不合理的规制结果。

在此之前，强生案的二审法院已经对纵向垄断协议给出清晰的认定思路，即"根据最高人民法院垄断纠纷审理规定第七条规定，认定反垄断法所禁止的第十三条所规定横向协议构成垄断协议，应以该协议具有排除、限制竞争效果为前提。举重以明轻，限制竞争效果相对较弱的纵向协议更应以具有排除、限制竞争效果为必要条件"。

再者，海南省高级人民法院认为本案为行政案件，与强生案的案件性质不同。因此，强生案认定《反垄断法》第十四条所称垄断协议的成立须以具有排除、限制竞争效果为构成要件的思路在本案中不能适用。海南省高级人民法院认为，根据《反垄断法》第五十条"经营者实施垄断行为，给他人造成损失的，依法承担民事责任"，涉及垄断行为的民事案件以造成实际损失为前提，而造成实际损失又须以该垄断行为具有或产生排除、限制竞争效果为前提。而海南省高级人民法院在对海南省物价局的行政处罚进行合法性审查时依据反垄断法第四十六条，认定本案属于"尚未实施所达成的垄断协议"的情形，因此本案海南省物价局作出行政处罚决定无须以裕泰公司与经销商达成的协议具有排除、限制竞争效果为前提，更无须以给他人造成损失为前提。此处的分析亦存在可商榷之处。笔者不禁想问，若本案中的价格协议被实施，其产生的损失和损害与排除、限制竞争效果之间的关系又该如何认定？而此处更值得讨论的地方在于：其一，海南省高级人民法院从《反垄断法》第五十条有关民事责任的规定反推垄断协议构成要件——在民事诉讼中包括排除、限制竞争效果要件的逻辑值得商榷。毕竟构成垄断协议所造成的竞争损害与民事责任阶段的私人损害性质上存在差别。因此造成民事阶段的实际损失的前提是排除、限制竞争效果的逻辑并不成立。其二，我们可明显从判决书中读出，海南省高级人民法院认为民事案件与行政案件对该纵向垄断协议的判断标准不一致。但这种裁判思路是否成立，仍值得商榷。

【总体评价】

纵向垄断协议的认定标准一直是反垄断法领域的难点问题。本案是我国第一起纵向垄断协议行政处罚纠纷案，可以视为是海南省高级人民法院对司法路径与执法路径不一致问题进行调和的一种尝试和思路。然而这一尝试和思路是否应被认可和推广，值得学界和实务界认真研究。

【案例规则】

1. 行政机关在认定纵向垄断协议时与单个民事主体主张垄断行为造成的实际损失时并不相同，无需以纵向垄断协议具有排除、限制竞争效果为前提，无需以给他人造成损失为前提。

2.《反垄断法》第四十五条第一款规定的承诺制度并非反垄断执法机构在调查和执法程序中必须履行的法定义务。

广东加多宝饮料食品有限公司诉广州王老吉大健康产业有限公司擅自使用知名商品特有名称、包装、装潢纠纷案

张 利[①]

一、案例基本信息

案例类型	包装装潢　公平原则　商誉　不正当竞争　民事案件
案例名称	广东加多宝饮料食品有限公司诉广州王老吉大健康产业有限公司擅自使用知名商品特有名称、包装、装潢纠纷案
裁判文书	一审：广东省高级人民法院（2013）粤高法民三初字第1号《民事判决书》 二审：最高人民法院（2015）民三终字第2号《民事判决书》
合议庭成员	二审：审判长宋晓明、审判员夏君丽、审判员周翔、审判员钱小红、代理审判员佟姝
一审原告	广东加多宝饮料食品有限公司（本文简称"加多宝公司"）
一审被告	广州王老吉大健康产业有限公司（本文简称"王老吉公司"）
二审上诉人	加多宝公司
二审被上诉人	王老吉公司

---

① 张利，重庆索通律师事务所，高级合伙人。

续表

受理日期	二审：2015 年 3 月 23 日
裁判日期	二审：2017 年 7 月 27 日
审理程序	一审、二审
一审判决结果	驳回原告全部诉讼请求
二审判决结果	驳回上诉，维持原判
涉案法律、法规和司法解释	一审： 《反不正当竞争法》第一条①、第二条②第一款 《中华人民共和国民事诉讼法》第一百四十二条③ 二审： 《中华人民共和国反不正当竞争法》第一条、第二条第一款、第五条④第二项

---

① 《反不正当竞争法》第一条：为了促进社会主义市场经济健康发展，鼓励和保护公平竞争，制止不正当竞争行为，保护经营者和消费者的合法权益，制定本法。

② 《反不正当竞争法》第二条：经营者在生产经营活动中，应当遵循自愿、平等、公平、诚信的原则，遵守法律和商业道德。

本法所称的不正当竞争行为，是指经营者在生产经营活动中，违反本法规定，扰乱市场竞争秩序，损害其他经营者或者消费者的合法权益的行为。

本法所称的经营者，是指从事商品生产、经营或者提供服务（以下所称商品包括服务）的自然人、法人和非法人组织。

③ 《中华人民共和国民事诉讼法》第一百四十二条：法庭辩论终结，应当依法作出判决。判决前能够调解的，还可以进行调解，调解不成的，应当及时判决。

④ 《反不正当竞争法》第五条：国家鼓励、支持和保护一切组织和个人对不正当竞争行为进行社会监督。

国家机关及其工作人员不得支持、包庇不正当竞争行为。

行业组织应当加强行业自律，引导、规范会员依法竞争，维护市场竞争秩序。

续表

涉案法律、法规和司法解释	《最高人民法院关于审理不正当竞争民事案件应用法若干问题的解释》第一条、第二条① 《中华人民共和国民事诉讼法》第一百七十条第一款第一项② 《最高人民法院关于适用〈中华人民共和国民事诉讼法〉的解释》第三百三十四条③
裁判要点④	1. 知名商品的特有包装装潢之所以受反不正当竞争法保护，是因为其经使用而具有识别商品来源的功能。而商品来源的识别功能是由其知名度而产生。因此，商品具有知名度及其包装装潢的实际使用并形成特有性、显著性，是该包装装潢受到反不正当竞争法保护的法定要件。

---

① 《最高人民法院关于审理不正当竞争民事案件应用法律若干问题的解释》第一条：在中国境内具有一定的市场知名度，为相关公众所知悉的商品，应当认定为反不正当竞争法第五条第（二）项规定的"知名商品"。人民法院认定知名商品，应当考虑该商品的销售时间、销售区域、销售额和销售对象，进行任何宣传的持续时间、程度和地域范围，作为知名商品受保护的情况等因素，进行综合判断。原告应当对其商品的市场知名度负举证责任。

在不同地域范围内使用相同或者近似的知名商品特有的名称、包装、装潢，在后使用者能够证明其善意使用的，不构成反不正当竞争法第五条第（二）项规定的不正当竞争行为。因后来的经营活动进入相同地域范围而使其商品来源足以产生混淆，先使用者请求责令在后使用者附加足以区别商品来源的其他标识的，人民法院应当予以支持。

第二条：具有区别商品来源的显著特征的商品的名称、包装、装潢，应当认定为反不正当竞争法第五条第（二）项规定的"特有的名称、包装、装潢"。有下列情形之一的，人民法院不认定为知名商品特有的名称、包装、装潢：（一）商品的通用名称、图形、型号；（二）仅仅直接表示商品的质量、主要原料、功能、用途、重量、数量及其他特点的商品名称；（三）仅由商品自身的性质产生的形状，为获得技术效果而需有的商品形状以及使商品具有实质性价值的形状；（四）其他缺乏显著特征的商品名称、包装、装潢。

前款第（一）、（二）、（四）项规定的情形经过使用取得显著特征的，可以认定为特有的名称、包装、装潢。

知名商品特有的名称、包装、装潢中含有本商品的通用名称、图形、型号，或者直接表示商品的质量、主要原料、功能、用途、重量、数量以及其他特点，或者含有地名，他人因客观叙述商品而正当使用的，不构成不正当竞争行为。

② 《中华人民共和国民事诉讼法》第一百七十条第一款第一项：第二审人民法院对上诉案件，经过审理，按照下列情形，分别处理：（一）原判决、裁定认定事实清楚，适用法律正确的，以判决、裁定方式驳回上诉，维持原判决、裁定。

③ 《最高人民法院关于适用〈中华人民共和国民事诉讼法〉的解释》第三百三十四条：原判决、裁定认定事实或者适用法律虽有瑕疵，但裁判结果正确的，第二审人民法院可以在判决、裁定中纠正瑕疵后，依照民事诉讼法第一百七十条第一款第一项规定予以维持。

④ 摘自一审判决：广东省高级人民法院（2013）粤高法民三初字第1号判决书；二审判决：最高人民法院（2015）民三终字第2号判决书。

续表

裁判要点④	2. 足以使相关公众对商品的来源产生误认，包括误认为与知名商品的经营者具有许可使用、关联企业关系等特定联系的，应当认定为《反不正当竞争法》第五条第二项规定的"造成和他人的知名商品相混淆，使购买者误认为是该知名商品"。 3. 商品的包装装潢通常是由文字、图案、色彩等多种构成要素组合而成的整体形象，文字部分一般指向的是使用该包装装潢的商品名称或商标。在对包装装潢进行实际使用的过程中，既可以将商标作为包装装潢的组成要素之一，亦可将其明确排除在外，这完全取决于包装装潢设计或使用者自身的意愿。 4. 特有包装装潢与知名商品，二者具有互为表里、不可割裂的关系。只有使用了特有包装装潢的商品，才能够成为反不正当竞争法评述的对象。 5. 在确定特有包装装潢的权益归属时，既要在遵循诚实信用原则的前提下鼓励诚实劳动，也应当尊重消费者基于包装装潢本身具有的显著特征，而客观形成的对商品来源指向关系的认知。 6. 知识产权纠纷常产生于复杂的历史与现实背景之下，权益的分割和利益的平衡往往交织在一起。对这类纠纷的处理，需要充分考虑和尊重纠纷形成的历史成因、使用现状、消费者的认知等多种因素，以维护诚实信用并尊重客观现实为基本原则，严格遵循法律的指引，公平合理地解决纠纷
案例规则	1. 抽象的商品名称或无确定内涵的商品概念，脱离于包装装潢所依附的具体商品，缺乏可供评价的实际使用行为，不具有《反不正当竞争法》第五条第二项规定进行评价的意义。 2. 包装装潢通过使用起到了区别产品来源或标示产品品质的作用可以受到《反不正当竞争法》的保护。 3. 商标保护与特有包装装潢归属不是非此即彼的关系。基于特有包装装潢与知名商品之间所应具有的指向和依附关系，包装装潢带来的价值不一定属于实际经营者。 4. 不论主张商品名称、企业字号、包装装潢、商标等何种权益都是基于对商誉的保护

二、案例综述

【主要诉请】①

原告请求判令王老吉公司：1. 立即停止使用加多宝公司知名商品红罐王老吉凉茶特有的包装装潢；2. 立即停止使用加多宝公司"红罐"、"红罐凉

---

① 广东省高级人民法院（2013）粤高法民三初字第1号《民事判决书》。

茶"、"红罐王老吉"等知名商品特有名称；3. 立即停止生产红罐王老吉凉茶；4. 赔偿因其不正当竞争行为给加多宝公司造成的经济损失 50 万元。

【基本事实】

1. 涉案知名商品（参见【名词解释】知名商品）特有包装装潢的内容和指向是什么？

（1）涉案包装装潢的内容（参见【名词解释】包装装潢）。

在本案中，涉案知名商品王老吉凉茶的包装装潢采用红色为底色，主视图中心是突出、引人注目的三个竖排黄色装饰的楷书大字"王老吉"，"王老吉"右边为两列小号宋体黑色文字"凉茶始祖王老吉创业于清朝道光年已有百余年历史"，"王老吉"左边下部为褐色底、宋体白色文字"凉茶"，再左边为三列小号宋体黑色文字"王老吉凉茶依据祖传秘方采用上等草本配制老少咸宜诸君惠顾请认商标"；罐体上部有条深褐色的装饰线，该装饰线上有黄色"王老吉"楷书小字，罐体下部有一粗一细两条装饰线；后视图与主视图基本相同；左视图是中文和英文的配料表及防伪条形码；右视图上部是"王老吉"商标及"王老吉凉茶"字样，下部是"东莞鸿道食品有限公司"及其地址、电话、传真、保质期等商品生产者的信息。

（图片为更新后的红罐王老吉凉茶，角度有限）

加多宝公司认为，涉案包装装潢所具有的红色底色搭配黄色标识文字及黑色辅助文字的视觉效果，与其他同类商品包装的显著区别在于图案布局、标识底色、文字颜色、文字排列位置、色彩搭配等方面，而并不在于文字内容，更不在于"王老吉"商标上。

王老吉公司则认为，红罐王老吉凉茶特有包装装潢与"王老吉"商标具有不可分离性。红罐王老吉凉茶装潢发生在王老吉商标许可期内，经过十几年的发展作为知名商品"王老吉"凉茶系列之一，更使公众深入了解认同了该装潢与王老吉凉茶不可分，成就红罐王老

吉凉茶在市场产生的巨大影响。

法院审查确认的事实：

根据一审法院查明的事实，在该包装装潢之中，"王老吉"文字及王老吉注册商标为加多宝公司经广药集团许可使用的内容，包括红色底色、图案及排列组合在内的其他部分，是由加多宝公司自行创设完成的部分。加多宝公司通过长期、稳定的使用行为和使用方式，使"王老吉"文字在事实上也成为了涉案包装装潢的组成部分，并与包装装潢中的其他内容紧密地结合在了一起。

据此，包装装潢的内容是在红罐王老吉凉茶产品的罐体上包括黄色王老吉文字、红色底色等色彩、图案及其排列组合等组成部分在内的整体内容。在文字、色彩、图案及其排列组合上，设计独特，该装潢底色、图案与其名称融为一体，具有显著的区别性特征，并非为相关商品所通用，而是该商品所特有，应为知名商品特有的包装装潢。

（2）涉案包装装潢是否具备特有性。

加多宝公司认为，涉案包装装潢在其长时间、大范围宣传使用后已经具有可以与其他商品标识区别开来的显著特征，不具有通用性，可以标识特定商品的来源。

法院审查确认的事实：

虽然以红色为主色调的表现形式在罐装饮料商品包装装潢的设计中并不鲜见，但考虑到饮料商品的包装装潢形式具有较大的设计空间，而涉案包装装潢通过对色彩、文字、图案等设计要素的选择和组合，呈现出了具有一定独特性并与商品的功能效果无关的视觉效果与显著特征，并且在1996年，东莞鸿道公司已开始在罐装"王老吉"凉茶饮料上使用红罐包装装潢标识，并投入大量的广告宣传，使该商品成为知名商品，加多宝公司是"王老吉"罐装凉茶饮料的合法经营者，通过长时间及较大范围的宣传和实际使用行为，使涉案包装装潢所发挥的商品来源的指示作用得以不断加强。因此，涉案包装装潢符合《反不正当竞争法》关于"特有包装装潢"的保护条件。

2. 涉案包装装潢依附的商品是否具有知名度？

（1）涉案包装装潢依附的商品。

加多宝公司认为，涉案王老吉红罐凉茶包装装潢记载的所有信息无一指向广药集团，消费者根本无从知晓红罐凉茶与广药集团有何关系，甚至无从知晓广药集团是王老吉商标的权利人，自然无法将涉案装潢与广药集团联系起来，并坚称，由加多宝公司生产、使用王泽邦后人正宗独家配方的红色罐装凉茶是涉案包装装潢所依附的商品。

王老吉公司辩称，"王老吉凉茶"为涉案包装装潢所依附的商品，加多宝公司经营的红罐王老吉凉茶是在王老吉凉茶已具有知名度之后才推出的，所有的价值都是基于早期王老吉凉茶，不论什么包装的王老吉凉茶流通市场，消费者都会联想到广药集团而不是加多宝公司，因此王老吉凉茶才是该涉案包装装潢所依附的真正商品。

法院审查确认的事实：

一审法院认为，根据《反不正当竞争法》所规定的涉案包装装潢依附的商品必须是知名商品。知名商品是指不为相关商品所通用，具有显著区别性特征，并通过在商品上的使用，使消费者能够将该商品与其他经营者的同类商品相区别的商品名称。本案涉案包装装潢所依附的商品是"王老吉凉茶"，其中"凉茶"属于此类商品的通用名称，"王老吉"属于特有名称。

二审法院认为，在适用《反不正当竞争法》第五条第二项的规定时，应对"特有包装装潢"与"知名商品"之间的关系做出正确理解，即二者具有互为表里、不可割裂的关系。只有使用了特有包装装潢的商品，才能够成为反不正当竞争法评述的对象。基于特有包装装潢与知名商品之间所应具有的指向和依附关系，结合前述已经认定的涉案特有包装装潢的内容，再结合当事人主张权利的依据，前述包装装潢形式使用于加多宝公司生产经营的红罐王老吉凉茶商品之上，故加多宝公司生产经营的红罐王老吉凉茶应为本案特有包装装潢所依附的商品。

（2）加多宝公司生产经营的红罐王老吉凉茶是否具备知名度。

加多宝公司认为，红罐凉茶商品自1996年由东莞鸿道食品有限公司推出市场，在1998年东莞鸿道公司注销后，由加多宝公司承继生产经营至今。通过加多宝公司大规模的生产、持续性的市场推广、广泛的媒体宣传，涉案红罐凉茶凭借高品质和源自王泽邦后人秘方的独特口感，成为了"知名商品"。

王老吉公司认为，不是鸿道集团经营红罐王老吉凉茶之后培育出了知名商品"王老吉凉茶"，而是知名商品王老吉凉茶成就了红罐王老吉凉茶。

法院审查确认的事实：

二审法院考虑了以下因素：

①"王老吉"品牌的历史渊源。"王老吉"品牌由王泽邦创始于清朝道光年间，被称之为凉茶始祖。1956年公私合营后，历经广州羊城药厂、羊城药业等企业的经营，自1992年起即多次被认定为广东省著名商标。

②红罐王老吉凉茶的市场销售及广告宣传情况。在羊城药业与鸿道集团签订《商标许可使用合同》后，加多宝公司及其关联企业对红罐王老吉凉茶进行了规模化的生产、销售，并开展了持续性的市场宣传和推广活动，红罐王老吉凉茶的生产、销售数量连年攀升，连续多年在全国罐装饮料商品的销售中名列前茅，获得了包括"中华民族凉茶行业第一品牌"在内的多项荣誉称号，加多宝公司的上述生产经营活动使红罐王老吉凉茶在此期间的知名度

获得了极大的提升。

③红罐王老吉凉茶作为知名商品受到人民法院生效裁判保护的记录。第212号判决曾认定：涉案王老吉罐装凉茶饮料在广东地区为广大消费者所知悉，在凉茶饮料市场中占有较大份额，享有比较高的知名度，在广东地区应属知名商品。

最终二审法院结合特有包装装潢与知名商品之间的依附性，综合判断出加多宝公司生产经营的红罐王老吉凉茶具备知名度。

3. 涉案知名商品特有包装装潢权益归属于哪一方。

（1）厂商信息能否决定包装装潢权益归属？

加多宝公司认为，其为涉案包装装潢的权益主体。涉案包装装潢之上标注的厂商名称等信息，足以成为确定包装装潢权益归属的事实依据。此外，还主张涉案包装装潢之上标注的出品人、生产厂商等信息均与加多宝公司直接相关，无任何信息体现广药集团是商品的来源。而与生产厂商有关的信息，已经能够使消费者将该包装装潢与加多宝公司之间建立起稳固而唯一的联系。

王老吉公司认为，广药集团为涉案包装装潢的权益享有者，王老吉公司系基于广药集团的合法授权，生产、销售标有黄色字体"王老吉"字样的红罐凉茶。

法院审查确认的事实：

法院认为知名商品权利人与经营者之间的法律关系决定了红罐王老吉凉茶的包装装潢最终归属于王老吉商标持有人、王老吉凉茶所有权人，而经营者在无合法授权之后，丧失了使用权。厂商名称等信息对于商品的来源固然具有指示作用，但厂商名称能否作为获得与商品有关的知识产权权益的直接依据，仍需做出具体分析。具体到本案而言，涉案包装装潢作为一个包含多种构成要素的整体形象，既包括"王老吉"标识，也包括线条、色彩的搭配与选择，以及包含厂商名称等在内的其他文字内容。上述构成要素相互结合，使涉案包装装潢在整体上发挥了指示商品来源的作用。因此，加多宝公司虽然通过在红罐王老吉凉茶之上标注厂商信息，以及向消费者透露其为红罐王老吉凉茶的实际经营者等宣传使用行为，使相关公众将涉案包装装潢与加多宝公司建立了一定的联系，但不可否认的是，在"王老吉"品牌已经具有一定的市场知名度，且许可制度所带来的品牌控制人与实际经营者分离愈加普遍的情况下，消费者很难完全忽略涉案包装装潢中使用的"王老吉"文字及商标，以及该文字与商标权人之间的联系，而仅凭厂商名称的标注，即将涉案包装装潢与加多宝公司形成确定的联系。

（2）已有判决内容对权益归属认定的影响大小。

加多宝公司认为，第212号判决曾明确认定，加多宝公司是"王老吉"

罐装凉茶饮料的合法经营者，继受了东莞鸿道公司知名商品特有包装装潢的权益，是本案知名商品特有包装装潢权益的主体。

法院审查确认的事实：

第212号判决所涉纠纷的发生时间是在双方签订商标许可使用合同的存续期间。加多宝公司得以在该案中以自身的名义，就红罐王老吉凉茶所涉知识产权纠纷提起诉讼，是根据广药集团曾经对鸿道集团做出的明确授权。广药集团基于之前双方对诉权处分问题进行的约定，未参与上述诉讼并与加多宝公司共同主张权利的事实，并不当然意味着其放弃了与红罐王老吉凉茶有关的知识产权权益。此外，就前述判决本身的阐述来看，并未对广药集团与加多宝公司之间就涉案包装装潢的权益享有关系做出认定。

第212号判决中，广药集团只是对其诉权进行了处分，并非放弃相关知识产权的主张。

（3）涉案知名商品特有包装装潢权益归属的确定。

加多宝公司认为，在其开始生产红罐王老吉凉茶之初，市场上并无其他红罐王老吉凉茶产品，红罐王老吉凉茶的市场知名度和占有率非常低，2000年红罐王老吉凉茶的销售总额只有866万元。从2002年到2010年，红罐王老吉凉茶的市场销售额得到大幅提升，而这一提升是加多宝公司和其他加多宝集团公司大规模投资建厂和对红罐王老吉凉茶产品的大规模广告宣传和市场推广形成的，在其长期的经营活动中，"红罐"、"红罐凉茶"、"红罐王老吉"获得了特定的指向性和确切的识别功能，因此知名商品特有包装装潢权益归属加多宝公司。

王老吉公司否认称，知名商品特有包装装潢与知名商品密不可分，广药集团作为"王老吉"商标权人（又是商标许可人）和知名商品"王老吉凉茶"的所有人，应同时享有依附于"王老吉凉茶"知名商品的涉案包装装潢权益。而加多宝公司主张其设计、使用、宣传推广涉案知名商品特有包装装潢的行为是基于商标许可合同的实施，不能产生独立的加多宝公司的权利或权益。

法院审查确认的事实：

二审法院认为：

①从"王老吉"品牌的传承和发展来看。双方于1995年签订第一份许可使用合同之前，"王老吉"品牌早就具有百年历史的"中华老字号"，作为"王老吉"注册商标权利人，广药集团及其关联企业通过开发"王老吉牌清凉茶"饮品等生产经营活动，维系了"王老吉"品牌的历史传承和市场价值。正是基于"王老吉"品牌在中国大陆地区已经具有的历史渊源和品牌效应，使得加多宝公司在获得"王老吉"商标的使用权后，即选择以醒目、突出的字体在涉案包装装潢之中进行使用，并使得红罐王老吉凉茶开始推出市

场，即拥有了较好的消费者认知基础和市场前景。因此，广药集团对品牌知名度和美誉度的维护，是红罐王老吉凉茶知名度得以产生、延续和发展的重要基础。

②从"王老吉"品牌在涉案包装装潢中发挥的作用来看。涉案包装装潢包含了文字、图案、色彩及组合等多种构成要素，属于文字图案类的装潢形式。其中，与底色形成强烈视觉对比效果的"王老吉"三个大字，应当是包装装潢中最为引人注目的设计要素。黄色字体的"王老吉"文字在包装装潢中的使用方式使消费者不断强化了"王老吉"文字已经与包装装潢融为一体的认知，也在事实上发挥了向消费者指示商品来源的作用，相关公众在购买红罐王老吉凉茶时，既会联想到作为实际经营者的加多宝公司，也会联想到作为"王老吉"商标权人的广药集团。

4. 王老吉公司的被诉侵权行为是否构成不正当竞争？

加多宝公司认为，王老吉公司从 2012 年 6 月开始生产、销售标有黄色字体"王老吉"字样的红罐凉茶侵害其涉案知名商品特有包装装潢权。

法院审查确认的事实：

法院认为，在不损害他人合法利益的前提下，加多宝公司与广药集团可以共同享有涉案包装装潢权益。在中国国际经济贸易仲裁委员会裁决确定广药集团收回"王老吉"商标使用权后，加多宝公司无权继续使用"王老吉"商标，即由加多宝公司生产的红罐王老吉凉茶实际上已经退出市场，广药集团在有权共同享有涉案包装装潢权益的前提下，授权王老吉公司使用"王老吉"商标生产、销售红罐凉茶，不构成擅自使用他人知名商品特有包装装潢的行为。

【案例背景】

1. 关于涉案公司与加多宝公司的凉茶经营情况。

（1）广药集团及相关公司的情况。

王老吉牌凉茶，始创于公元 1828 年（清道光八年），创始人是王泽邦。1956 年公私合营，王老吉与嘉宝客栈等八家企业合组"王老吉联合制药厂"，1965 年改名为广州中药九厂，1982 年改名为广州羊城药厂，1992 年羊城药厂转制为股份制企业，成立广州羊城药业股份有限公司，1996 年 8 月 7 日广药集团正式成立，王老吉商标等无形资产划归广药集团持有，2012 年 2 月 28 日广药集团成立全资子公司王老吉公司。[①]

（2）加多宝公司及其相关公司的情况。

东莞鸿道公司成立于 1995 年 9 月 19 日，于 1998 年 8 月 31 日注销；鸿道集团于 1998 年 9 月 17 日投资成立了东莞加多宝食品饮料有限公司（以下

---

① 北京市大兴区人民法院（2015）大民（知）初字第 10081 号《民事判决书》。

简称东莞加多宝公司），2000年5月21日，东莞加多宝公司企业名称变更为广东加多宝饮料食品有限公司。加多宝集团在国内设有6家企业，除本案加多宝公司于1998年设立外，其他五家加多宝公司的设立时间分别为：2004年3月3日，加多宝（中国）饮料有限公司成立，为外国法人独资；2004年8月31日，浙江加多宝饮料有限公司成立，为外国法人独资；2005年10月14日，福建加多宝饮料有限公司成立，为外国法人独资；2006年12月27日，杭州加多宝饮料有限公司成立，为台港澳法人独资；2007年3月28日，武汉加多宝饮料有限公司成立，为台港澳法人独资。①

2. 关于"王老吉"商标的注册情况②。

第328241号"![王老吉]"注册商标核定使用商品为第37类的凉茶，注册人为广州羊城滋补品厂，注册有效期自1988年10月30日至1998年10月29日。1998年10月30日核准续展注册在商品国际分类第30类商品上。1998年9月，经国家工商行政管理局商标局（以下简称商标局）核准，该商标变更注册人为羊城药业。后经商标局核准，该商标转让给广药集团。该商标已续展至2018年10月29日。

第626155号"![王老吉]"注册商标核定使用商品为第32类的无酒精饮料，固体饮料，注册人为广州羊城滋补品厂，注册有效期自1993年1月20日至2003年1月19日止。1993年9月1日，经商标局核准，该商标变更注

---

① 来源：国家企业信用信息公示系统 http://www.gsxt.gov.cn/index.html。2018年5月30日查询。

② 来源：国家工商行政管理总局商标局 http://sbj.saic.gov.cn/。2018年5月25日查询。

册人为羊城药业。1997 年 8 月 28 日，经商标局核准，该商标转让给广药集团。该商标已续展至 2023 年 1 月 19 日。

第 3980709 号""注册商标核定使用商品为第 32 类啤酒；果汁；水（饮料）；可乐；无酒精饮料；制饮料用糖浆；饮料制剂；奶茶（非奶为主）；豆奶；植物饮料。注册人为广药集团，注册有效期限自 2006 年 3 月 7 日至 2016 年 3 月 6 日。

第 9095940 号"王老吉"注册商标核定使用商品为第 32 类啤酒；水果饮料（不含酒精）；乳清饮料；水（饮料）；苏打水；无酒精饮料；汽水；植物饮料；果子粉；饮料制剂。注册人为广药集团，注册有效期限自 2012 年 2 月 7 日至 2022 年 2 月 6 日。

3. 关于商标许可制度实际情况

商标许可是商标专用权的使用途径，也是现代社会商标权人普遍采用的一种商标经营手段，被许可人可以借助他人的商标声誉推销自己的产品。根据被许可人的诉讼地位不同可以分为普通许可、独占许可、排他许可三种，这只是许可人诉讼方便授予被许可人的诉讼主体资格，但并不意味着其具有商标权，也不意味着具有商誉所有权。关于此制度，法律也作了规定，要求商标被许可人和使用人承担相应的义务，商标许可人应监督被许可人的商品或服务质量。为了便于商标局对全国商标使用许可情况进行管理，方便消费者选择商品或服务，商标法还要求对商标使用许可合同进行备案和公告。

然而即便是在法律制度下的商标许可，依旧存在各方利益无法有效保障的问题。比如，商标权人对使用者的商标或服务质量未尽到监督和管理的义务时，就会导致质量降低，损害消费者权益等后果。在本案中，羊城药业与鸿道集团签订《商标许可使用合同》后，加多宝公司及其关联企业对红罐王老吉凉茶进行了规模化的生产、销售，并开展了持续性的市场宣传和推广活动，连续多年在全国罐装饮料商品的销售中名列前茅。因此，一审法院认为该利益早在经营期间获取了大量的利益，可有的学者认为作为王老吉商标权利人的广药集团任由加多宝公司对其商标及对应商品的经营行为，不仅收到丰厚利润还要在合同终止后归还商誉，实属不当，因此主张广药集团收回"王老吉"商标许可使用时，应根据现在的价值减去 1997 年的价值，适当给予补偿。而笔者想说的是，法律没有具体规定许可后的商誉分配，在此情况下，我们完全可以通过合同约定许可期间的经营活动以及商标增值的利益分割、包装装潢的权益归属，这想必会是解决商标许可制度中各方权益保障的最好方式。

4. 关于知名商品特有包装装潢权益归属。

（1）案件认定情况[①]。

根据上文对案件基本事实所陈述的内容，可以总结出："加多宝公司及王老吉公司的争议重点在于王老吉公司的行为是否构成侵权？"而确定涉案包装装潢的权益归属，是判断王老吉公司的行为是否构成侵权的前提：

①厂商名称等信息对于商品的来源固然具有指示作用，但厂商名称能否作为获得与商品有关的知识产权权益的直接依据，仍需做出具体分析；

②在归属认定中，消费者认知起着重要作用。必须肯定的是，消费者很难忽略涉案包装装潢中使用的"王老吉"文字及商标，以及该文字与商标权人之间的联系；

③本案所涉知名商品特有包装装潢纠纷的产生，源于商标许可使用合同。双方在签订和履行商标许可使用合同的过程中，并未对可能产生于许可使用期间的商业价值分配做出明确约定。许可使用期间形成的特有包装装潢，既与被许可商标的使用存在密切联系，又因其具备反不正当竞争法下独立权益的属性，而产生了外溢于商标权之外的商誉特征，不得不基于公平原则平息这场纠纷。

基于以上考虑，最高人民法院根据公平原则，由商标权人与包装装潢实际经营者共同享有涉案包装装潢权益。

（2）学者对知名商品特有包装装潢权益归属的不同观点。

①清华大学法学院崔国斌教授认为，"加多宝公司所主张的特有包装似乎是相对抽象的红色包装，与外观设计专利并无严格对应关系。具体的外观专利的存在，对于证明相对抽象的红色包装是否具有显著性，没有什么帮助。产品的品质的好坏、技术上的先进与否与商誉的归属没有必然联系。依据《商标法实施条例》，在商标权人转让在同一种或类似商品上注册的相同或者近似的商标，应当一并转移，这一规定旨在避免造成近似商标分属不同主体的混乱局面，误导公众。商标许可合同的终止，大致可以类比为商标从被许可人那里重新'转让'给许可人。为了避免混淆，被许可人应当一并停止使用那些与被许可商标无法区分的'未注册商标'。也就是说，被许可人应当停止使用被许可商标所特定的包装装潢。而且被许可人能够预想到该结果：'许可商标权人在许可终止后使用该包装装潢。'被许可人有可能预见到，该特有的装潢通过使用而获得显著性，从而与被许可商标成为一体，共同指示商品的来源。被许可人却没有采取措施阻断该装潢本身与被许可商标之间联系，这或许意味着被许可人默许许可人将来可以继续使用该

---

① 最高人民法院（2015）民三终字第 2 号《民事判决书》。

装潢。"①

②南开大学法学院讲师向波认为:"首先,'知名商品'是'在中国境内具有一定的市场知名度,为相关公众所知悉的商品'。而对于'商品'这一概念我国学界一般将其理解为'用来交换的具有价值与使用价值双重属性的劳动产品'②。就此而言,将'知名商品'仅理解为'知名标识'而不包含物质产品的内容就完全超出了'知名商品'这个概念的语义范围,明显违背了法律解释的通常规则。③其次,从不正当竞争法律解释相关规则的文字表述来看,如果将'知名商品'解释为'知名标识',那如何理解这些'标识'的'质量、主要原料、功能、用途、重量'等特征呢? 可以看出,这种解释方式会导致相互矛盾的逻辑问题。最后,即使按照这种观点,将'知名商品'仅理解为'知名标识',但它们实际上仍内含了物质产品的内容。不论'知名商品'所使用的注册商标,还是其特有名称、包装、装潢,只要它们在消费者群体中发挥出标明特定产品来源的功能,消费者就已经将特定标志与特定产品联系起来。而这也恰好符合我们对于商标(包括注册商标与未注册商标)的通常理解:商标就是标明产品来源的标志,如果脱离商标所标示的产品而将商标仅仅理解为标志,实际上是否定了商标的存在。第四,从消费者心理学的角度来说,消费者对于'知名商品'外在标志的认知经验与对物质产品的体验经验往往是融合起来的,这观点与法院观点一致。"④

③华东政法大学知识产权学院王莲峰教授则谈道:"王老吉商标纠纷中,媒体热议的一个问题是:合同期满后,商标价值的创造者与权利所有者的利益如何分配? 可否分割? 对此,面临两个难题:一是如何评估现在的商标价值? 二是如何对该商标增值部分进行公平的利益分配? 上文谈到,对商标价值构成及其确定和评估是个复杂的问题,涉及法律学、经济学、会计学等领域和专业知识,尽管有相关的无形资产评估的法律规范,但实践中操作很难,皆与构成商标价值的诸多内外因素的不断变化有关。而对于商标许可期间因被许可人的宣传推广所产生的商标增值价值的处理,目前也没有明确的规定和前例。结合王老吉纠纷,其商标价值的不断增值,客观地讲,该案争执的双方均对此做出了贡献,因为在加多宝公司使用'王老吉'商标期间,生产经营王老吉凉茶的仅有广药集团与加多宝公司两家,并无其他主体,尽管加

---

① 崔国斌:《商标许可终止后的商誉分配》,载《中国知识产权》2012 年第 12 期。

② 《中国大百科全书》(简明版),中国大百科全书出版社 1995 年版,第 4173 页。

③ 梁慧星:《民法解释学》,中国政法大学出版社 1995 年版,第 214 页。

④ 向波:《"不劳而获"的现实与"公平正义"的神话? ——原王老吉凉茶特有包装、装潢利益归属法律分析》,载《中国知识产权》2012 年第 12 期。

多宝公司对'王老吉'商标的宣传投入了巨额的广告费用，起了主要的推广作用，但广药集团也对王老吉的商标进行了宣传，只不过双方的贡献大小不同，如果双方要进行'公平'利益的分配，恐怕难以实现。"⑤此观点明显不赞同最高人民法院为平衡双方利益，宏观模糊地采用公平原则分配了包装装潢权益的裁判方式。

三、案例评析

【名词解释】

1. 知名商品。

知名商品是指在市场上具有一定的知名度，为相关公众所知悉的商品，判断商品是否为知名商品应当以该商品在相关的市场领域内有较高的知名度为要件。在认定知名商品时需要考虑的因素有：商品的销售时间、销售区域、销售额和销售对象，进行任何宣传的持续时间、程度和地域范围，作为知名商品受保护的情况等因素。⑥

2. 包装装潢。

包装装潢是指包装的造型和表面设计，在科学合理的基础上，加以装饰和美化，使包装的外形、图案、色彩、文字、商标品牌等各个要素构成一个艺术整体，起到传递商品信息、表现商品特色、宣传商品、美化商品、促进销售和方便消费等作用。

红罐王老吉凉茶属于销售包装装潢，是直接向现有市场和潜在市场传递信息的载体，是提高商品竞争力的有力武器，是促进市场营销的典型工具。一个成功的销售包装对增加销售和提高价格所产生的作用无疑是巨大的。⑦

---

⑤ 王莲峰：《商标许可合同使用者利益之保护——王老吉与加多宝商标利益纠纷之思考》，载《社会科学》2013年第4期。

⑥《最高人民法院关于审理不正当竞争民事案件应用法律若干问题的解释》第一条：在中国境内具有一定的市场知名度，为相关公众所知悉的商品，应当认定为反不正当竞争法第五条第（二）项规定的"知名商品"。人民法院认定知名商品，应当考虑该商品的销售时间、销售区域、销售额和销售对象，进行任何宣传的持续时间、程度和地域范围，作为知名商品受保护的情况等因素，进行综合判断。原告应当对其商品的市场知名度负举证责任。

⑦ 来源：https://baike.so.com/。

3. 公平原则。

公平原则是一条法律适用的原则，即在欠缺民法规则时，可以根据公平原则来调整当事人之间的权利义务关系；公平原则又是一条司法原则，即在法律缺乏相关审判规则时，法官根据公平原则给出合理的裁决。在市场经营过程中，公平原则强调对任何经营者都只能以交易习惯为准则，获得公平合理的对待，既不享有任何特权，也不履行任何不公平的义务，权利与义务相一致。

4. 商标、注册商标。

商标是区别商品或服务来源的标志，商标的使用可以区别不同商品或服务最本质的功能和来源，引导消费者认牌购物或消费。由于商标是商品或服务的标志，代表着生产者或经营者的信誉，因此，商标能起到引导消费者获得满意商品或服务的作用。

注册商标是取得专用权的前提，专用权是企业利用商标产生收益的重要权利保障。因此注册商标有利于企业品牌的宣传、推广及加大市场竞争的优势，有了该商标，就可以将其作为广告宣传手段以打开市场、扩大销路。较之于广告，商标更具有经济性、灵活性和宣传面的广泛性。另外，商标具有商品来源的标示作用、商品质量的监督作用、商品选购的指导作用、商品销售的广告作用等。①

5. 商誉。

商誉是指能在未来期间为企业经营带来超额利润的潜在经济价值，或一家企业预期的获利能力超过可辨认资产正常获利能力（如社会平均投资回报率）的资本化价值。商誉是企业整体价值的组成部分。

【焦点评析】

1. 加多宝公司主张红罐包装装潢权益的前提是什么？

笔者认为商标不是商誉唯一的载体，知名商品的特有包装装潢可以成为其载体，但加多宝公司主张包装装潢权益并且能够获得独立商誉的前提是："该包装装潢是否具有区别商品来源的功能以及是否经过使用达到了显著性？"也有学者认为一旦该包装装潢成为未注册的商标，通过使用起到了区别产品来源或标示产品品质的作用时，才能将包装装潢权益归属于实际经营者。②如湘窖公司诉华明公司与笑口常开公司擅自使用其知名商品特有包装装潢纠纷案中，湘窖公司的"开口笑"酒的包装装潢经过使用起到了明显的标识作用，为其品牌带来巨大价值。而华明公司与笑口常开公司在同类产品的酒瓶上使用与湘窖公司产品近似的包装装潢，足以让一般消费者在施以一般注意力的情况下难以识别，从而使相关公众对该产品的来源产生混淆与误认，法院基于该包装装潢经过使用达到了显著性，类似于未注册的商标，从而推出华明公司与笑口常开公司搭了"开口笑"包装装潢承载的商誉的便车，认定构成不正当竞争。③结合本案，谈以下几点：

（1）包装装潢必须具有显著性才有保护的价值，不能简单认为"谁创造，谁受益"。否则很难解释为何反不正当竞争法要求该包装装潢具有特有性。另外，加多宝公司具体的外观设计专利并不能证明红色包装装潢具有显著性，专利权的保护客体必须具有创造性、新颖性、实用性，显然不正当竞争法保护的权益与专利法保护的权利不是同一属性。主张特有包装装潢权益的前提是该包装装潢可以使消费者能够将该商品与特定的厂商相联系；然而在这个醒目的"王老吉"商标标识下，消费者很容易将其与商标权人联系在一起。况且商标法或者不正当竞争法对商标保护宗旨就是避免混淆，若是将包装装潢权益授予加多宝公司，那么必然会导致加多宝公司把该包装装潢放在相同或相似的凉茶上投入市场，试图转移红罐王老吉凉茶的商誉，引起消

---

① 来源：https://baike.so.com/。
② 崔国斌：《商标许可终止后的商誉分配》，载《中国知识产权》2012年第12期。
③ 广东省高级人民法院（2011）粤高法民三终字第458号《民事判决书》。

费者混淆。

（2）《反不正当竞争法》对包装装潢的保护除了要求商品"知名"以外还要求包装装潢本身是"特有"的，即"具有区别商品来源的显著特征"。一旦该显著特征彻底影响消费者选择商品，并对此包装装潢的商品耳濡目染时，这样的美誉度、知名度才可以是特有包装装潢所承载。不能简单地根据"人的身体所从事的劳动和他的双手所创造的财物正当地属于他"，来认定包装装潢权益属于加多宝公司。本案中，虽然加多宝公司经过数十年的经营，使得王老吉凉茶在市场上占有主导地位，其中付出的资金、人力的投入极大。但是实际的宣传经营行为是一种劳动行为，劳动行为是否可以产生权益有待进一步思考，就比如著作权法只保护具有"独创性"的作品而不是依据"额头流汗"规则保护那些花费大量精力却无独创性的产物。[①]

综上，不能单纯地将红罐王老吉凉茶的特有包装装潢归于加多宝公司，而应从事实出发，严格按照包装装潢特有性以及显著性来认定权益归属。包装装潢特有性、显著性的定性必须综合各方面因素考虑，不可采取"谁创造，谁拥有"规则。

2. 商标许可制度中商标保护与特有包装装潢归属的思考。

商标始终是企业的一种无形资产，其价值的产生包括企业对商标的设计、宣传、保护、商品质量的重视、市场营销的关注，等等。但这些因素又会导致企业不得不面临一个问题：由于众多商誉与品牌、质量、消费者认可融为一体，一旦其中某个环节出错，该商誉将直线下降。比如，耳熟能详的"三鹿奶粉事件"，因质量元素出了问题，"三聚氰胺"的掺杂，让其最终走上破产之路。[②] 我们都知道商标被许可人是利用许可人的商标生产、销售自己的产品或服务，一切经营活动由被许可人创造，其中必然会涉及商标许可制度中商标保护是否会影响特有包装装潢归属的问题，笔者针对该问题的分析如下：

（1）商标保护与特有包装装潢归属不是非此即彼的关系，完全可以是两条平行线，在认定过程中互不影响。一方面，本案中，加多宝公司在签订商标许可使用合同后，对自己生产、销售红罐包装的王老吉凉茶投入巨资宣传，获得广大消费者认同。然而加多宝公司耗费巨资进行大量广告宣传之后，即使不添加"王老吉"商标，并且将生产的王老吉凉茶改为别的名称，广大消费者是否依旧认定该凉茶是广药集团的呢？因为许可制度带来的问题，我们无法利用合理规范的标准来对该商标产生的许可商誉进行归属。商标许可惯例认为商标许可制度的本质是："一旦商标许可终止，那么被许可人就必须停

---

① 王迁:《著作权法》，中国人民大学出版社 2015 年 3 月第 1 版。

② 《昔日增值 100 亿元的三鹿奶粉商标如今卖了 730 万》，http://www.ctmip.com。

止利用该商标。"笔者认为，既然属于行业惯例，那么就没有不公平一说；加多宝公司完全在许可期内获得了该有的回报。[①] 如前所述，法律也未对商标许可制度进行严格的内容限制及规范，而是给经营者预留了空间，因此在这种背景下，企业最好的办法便是通过协议的方式对相关问题做出明确的约定。另一方面，司法实践中早已出现知名商品特有名称包装装潢权益的权益属性问题，如老隆餐饮有限公司诉老隆风味食府不正当竞争中，法院结合老隆餐饮公司"老隆风味"标识的显著性、在使用中获得的知名度、商誉等因素进行具体分析，认定该商誉的权益主张是特有包装装潢的主张而不是商标权的主张。[②]

（2）"王老吉"文字商标作为了红罐包装装潢的组成部分。该文字商标不仅发挥了结构性的美感，也在消费者视觉上产生显著区别，能否基于该说法认定包装装潢权益属于商标权人广药集团？笔者认为不能，该使用方式不属于商标使用，在其成为包装装潢组成部分后，我们应当整体认定此乃包装装潢使用行为。再回到本案的焦点问题："特有包装装潢实际经营者加多宝公司是否为该特有包装装潢的权益人？"在讨论之前，我们需要对商标许可使用合同进行定性：商标许可使用合同是被许可人租用许可人商标的协议，一旦被许可人接受该协议就自愿放弃利用自创商标宣传自身商品或服务的机会。

（3）无论商标还是特有包装装潢，使用是核心。商标的价值在于使用，商品包装装潢的目的也在于使用，无使用则无商品标识权利。反反复复使用，使用的量达到一定程度，包装装潢的显著性便会体现出来，市场识别力增强，则成为知名商品的特有包装装潢，构成反不正当竞争法保护的权益，可以阻却他人在后的相同或者近似使用。[③] 知识产权法律直接保护的是那些吸附、凝聚、载负商誉的并且又通过"权利法定"的商业标志相对应的知识产权权益，权益包括权利也包括权益。在此种情境下与弹性的保护下，商誉权益的归属属于商标权还是特有包装装潢权益，界限变得模糊，于是判案标准难以固定，总会出现定向思维：只要涉及商标的纠纷，首先从商标角度出发。

（4）商标许可制度终止后，被许可人能否继续使用包装装潢或者转移商誉？实践中比较容易引发争议的是商标许可合同终止后，被许可人援用之前的包装装潢贴上自己的商标，以便持续地从被许可商标所凝聚的商誉中获取

① 顾心悦：《"王老吉"败了谁的火——"王老吉"商标纠纷的法律解读》，载《知识产权》2012 年第 6 期。

② 深圳市中级人民法院（2007）深中法民三终字第 3 号《民事裁定书》。

③ 欧丽华：《认定知名商品特有包装装潢的三个要素——"开口笑"诉"笑口常开"不正当竞争案评析》，载《科技与法律》2012 年第 1 期。

利益，或者将该商誉转移到自己的新商标上。最直接的就是将自己的产品包装、广告或服务场所宣称自己的产品或服务就是原来的被许可商标所对应的产品。针对该问题分析如下：

①被许可人负有后合同义务，即合同终止后，不得继续使用被许可商标的附随义务。被许可人不能利用被许可商标产生的商誉，为自己的产品或服务挖掘许可人原有客户（消费者群体）。这一义务除了要求被许可人停止使用被许可商标外，还要求被许可人不得在产品或广告上透露新商标与许可商标之间具有替换关系，以实现商誉的转移。商标法要求被许可人履行这一附随义务，不会损害消费者利益与商标权人利益。在相关事实中，加多宝公司在许可合同终止后，在红罐加多宝凉茶上宣传"怕上火喝加多宝"、"全国销量领先的红罐凉茶"等广告语，试图转移商誉。然而这种方式并不合理，相关公众依赖于以往的消费概念，只要谈及"全国销量领先的红罐凉茶"首先会联想到"王老吉"凉茶。加多宝公司使用上述广告语会在客观上误导相关公众，使消费者误以为两者为同一产品或"王老吉"已改名为"加多宝"。一旦出现质量误差，或者消费者权益损害，必然会将矛头指向广药集团，因此为避免消费者权益以及商标权人利益损害，禁止加多宝公司此种商誉转移行为理所应当。[①]

②《商标法》规定的商标权人有控制产品质量的义务，若是被许可人终止合同还能转移商誉，那么商标权人根本无法保证基本的商品或服务质量，商标许可人没有义务为被许可人继续包装装潢销售劣质产品所造成的消费者利益损害买单。加多宝公司利用红罐包装装潢添加自身新商标的经营行为，很有可能使得广药集团流失那些喜欢红罐包装而不在乎口味的消费者，或者失去即将开拓的潜在消费者群体。这实际上是在持续地损害"王老吉"商标的商誉，并制造新的混淆。法院综合考虑平均分配该权益不能说是对该许可制度本质的推翻，只能说该案特殊性得出特殊结论。

3. 消费者认知与公平原则（参见【名词解释】公平原则）。

（1）注册商标制度与知名商品特有包装装潢权益保护制度虽然均属于对商业标识性权益提供保护的法律制度，但二者的权利来源和保护条件有所不同。基于特有包装装潢与知名商品之间所应具有的指向和依附关系，包装装潢带来的价值不一定属于实际经营者或者创造者。[②]在确定特有包装装潢的权益归属时，既要在遵循诚实信用原则、公平原则的前提下鼓励真实劳动，也要尊重消费者基于包装装潢本身具有的显著特征，而客观形成对商品来源指向关系的认知。因此，从消费者角度出发，若是同意加多宝公司继续使用该

---

① 崔国斌：《商标许可终止后的商誉分配》，载《中国知识产权》2012 年第 12 期。

② 最高人民法院（2015）民三终字第 2 号《民事判决书》。

红罐包装装潢生产、销售自己的凉茶，一旦消费者喝出不同的口味，或是对该凉茶大打折扣，那么就会出现合同终止导致了消费者权益受损情况，我们不得不考虑商标许可的初衷是鼓励商标权人使用商标，发挥商标价值，进而保护消费者权益，如今内部的许可关系处理不当外射到消费者权益上，势必与许可制度的初衷相违背，与商标法宗旨也有差别。[①] 由于我国目前规范包装装潢权益的法律法规有待完善，因此如何权衡两方利益成为法院寻找基础法律原则加以裁判的关键所在。

（2）市场竞争必然会导致不同经营者之间市场机会的得失，因而市场竞争氛围必然会导致得失失衡现象，于是自由和公平成为市场竞争严于恪守的法则。[②] 我们不能简单地以"谁付出，谁受益"原则，认定该商品的特有包装装潢权益归于加多宝公司。当然，也不能简单认为"利用他人商标获利就必须在终止关系后承担商誉损失"为由想当然地认定加多宝公司只对广药集团的商标享有使用权，设计包装装潢营销商品等都是为了更好地使用商标的奉献手段。归根究底，还是从包装装潢是否具有显著性出发，即想象去掉王老吉文字后的包装装潢是否具有显著性，换句话说想象一下消费者在看到涉案包装装潢时联系"王老吉"多一些还是联想红罐本身多一些；劳动并不能成为加多宝公司主张包装装潢权益的理由。然而，案件的特殊性就在于法院判决两者共同享有该权益，采取公平原则加以弥补，综合商标许可制度的普遍性、商标使用的价值性、市场经营者的积极性等因素最终认定两者均具有包装装潢权益。

【总体评价】

1. 事实部分。

（1）优点。本案事实清楚，严格尊重证据的真实性、关联性、合法性；最高人民法院在判断知名商品是什么时，综合考虑"王老吉"品牌的历史渊源、加多宝公司生产经营的红罐王老吉凉茶商品的销售、宣传以及相关公众在此基础上对红罐王老吉凉茶形成的认知程度，并采取大量事实证据加以论证，最终认定加多宝公司经营的红罐王老吉凉茶也是本案知名商品。始终以尊重事实为准则的处理方式，值得每一个法律人学习。

（2）缺点。在认定知名商品特有包装装潢权益归属方面，过分强调中立，导致有的事实认定上存在偏差，对有的事实并未进行充分考虑。比如，广药集团的原高管人员与鸿道集团的董事长签订了《"王老吉"商标许可补充协议》。该份补充协议因涉及刑事贿赂犯罪，经中国国际经济贸易仲裁委员会

---

① 崔国斌：《商标许可终止后的商誉分配》，《中国知识产权》，2012年第12期。

② 张黎：《北京爱奇艺科技有限公司诉北京极科极客科技有限公司不正当竞争纠纷案》，载《竞争法裁判规则评析》（第一辑）。

审理，于 2012 年 5 月 9 日仲裁裁决，确认无效；再如既然商标许可使用合同中，双方没有约定合同终止后，包装装潢权益的归属，又没有现成的定性规则可以认定该权益归属时，广药集团公司若是没有权利继续使用涉案包装装潢，加多宝公司也应当没有权利使用。这些事实完全可以成为加多宝公司"辛苦经营"红罐王老吉凉茶的反面证据，然而法院未采取，因此笔者认为法院在此方面的事实认定有待商榷。

2. 法律适用。

本案核心纠纷在于商标许可终止后知名商品特有包装装潢权益归属问题，二审裁判虽然基于公平原则将此案处理得合乎情理，但缺少鲜明的法律精神，给人一种妥协性的裁判，带有调解色彩，涉及一系列需要澄清的法律界限，如涉及确定特有包装装潢构成要素的判断标准，以及权益归属的确定规则等。① 最高人民法院更多的是基于感性标准对加多宝公司经营劳动来加以考虑，这似乎更是模糊了各种性质认定的标准以及权属划分的界限。公平原则运用恰当时称为智慧，运用不恰当时沦为错误。但总体而言，该案还是在事实认定和双方利益平衡上都具有肯定之处，而且这种裁判结果从整个市场发展角度来看合情合理。

3. 对于知名商品特有包装装潢权益归属的认定，具有指导性或典型意义。

（1）法院对该权益归属的认定采取了"拆分式"认定方法，即先对知名商品进行了定义，由于反不正当竞争法对"知名商品"的定义比较宏观，要求考虑的因素复杂，因此给司法界带来了阻碍，于是本案一审法院与二审法院认定的内容不相同。其中，一审法院忽略了加多宝公司对红罐王老吉凉茶包装装潢的投入，而最高人民法院认为"特有包装装潢"与"知名商品"之间的关系是互为表里、不可割裂的关系。只有使用了特有包装装潢的商品，才能够成为反不正当竞争法评述的对象。相反，抽象的商品名称，或无确定内涵的商品概念，脱离于包装装潢所依附的具体商品，缺乏可供评价的实际使用行为。相比较而言，二审法院的认定规则更具有指导性。

（2）针对包装装潢权的归属，不仅需要认定包装装潢内容、包装装潢与商誉的关系还需要考虑市场经营现状及未来的发展。如商标是否属于包装装潢的一部分给本案带来了挑战：基于特有包装装潢与知名商品之间所应具有的指向和依附关系，通常情况下，商标是否为包装装潢内容除了消费者认知外，还需要对其进行视觉上的判断。这些弹性因素并不可控，尤其是消费者认知。另外一个疑难问题是：在商标许可使用关系终止后，被许可使用商标之上所积累的商誉，是否需要归还于许可人？带着各种问题，法院最终基于

---

① 孔祥俊：《论商品名称包装装潢法益的属性与归属——兼评"红罐凉茶"特有包装装潢案》，载《中国知识产权》第 2017 年第 12 期。

公平原则将权益赋予包装装潢经营者，也赋予商标权人。然而这只是对商誉付出的肯定与鼓励、对知识产权的创造以及实际劳动的权衡，关于涉案包装装潢特有性与显著性的认定还是比较模糊，法院也很难从现有事实上，认定加多宝公司通过使用让该包装装潢产生了显著性，也很难认定广药集团商标在该包装装潢上起到关键作用。所以此种模糊的判案逻辑给后面的研究人员带来了广阔的讨论空间。

（3）二审法院对加多宝公司历史经营劳动的肯定其实从某种角度来说，也是对加多宝公司在商品上积累商誉的肯定，但这其中还有太多需要深挖的学术问题，如商誉的承载、商标与特有包装装潢的保护博弈、商标许可制度的法律完善等，所以本案对学术界也带来了新的思路与探索。

综上，本案涉及的前沿性法律问题甚多，无论是在今后的立法过程中还是在司法实践过程中，本案的特殊裁判思路以及模糊的认定规则都为整个法律界留下了无限的研讨空间。

【案例规则】

1. 抽象的商品名称或无确定内涵的商品概念，脱离于包装装潢所依附的具体商品，缺乏可供评价的实际使用行为，不具有《反不正当竞争法》第五条第二项规定进行评价的意义。

2. 包装装潢通过使用起到了区别产品来源或标示产品品质的作用可以受到反不正当竞争法的保护。

3. 商标保护与特有包装装潢归属不是非此即彼的关系。基于特有包装装潢与知名商品之间所应具有的指向和依附关系，包装装潢带来的价值不一定属于实际经营者。

4. 不论主张商品名称、企业字号、包装装潢、商标等何种权益都是基于对商誉的保护。

江西润田实业股份有限公司
诉江西玉京峰食品饮料有限公司
擅自使用知名商品特有包装装潢纠纷案[①]

李静之[②]

一、案例基本信息

案例类型	知名商品　特有包装装潢　仿冒行为　不正当竞争　民事案件
案例名称	江西润田实业股份有限公司诉江西玉京峰食品饮料有限公司不正当竞争纠纷案
裁判文书	一审：江西省上饶市中级人民法院（2016）赣 11 民初 207 号《民事判决书》 二审：江西省高级人民法院（2017）赣民终 246 号《民事判决书》
合议庭成员	一审：审判长周立峰、审判员程锐、审判员付强 二审：审判长刘建玲、审判员丁保华、审判员邹征优
一审原告	江西润田实业股份有限公司（本文简称"润田公司"）
一审被告	江西玉京峰天然食品饮料有限公司（本文简称"玉京峰公司"）
二审上诉人	润田公司
二审被上诉人	玉京峰公司

---

① 本案为 2017 年江西省高级人民法院典型案例之一。

② 李静之，江西豫章律师事务所，执业律师。

续表

受理日期	二审：2017 年 5 月 8 日
裁判日期	一审：2017 年 3 月 20 日 二审：2017 年 6 月 30 日
审理程序	一审、二审
一审判决结果	一、玉京峰公司于本判决生效之日起立即停止生产、销售并召回已投放市场的与"润田"550ml 纯净水包装、装潢近似的"锗泉"550ml 天然水； 二、玉京峰公司于本判决生效之日起十日内赔偿润田公司经济损失及为制止侵权所支出的合理费用共计人民币 3.5 万元； 三、驳回润田公司的其他诉讼请求
二审判决结果	一、维持一审判决第一项即玉京峰公司于本判决生效之日起立即停止生产、销售并召回已投放市场的与"润田"550ml 纯净水包装、装潢近似的"锗泉"550ml 天然水； 二、变更一审判决第二项为：玉京峰公司于本判决生效之日起十日内赔偿润田公司经济损失及为制止侵权所支出的合理费用共计 30 万元； 三、玉京峰公司自本判决生效之日起立即销毁与润田 550ml 纯净水包装、装潢近似的"锗泉"550ml 天然水瓶体、瓶贴； 四、玉京峰公司于本判决生效之日起十日内在《江西日报》、《江南都市报》、《上饶日报》、《景德镇日报》刊登声明，消除影响（内容须经本院审核）； 五、驳回润田公司的其他诉讼请求
涉案法律、法规和司法解释	一审： 《中华人民共和国侵权责任法》第八条[①]、第十五条[②]

---

① 《侵权责任法》第八条：二人以上共同实施侵权行为，造成他人损害的，应当承担连带责任。

② 《侵权责任法》第十五条：承担侵权责任的方式主要有：（一）停止侵害；（二）排除妨碍；（三）消除危险；（四）返还财产；（五）恢复原状；（六）赔偿损失；（七）赔礼道歉；（八）消除影响、恢复名誉。

以上承担侵权责任的方式，可以单独适用，也可以合并适用。

续表

涉案法律、法规和司法解释	《中华人民共和国反不正当竞争法》（1993）第二条[①]第一款、第五条[②]第（二）项、第二十条[③] 《中华人民共和国商标法》（2013年）第六十三条[④]第三款

[①] 《反不正当竞争法》（1993年）第二条：经营者在市场交易中，应当遵循自愿、平等、公平、诚实信用的原则，遵守公认的商业道德。

本法所称的不正当竞争，是指经营者违反本法规定，损害其他经营者的合法权益，扰乱社会经济秩序的行为。

本法所称的经营者，是指从事商品经营或者营利性服务（以下所称商品包括服务）的法人、其他经济组织和个人。

[②] 《反不正当竞争法》（1993年）第五条：经营者不得采用下列不正当手段从事市场交易，损害竞争对手：（一）假冒他人的注册商标；（二）擅自使用知名商品特有的名称、包装、装潢，或者使用与知名商品近似的名称，包装、装潢，造成和他人的知名商品相混淆，使购买者误认为是该知名商品；（三）擅自使用他人的企业名称或者姓名，引人误认为是他人的商品；（四）在商品上伪造或者冒用认证标志、名优标志等质量标志，伪造产地，对商品质量作引人误解的虚假表示。

[③] 《反不正当竞争法》（1993年）第二十条：经营者违反本法规定，给被侵害的经营者造成损害的，应当承担损害赔偿责任，被侵害的经营者的损失难以计算的，赔偿额为侵权人在侵权期间因侵权所获得的利润；并应当承担被侵害的经营者因调查该经营者侵害其合法权益的不正当竞争行为所支付的合理费用。

被侵害的经营者的合法权益受到不正当竞争行为损害的，可以向人民法院提起诉讼。

[④] 《商标法》（2013年）第六十三条：侵犯商标专用权的赔偿数额，按照权利人因被侵权所受到的实际损失确定；实际损失难以确定的，可以按照侵权人因侵权所获得的利益确定；权利人的损失或者侵权人获得的利益难以确定的，参照该商标许可使用费的倍数合理确定。对恶意侵犯商标专用权，情节严重的，可以在按照上述方法确定数额的一倍以上三倍以下确定赔偿数额。赔偿数额应当包括权利人为制止侵权行为所支付的合理开支。

人民法院为确定赔偿数额，在权利人已经尽力举证，而与侵权行为相关的账簿、资料主要由侵权人掌握的情况下，可以责令侵权人提供与侵权行为相关的账簿、资料；侵权人不提供或者提供虚假的账簿、资料的，人民法院可以参考权利人的主张和提供的证据判定赔偿数额。

权利人因被侵权所受到的实际损失、侵权人因侵权所获得的利益、注册商标许可使用费难以确定的，由人民法院根据侵权行为的情节判决给予三百万元以下的赔偿。

涉案法律、法规和司法解释	《最高人民法院关于审理不正当竞争民事案件应用法律若干问题的解释》第一条①第一款、第四条②、第七条③、第十七条④第一款《中华人民共和国民事诉讼法》第六十四条⑤第一款、第一百四十二条⑥。

---

① 《最高人民法院关于审理不正当竞争民事案件应用法律若干问题的解释》第一条：在中国境内具有一定的市场知名度，为相关公众所知悉的商品，应当认定为反不正当竞争法第五条第（二）项规定的"知名商品"。人民法院认定知名商品，应当考虑该商品的销售时间、销售区域、销售额和销售对象，进行任何宣传的持续时间、程度和地域范围，作为知名商品受保护的情况等因素，进行综合判断。原告应当对其商品的市场知名度负举证责任。

在不同地域范围内使用相同或者近似的知名商品特有的名称、包装、装潢，在后使用者能够证明其善意使用的，不构成反不正当竞争法第五条第（二）项规定的不正当竞争行为。因后来的经营活动进入相同地域范围而使其商品来源足以产生混淆，在先使用者请求责令在后使用者附加足以区别商品来源的其他标识的，人民法院应当予以支持。

② 《最高人民法院关于审理不正当竞争民事案件应用法律若干问题的解释》第四条：足以使相关公众对商品的来源产生误认，包括误认为与知名商品的经营者具有许可使用、关联企业关系等特定联系的，应当认定为反不正当竞争法第五条第（二）项规定的"造成和他人的知名商品相混淆，使购买者误认为是该知名商品"。

在相同商品上使用相同或者视觉上基本无差别的商品名称、包装、装潢，应当视为足以造成和他人知名商品相混淆。

认定与知名商品特有名称、包装、装潢相同或者近似，可以参照商标相同或者近似的判断原则和方法。

③ 《最高人民法院关于审理不正当竞争民事案件应用法律若干问题的解释》第七条：在中国境内进行商业使用，包括将知名商品特有的名称、包装、装潢或者企业名称、姓名用于商品、商品包装以及商品交易文书上，或者用于广告宣传、展览以及其他商业活动中，应当认定为反不正当竞争法第五条第（二）项、第（三）项规定的"使用"。

④ 《最高人民法院关于审理不正当竞争民事案件应用法律若干问题的解释》第十七条：确定反不正当竞争法第十条规定的侵犯商业秘密行为的损害赔偿额，可以参照确定侵犯专利权的损害赔偿额的方法进行；确定反不正当竞争法第五条、第九条、第十四条规定的不正当竞争行为的损害赔偿额，可以参照确定侵犯注册商标专用权的损害赔偿额的方法进行。

因侵权行为导致商业秘密已为公众所知悉的，应当根据该项商业秘密的商业价值确定损害赔偿额。商业秘密的商业价值，根据其研究开发成本、实施该项商业秘密的收益、可得利益、可保持竞争优势的时间等因素确定。

⑤ 《民事诉讼法》第六十四条：当事人对自己提出的主张，有责任提供证据。

当事人及其诉讼代理人因客观原因不能自行收集的证据，或者人民法院认为审理案件需要的证据，人民法院应当调查收集。

⑥ 《民事诉讼法》第一百四十二条：法庭辩论终结，应当依法作出判决。判决前能够调解的，还可以进行调解，调解不成的，应当及时判决。

续表

涉案法律、法规和司法解释	二审： 《中华人民共和国民事诉讼法》第一百七十条^① 第一款第（一）项
裁判要点^②	1. 纯净水商品属于日常生活消费品，价格不贵，相关公众再购买上述商品时一般不会施以特别的注意力，很难注意到两者包装、装潢之间的差别。 2. 原判责令玉京峰公司停止生产、销售、召回涉案天然水，虽指向或包含涉案侵权的包装、装潢，但未予以明确，为消除可能产生的侵权隐患，对润田公司关于责令玉京峰公司销毁涉案侵权包装、装潢的瓶体、瓶贴的请求本院予以支持。 3. 纯净水属于日常饮用水，价格相对不高，一部分没有警觉的消费者可能会通过对产品包装、装潢的直觉来确定产品来源，从而产生混淆误认，对润田公司声誉形成潜在不利影响
案例规则	1. 知名商品外观设计失效后，其特有包装装潢的权益受到反不正当竞争法的保护。 2. 已经判决停止侵权行为（生产、销售、召回产品），仍然可以同时判决销毁产品包装。 3. 擅自使用他人知名商品特有包装装潢可能对他人商誉产生潜在不利影响的，可以判决以登报等方式消除影响。 4. 确定赔偿数额时，可以将权利人宣传投入纳入考虑因素之一

二、案例综述

【主要诉请】

原告请求判令：停止生产、销售、召回涉案侵权产品；销毁产品包装；消除影响；赔偿损失及合理开支 100 万余元。

【基本事实】

1. 润田公司"润田"550ml 纯净水包装是否属于知名商品特有包装装潢？

润田公司认为，"润田"纯净水自 1994 年投入市场，经国家商标局核准注册了系列"润田"商标，并获得了"润田"太空水、"润田"纯净水瓶贴

---

① 《民事诉讼法》第一百七十条：第二审人民法院对上诉案件，经过审理，按照下列情形，分别处理：（一）原判决、裁定认定事实清楚，适用法律正确的，以判决、裁定方式驳回上诉，维持原判决、裁定；（二）原判决、裁定认定事实错误或者适用法律错误的，以判决、裁定方式依法改判、撤销或者变更；（三）原判决认定基本事实不清的，裁定撤销原判决，发回原审人民法院重审，或者查清事实后改判；（四）原判决遗漏当事人或者违法缺席判决等严重违反法定程序的，裁定撤销原判决，发回原审人民法院重审。

原审人民法院对发回重审的案件作出判决后，当事人提起上诉的，第二审人民法院不得再次发回重审。

② 摘自本案一审《民事判决书》和二审《民事判决书》。

外观设计专利。润田公司使用该特有包装、装潢至今，经过近 20 年宣传和运营，获得了中国驰名商标、江西省著名商标及大量省级、国家级奖项，属于饮料行业知名商品，特有包装、装潢与商品产生了稳定的联系。

法院审查确认的事实：

润田公司享有多个"润田"注册商标，核定使用的类别主要为：蒸馏水、水、矿泉水、纯净水（饮料）、无酒精饮料、果汁、汽水、可乐、乳酸饮料、奶茶等。2005 年 6 月 9 日取得"润田"纯净水瓶贴外观设计专利，2015 年 8 月 26 日取得水瓶外观设计专利。润田公司通过电视台、影城、赞助、冠名等多种媒介进行推广，商品获得多次荣誉，"润田"商标 3 次被认定为"江西省著名商标"，2012 年 4 月 27 日被商评委认定为"中国驰名商标"。

2. 玉京峰公司使用的"锗泉"550ml 天然水包装是否容易导致混淆？

润田公司认为玉京峰公司生产、销售的"锗泉"550ml 天然水商品整体视觉与"润田"550ml 纯净水基本无差别，瓶体高度、形状、瓶体条纹和瓶贴图案、色彩等构成要素及其排列组合上均相似。同时两款商品市场售价均为 1 元，相关消费者施以一般注意力，不易区分该两款商品。比对图① 如下：

左：锗泉　右：润田

---

① 图片由润田公司一方提供。

玉京峰公司认为其在"锗泉"天然水标贴上采用的名称、使用的颜色、字体、图案设计，以及瓶盖颜色、瓶体上半部形状、瓶身手感，与润田公司"润田"纯净水的均不同。同时，名称是消费者购买矿泉水时主要关注的对象，两商品名称完全不同，不会导致消费者混淆。

法院审查确认的事实：

"锗泉"550ml 天然水所使用的瓶贴与润田公司生产的"润田"550ml 纯净水瓶贴在局部布局、图案、文字等方面存在一定的区别，但两者在整体色彩、图案风格、主要元素的布局等方面相似。两商品的包装除瓶体上部的形状存在差别外，其余部分基本相同。

3. 玉京峰公司的仿冒行为是否对润田公司商品声誉产生不良影响？

润田公司认为，玉京峰公司作为同业竞争者，明知"润田"550ml 纯净水享有极高知名度，使用相似的包装、装潢存在"傍名牌、搭便车"的主观故意，客观上降低了"润田"纯净水的在消费者心中的形象和好感度，使得"润田"纯净水的社会评价降低。

法院审查确认的事实：

纯净水属于日常饮用水，价格相对不高，一部分没有警觉的消费者可能会通过对产品包装、装潢的直觉来确定产品来源，从而产生混淆误认，对润田公司声誉形成潜在不利影响。

【案例背景】

1. 关于润田公司与玉京峰公司经营情况和产品情况。

润田公司，成立于 2014 年 10 月 11 日，经营范围生产、销售饮料，即瓶（桶）装饮用水类（饮用纯净水、天然矿泉水）等。"润田"纯净水 1994 年起生产并投入市场，最初由江西润田天然饮料食品有限公司经营，1997 年取得"润田"注册商标（第 1113572 号），核定使用类别为第 32 类蒸馏水、矿泉水、水、不含酒精饮料；2005 年取得"润田"纯净水瓶贴外观设计专利（专利号：zl200530047982.1）。因业务重整，2008 年起由江西润田饮料有限责任公司（现名为江西润田饮料股份有限公司，下称"润田饮料股份公司"）经营"润田"纯净水和"润田翠"矿泉水，其中"润田"550ml 纯净水是其纯净水主打商品，"润田"商标亦转让给润田饮料股份公司。2010 年 9 月 28 日，润田饮料股份公司又取得了第 6796155 号"润田"商标，此后"润田"纯净水均使用该商标对外销售。后因润田饮料股份公司经营困难，进行资产重组，2014 年 10 月 11 日润田公司设立，取得了润田饮料股份公司的"润田"商标、外观设计、特有包装装潢，以及饮用水生产基地、生产设备，生产、销售"润田"纯净水等商品。

在江西本地人眼里，"润田"550ml 纯净水在市场销售 20 余年，瓶体包装始终没有大的变化。特别是在润田公司的总部南昌市，曾经物流行业并不发达的时候，许多家门口的小商店、街边的小摊贩，卖的矿泉水只有"润田"，当地人习惯了"润田"纯净水有棱有角的瓶子和蓝绿色系的瓶贴，还有始终1元1瓶的价格。江西的经济相对周边沿海省份较为落后，但也不乏一些不错的实业品牌，作为一个连续经营20余年并成功走向全国的本土品牌，"润田"和"江中""煌上煌""金水宝""妇炎洁"等知名品牌一样，从政府依法保护本土品牌、优化投资环境的角度，其被仿冒问题是值得重视的。

玉京峰公司系2005年11月27日成立，经营范围为：饮料，即瓶（桶）装饮用水类（饮用天然泉水）的生产、销售等，案件审理时注册资本1500万元。根据其官网介绍，水源地位于上饶市三清山北麓万岁泉，总投资1.6亿元，规划占地面积200亩，现日产水量15000件，年产值亿元以上，已通过ISO9001-2000质量管理体系认证，并引进了国内最先进的大型生产设备和检测设备，实施双品牌运营，"三清山"品牌引导保健水中高端市场；"玉京峰"为广大市民提供天然健康水。[①]

2016年7月，润田公司向德兴市市场监督管理局投诉举报"锗泉"天然水涉嫌不正当竞争及食品生产规范问题。玉京峰公司受到德兴市市场监督管理局约谈后，已自行修改了两次"锗泉"天然水包装。润田公司认为，玉京峰公司只是略微修改了瓶贴和瓶盖颜色，仍然存在仿冒的情况。2016年8月30日，《江南都市报》、《江西晨报》、《经济晚报》、《信息日报》等多家媒体对"锗泉"、"金顶峰"等饮用水包装与"润田"纯净水"撞脸"一事进行报道，消费者反映江西省德兴市多家商店销售"锗泉"水，大多与"润田"水放在一起售卖，店主表示："'锗泉'水进货更便宜，和润田水外包装也相似，放在一起比较好卖。"随后记者走访了玉京峰公司生产基地，发现该厂饮用水生产重地无人值守，外人可直接进入水源抽取处，工人作业时未戴口罩及手套，全部敞开式生产，灰尘很多，仓库内还存有数千箱2015年3月生产的水。记者询问该厂负责人生产线工人是否有健康证，负责人称有但拒绝出示。[②]

2. 关于停止侵权责任的具体方式。

对于构成擅自使用他人知名商品特有包装装潢的侵权人，除停止生产、销售、召回侵权产品以外，是否要承担销毁库存产品包装的责任这一问题，实际上可以分为两个层次：其一，销毁库存产品包装是否属于停止侵权责任的范畴；其二，如果属于停止侵权范畴，在个案中判令销毁库存产品包装是否恰当。目前实践中虽然争议不大，但仍存在两种观点。多数法院认可，将销毁库存产品包装和停止生产、销售产品一并纳入停止侵权的责任范畴。

最高人民法院早在审理福建省乔丹体育用品有限公司诉晋江市阳新体育

---

① http://www.sqstrsqs.com/shownews.hb?id=5&dir=4，2018年6月28日截取。

② http://jx.people.com.cn/n2/2016/0830/c186330-28914650.html，2018年6月28日截取。

用品有限公司不正当竞争纠纷一案[①]中，判决被告立即停止在其生产的运动鞋鞋盒上使用与原告乔丹牌运动鞋鞋盒相近似的装潢的不正当竞争行为，销毁所有带有讼争装潢图案的鞋盒。此后全国许多法院，包括审理本案"润田"案的江西省高级人民法院，都在生效判决中支持了销毁库存包装的诉讼请求。

在维布络安舍（广东）日用品有限公司诉佛山市雅洁丽化妆品有限公司、徐闻县万家惠商贸有限公司擅自使用知名商品特有名称、包装、装潢纠纷一案[②]中，因被告擅自生产、销售使用了原告"艾诗"芬香滋润沐浴乳特有包装、装潢的侵权产品，佛山市中级人民法院二审判决被告佛山市雅洁丽化妆品有限公司"销毁生产侵权产品的专用模具"，该判决实际上是要求被告销毁生产侵权产品包装瓶的专用模具。

实践中也存在反对声音，如上海市第二中级人民法院上海华银日用品有限公司诉上海圣诺德日用化工有限公司仿冒知名商品特有包装纠纷[③]一案中认为："原告要求被告销毁'洋华堂'牌洗护发系列产品全部库存，并销毁制造侵权包装瓶的模具、印版等专用工具，因上述诉请不属于民事责任的承担方式，本院难以支持。"江苏省无锡市中级人民法院在审理四川大陈粮油有限公司与福州芬香粮油食品有限公司侵害商标权纠纷、擅自使用知名商品特有名称、包装、装潢纠纷一案[④]中认为："对于大陈公司要求立即销毁库存侵权产品、停止使用并移除或销毁所有载有被控侵权产品的包装及各种介绍、宣传材料的主张，因判令停止侵权亦足以维护大陈公司的合法权益，故对上述诉讼请求，本院不予支持。"

不论是否支持销毁库存产品包装的诉讼请求，裁判文书大多没有详细说理。认为应当销毁库存产品包装的，多在裁判文书法院认为部分直接支持原告诉请；认为不应支持的，则直接说明不属于民事责任的承担方式，或者停止生产、销售产品已足以达到停止侵权的目的。但究竟如何判断责令被告实施哪些行为足以达到停止侵权的目的，在先判例中鲜有说明。

就在本案"润田"案二审判决前两个月，北京知识产权法院在"高效能人士的七个习惯案"[⑤]二审判决书中，针对停止侵权责任的具体承担方式有了

---

① 一审：福建省高级人民法院（2002）闽知初字第 2 号《民事判决书》；二审：最高人民法院（2002）民三终字第 9 号《民事判决书》。

② 一审：广东省佛山市三水区人民法院（2015）佛三法民三初字第 4 号《民事判决书》；二审：广东省佛山市中级人民法院（2015）佛中法知民终字第 73 号《民事判决书》。

③ 一审：上海市第二中级人民法院（2005）沪二中民五（知）初字第 215 号《民事判决书》。

④ 一审：江苏省无锡市中级人民法院（2017）苏 02 民初 486 号《民事判决书》，该案判决时间在"润田"案之后。

⑤ 一审：北京市东城区人民法院（2015）东民（知）初字第 19458 号《民事判决书》；二审：北京知识产权法院（2016）京 73 民终 822 号《民事判决书》。

较为详细的说理。"停止侵权责任的具体方式的确定，需要结合涉案不正当竞争行为的特点，考虑具体责任方式的合目的性、必要性和均衡性，即该种具体责任方式要能够和适于实现停止侵害的目的；在能够有效实现停止侵害目的的各种手段中，对被诉侵权人利益造成的不利影响相对较小，且不会与停止侵害的目的不成比例。""对于使用与他人知名商品近似的装潢的行为而言，只有变更装潢，改变原有装潢的显著性的情况下，才会达到停止侵害的目的。"

3. 关于消除影响的法律责任。

（1）是否适用消除影响的法律责任？

消除影响的法律责任一般适用于自然人或法人的"人身权利"受到损害的情形，《民法通则》第一百二十条规定："公民的姓名权、肖像权、名誉权、荣誉权受到侵害的，有权要求停止侵害，恢复名誉，消除影响，赔礼道歉，并可以要求赔偿损失。法人的名称权、名誉权、荣誉权受到侵害的，适用前款规定。"但是，具体到擅自使用他人知名商品特有包装、装潢的行为，《反不正当竞争法》，不论是 1993 年版还是 2017 年版，均没有明确规定能否适用消除影响的法律责任。1993 年版的《反不正当竞争法》仅在第二十四条规定，虚假宣传的，监督检查部门应当责令停止违法行为，消除影响。而 2017 年修订后的《反不正当竞争法》第十七条第一款规定："经营者违反本法规定，给他人造成损害的，应当依法承担民事责任。"但并没有明确要承担哪些民事责任，又在第二十三条规定"经营者违反本法第十一条规定损害竞争对手商业信誉、商品声誉的，由监督检查部门责令停止违法行为、消除影响"。从字面上看，似乎除了损害竞争对手商业信誉、商品声誉的行为，其他不正当行为都不适用消除影响。但是，司法实践中并不这么理解。

不正当竞争案件的处理，许多时候会借鉴商标侵权案件处理方式，特别是知名商品特有包装装潢类案件，经常和商标侵权在同一个案件中审理。而《最高人民法院关于审理商标民事纠纷案件适用法律若干问题的解释》第二十一条明确规定："人民法院在审理侵犯注册商标专用权纠纷案件中，依据民法通则第一百三十四条、商标法（2001）第五十三条的规定和案件具体情况，可以判决侵权人承担停止侵害、排除妨碍、消除危险、赔偿损失、消除影响等民事责任。"因此，在不正当竞争案件司法实践中，不少法院认为，原告商誉被侵害的，可以适用消除影响的法律责任，如福建省乔丹体育用品有限公司诉晋江市阳新体育用品有限公司不正当竞争纠纷一案[1]等许多案例，法院判决支持了原告要求被告消除影响的诉请。

---

① 一审：福建省高级人民法院（2002）闽知初字第 2 号《民事判决书》；二审：最高人民法院（2002）民三终字第 9 号《民事判决书》。

上海市高级人民法院张晓都法官认为："《反不正当竞争法》（1993 年）第 5 条、第 9 条、第 14 条规定的不正当竞争行为包括：假冒他人的注册商标；擅自使用知名商品特有的名称、包装、装潢，造成和他人的知名商品相混淆，使购买者误认为是该知名商品；擅自使用他人的企业名称或者姓名，引人误认为是他人的商品；在商品上伪造或者冒用认证标志、名优标志等质量标志，伪造产地、对商品质量作引人误解的虚假表示；利用广告或者其他方法，对商品的质量、制作成分、性能、用途、生产者、有效期限、产地等作引人误解的虚假宣传，捏造、散步虚假事实，损害竞争对手的商业信誉、商品声誉。这些不正当竞争行为均涉及经营者的商业信誉，故权利人可要求不正当竞争者承担消除影响的责任。"[①]

（2）消除影响适用的条件。

消除影响适用的条件是原告商誉受损，而认定原告商誉是否受损，法院有较大的裁量权，实践中也存在较大分歧。如上文所述的上海华银日用品有限公司诉上海圣诺德日用化工有限公司仿冒知名商品特有包装纠纷一案[②]，上海二中院认为被告构成对"蜂花"洗护发产品特有包装、装潢的擅用，但因原告并无证据表明被告的侵权行为对原告的商誉造成影响，故对原告的该项诉请不予支持。而同样是"蜂花"洗护发产品特有包装、装潢案件，广东省汕头市中级人民法院审理上海华银日用品有限公司诉汕头威可日用化工有限公司仿冒知名商品特有包装装潢纠纷一案[③]，则判决被告"应在本判决发生法律效力之日起 30 日内在省级报刊上刊发一则致歉声明，向原告赔礼道歉、消除影响"。

上海鼎丰酿造食品有限公司与陈圣傅、陈育杰、朱粉兰擅自使用知名商品特有装潢纠纷案[④]中，上海市浦东新区人民法院认为"关于消除影响，鉴于金鑫厂经营规模不大，其侵权行为所造成的影响有限，故本院对于原告要求被告朱粉兰消除影响的主张不予支持"。

现行消除影响的具体措施经常体现为：在不良影响的范围内，通过报刊、网络等媒体刊登声明或者法院判决文书信息，纠正人们原来的印象。这种方式与登报致歉的方式极为相似，因此二者经常被混为一谈，但实际上，赔礼道歉和消除影响是两种不同的民事责任承担方式。

---

① 张晓都：《知识产权侵权民事责任中消除影响与赔礼道歉责任方式的确定》，载《中国专利与商标》2004 年第 4 期。

② 一审：上海市第二中级人民法院（2005）沪二中民五（知）初字第 215 号《民事判决书》。

③ 一审：广东省汕头市中级人民法院（2005）汕中法知初字第 7 号《民事判决书》。

④ 一审：上海市浦东新区人民法院（2013）浦民三（知）初字第 552 号《民事判决书》。

在 689 潍柴动力股份有限公司、山东欧润油品有限公司与山东星城石油化工有限公司、苏士品擅自使用知名商品特有名称、包装、装潢纠纷案[①]中，南京铁路运输法院认为，"关于原告要求被告在《中国质量报》上刊登致歉声明、消除影响的诉请，因赔礼道歉一般用于抚慰自然人因人身权受损害而造成的精神创伤，本案原告为法人，其人格为法律所拟制，即便遭受侵害，亦无精神创伤可言，故对原告要求被告致歉部分的诉请，本院不予支持。被告山东星城公司未经许可，使用了与原告产品相似的装潢，而这涉及相关公众对商品来源的识别，故原告有关消除影响的主张于法有据。本案事实表明，被告山东星城公司的销售模式包括网络销售，销售范围广，故原告请求判令被告在全国发行的《中国质量报》上登报消除影响的请求，可予准许。"

有文章也持相同观点，"消除影响就是消除公众对知识产权人的不良印象或误解，从而使权利人为消费者识别和信赖，获得市场，最终获得利润。此时只有消除影响之需求，而无恢复名誉只需。消除影响作为侵害知识产权的一类责任形式是合适的。""赔礼道歉，在知识产权性质主要体现为财产权的认识基础上，在没有明确侵害人格权的情况下不再判决赔礼道歉是合理的。"[②]

三、案例评析

【名词解释】

1. 纯净水。

在我国桶装饮用水市场上，主要有纯净水、矿泉水、泉水和天然水、矿物质水等，由于矿泉水、泉水等受资源限制，而纯净水是利用自来水经过一定的生产流程生产出来的，因此市场上老百姓饮用最多的还是纯净水，纯净水又简称"纯水"，指的是不含杂质、化学纯度极高的 H_2O。国家质量技术监督局于 1998 年 4 月发布了 GB 173233—1998《瓶装饮用纯净水》和 GB 17324—1998《瓶装饮用纯净水卫生标准》。在这两个标准中，共设有感官指标 4 项、理化指标 4 项、卫生指标 11 项。[③]

2. 天然水。

天然水是含有可溶性物质和悬浮物的一种天然溶液。可溶性物质非常复杂，主要是演示风化过程中，经过水文地球化学和生物地球化学的迁移、搬

---

① 一审：南京铁路运输法院（2016）苏 8602 民初 689 号《民事判决书》。

② 方晓霞、刘凯：《论知识产权侵权责任形式的多元化》，载《知识产权》2013 年第 2 期。

③ https://baike.sogou.com/v5208.htm?fromTitle=%E7%BA%AF%E5%87%80%E6%B0%B4

运到水中的地壳矿物质。[①] 可饮用的天然水对水源的要求相当苛刻。根据国际瓶装水协会（IBWA）的定义，天然水（naturalwater）是指瓶装的，只需最小限度处理的地表水或地下形成的泉水、矿泉水、自流井水，不是从市政系统或者公用供水系统引出的，除了有限的处理（如过滤、臭氧或者等同的处理）外不加改变。它既去除了原水中极少的杂质和有害物质，又保存了原水中的营养成分和对人体有益的矿物质和微量元素。[②]

3. 瓶体。

瓶体是盛装产品的容器本身，属于产品包装的一部分，多用于盛装液态、气态产品。经营者经常会设计和使用不同造型的瓶体，以达到区分产品来源、吸引消费者购买等目的，并将瓶体造型通过申请外观设计专利等方式，防止他人使用相同瓶体。

4. 瓶贴。

瓶贴贴于瓶体表面，主要起产品标识的作用，用于表述和指示产品信息。根据《产品质量法》第二十七条的规定，"裸装的食品和其他根据产品的特点难以附加标识的裸装产品，可以不附加产品标识"。除此之外，其他产品均应附加符合法律、法规及相关标准的产品标识。饮料类产品的包装通常由瓶体和瓶贴共同构成，瓶贴作为平面设计品，更容易被经营者用于展示产品包装的个性，如在平贴上印刷富有美感的图案，或将瓶贴作为产品商标的载体，以吸引消费者注意力并与其他产品进行区分。经营者通常也采用申请外观设计专利的方式保护其设计和使用的瓶贴。

【焦点评析】

1. 已判决责令停止侵权行为，是否还应责令销毁侵权包装？

一审法院认为关于润田公司要求销毁与"润田"纯净水包装、装潢近似的瓶体、瓶贴，因停止侵权已包含责令玉京峰公司在经营过程中不能再商品中使用，故其要求销毁的诉请不再另行判决。二审法院则认为原判责令玉京峰公司停止生产、销售、召回涉案天然水，虽指向或包含涉案侵权的包装、装潢，但未予以明确，为消除可能产生的侵权隐患，对润田公司关于责令玉京峰公司销毁涉案侵权包装、装潢的瓶体、瓶贴的请求本院予以支持。

二审过程中，润田公司就提高赔偿数额进行了举证，但并未举证证明销毁产品包装的必要性。两审法院是基于同样的事实，产生了不同的理解。促使二审法院改判的原因可能有二：

第一，如上文所述北知院审理"高效能认识的七个习惯案"所言，考虑

---

① https://wenku.baidu.com/view/abe7143e4693daef5ff73d1f.html。

② https://baike.sogou.com/v1849838.htm?fromTitle=%E5%A4%A9%E7%84%B6%E6%B0%B4。

具体责任方式的合目的性、必要性和均衡性。本案中，判令停止生产、销售、召回产品，确实隐含了不能继续使用涉案包装的义务，但是，由于原告提出了销毁包装的诉讼请求，一审法院不判决支持，给人的理解是一审法院将销毁包装纳入了被驳回的其他诉讼请求之中，即确认被告不需要销毁包装。实际上，如果一并判令销毁包装，能够更有效地实现停止生产、销售使用涉案包装产品的判决，且不会对玉京峰公司产生其他不利影响，因为该些库存瓶体、瓶贴已被判令不得使用，更不可能直接销售，如不销毁，也只能给玉京峰公司造成库存上的压力。二审法院改判一并销毁包装，可能有部分原因是出于对以上实际情况的考虑。

第二，遵循先例的原则。裁判文书中虽然没有直接体现在先案例，但二审法院此前处理的"金水宝"案①、"苏泊尔"案②，均判决支持销毁包装。如"金水宝"案中，一审法院判决"被告于本判决生效之日起立即停止生产销售侵犯原告'金水宝'注册商标专用权的行为，并销毁现有侵权产品上的'金水宝'和'一金沓宝'标识及该侵权产品的外包装盒和内包装瓶"。江西高院二审维持该判决。"苏泊尔"案中，判决"廉江市绿三角电器有限公司自本判决生效后立即停止在其生产、销售的产品外包装上使用与浙江苏泊尔股份有限公司'苏泊尔'知名商品近似的黄、白两种色调及以'S'形弧线将两种色调分开的装潢设计；立即停止生产、销售含'苏泊尔'文字的涉案侵权产品及外包装"。

2. 是否应当登报消除影响？

对于是否应当登报消除影响，一审法院认为，润田公司未提供证据证明玉京峰公司的侵权行为对其商品声誉产生的不良社会影响，造成商品销量下滑等后果，故对润田公司要求玉京峰公司在报纸上刊登声明，消除影响的诉讼请求，本院不予支持。二审法院改判认为，一部分没有警觉的消费者可能会通过对产品包装、装潢的直觉来确定产品来源，从而产生混淆误认，对润田公司声誉形成潜在不利影响，因此应当登报道歉消除影响。

二审法院的上述观点大大减轻了权利人证明商誉受损的举证责任，即认为公众对来源的误认本身就会对权利人产生不利影响，且该影响应当通过登

---

① 上诉人兰州科林生物制品厂、甘肃富团生物科技开发有限公司、原审被告上海沪鑫生物科技有限公司、叶邱琴、付淑芳与被上诉人江西济民可信集团有限公司和江西济民可信金水宝制药有限公司侵犯商标专用权纠纷案，一审：江西省宜春市中级人民法院（2008）宜中民三初字第14号《民事判决书》；二审：江西省高级人民法院（2009）赣民三终字第14号《民事判决书》。

② 廉江市绿三角电器有限公司与浙江苏泊尔股份有限公司、杨丽珍侵犯商标专用权及不正当竞争纠纷案，一审：江西省萍乡市中级人民法院（2009）萍民三初字第14号《民事判决书》；二审：江西省高级人民法院（2010）赣民三终字第12号《民事判决书》。

报声明的方式来进行消除。这样的观点，一方面源自对本案权利人商品知名度的认可和侵权情节的严重性，另一方面同样也有遵循先例的缘故。二审法院此前做出的"妇炎洁"案[①]等案例，也曾作出登报声明消除影响的判决。

3. 赔偿数额如何确定？

两审法院均采用了酌定赔偿数额的确定方式，但数额却存在巨大差别。

一审法院认为，"综合考虑原告商品的知名度、被告侵权故意程度、经营规模、侵权商品的销售价格、销售区域、可能获得的利润"，判决被告赔偿经济损失及合理费用金额仅为 3.5 万元。值得注意的是，一审法院已经认可了"润田"的部分销售数据，包括"'润田'饮用水产品 2006 年 –2008 年，连续三年销量在全国同行业中居前十位，全国市场占有率为 4%–5%。2013 年 –2015 年产品销售产值分别为 69971 万元、77818 万元、70652 万元"，作为"润田"纯净水构成知名商品的部分依据。虽然该些数据并不足以作为赔偿数额的确定依据，只能作为权利人知名度的参考依据，但一审法院在判赔中，仍然显得过于低估原告的知名度或者被告作为侵权产品生产厂家的侵权情节。

二审中，润田公司提供了公证费发票、两审的委托代理合同及律师费发票来证明合理开支，另向法院提交了其他侵权人的侵权证据、市场和质量监督管理局责令改正通知书，以及相关诉讼文书。同时，法院主动查明了有关润田公司广告宣传费用的事实，认可"润田公司对'润田'550ml 纯净水持续进行了广告投入，2015 年广告及宣传费为 5730 余万元"，并要求玉京峰公司提供涉案产品的财务账册，但玉京峰公司未提供。二审法院综合考虑润田公司的宣传投入及产品知名度，玉京峰公司的侵权情节、侵权后果，对一审判赔数额调高至 30 万元。

对于判赔数额的调整，二审法院同样考虑了同案同判的因素。2008 年，江西省高院曾在"法蓝瓷"案[②]中对侵权产品生产厂家的判赔数额为经济损失 45 万元，合理费用 3 万元，合计 48 万元；2012 年，又在"江中"案[③]中判决

---

① 江西康美医药保健品有限公司诉长沙槿之堂科技发展有限公司、刘也平、吉安县卫生局劳动服务公司药店仿冒知名商品特有名称不正当竞争纠纷一案，一审：吉安市中级人民法院（2006）吉中民二初字第 18 号《民事判决书》；二审：江西省高级人民法院（2006）赣民三终字第 16 号《民事判决书》。

② 海畅实业有限公司诉潮州市格兰特服饰有限公司、战秀芳、香港苏太经贸发展有限公司侵犯著作权及不正当竞争纠纷案，一审：江西省景德镇市中级人民法院作出（2006）景民三初字第 17 号《民事判决书》；二审：江西省高级人民法院（2007）赣民三终字第 19 号《民事判决书》。

③ 江中药业股份有限公司诉湖南恒伟药业股份有限公司、南昌大参林药店有限公司天泽园店不正当竞争纠纷案，一审：江西省南昌市中级人民法院（2011）洪民三初字第 45 号《民事判决书》；二审：江西省高级人民法院（2012）赣民三终字第 2 号《民事判决书》。

生产厂家湖南恒伟药业股份有限公司于本判决生效之日起五日内赔偿江中药业股份有限公司经济损失 40 万元。

【总体评价】

1. 事实部分。

本案事实清楚，对于事实认定具有充分的证据证明。

2. 法律适用。

本案有关停止侵权、赔偿损失争议焦点，法律适用准确。对于消除影响的法律责任，法律适用正确，但在说理过程中，没有对赔礼道歉和消除影响予以区分。

3. 对于赔偿数额的调整，具有指导性。

二审法院在认定赔偿数额时，实际上采用了遵循先例的思想。自 2010 年最高人民法院出台《关于案例指导工作的规定》确立案例指导制度起，知识产权领域一直在深化落实司法改革，积极探索遵循先例，有效实现同案同判。特别是 2014 年 11 月 6 日北知院建院，2015 年 4 月 24 日设立知识产权案例指导研究（北京）基地以来，遵循先例、案例指导的思想在司法实践中得到了愈发广泛的应用。基于遵循先例的思想，二审中润田公司的代理律师向二审法院提交了其本院此前类似案件的检索报告，以期促使二审法院提高判赔数额，实现同案同判。

同时，该案判赔数额的提高，有利于保护权利人合法权益、维护市场竞争秩序和优化江西省投资环境，正因如此，江西省高级人民法院也将妥善审理"江中"、"润田"、"景德镇陶瓷"等驰名商标产品纠纷案，有效保护江西省特色产业的合法权益作为工作报告内容之一，2018 年 1 月 25 日在江西省第十三届人民代表大会第一次会议上汇报。

【案例规则】

1. 知名商品外观设计失效后，其特有包装装潢的权益受到反不正当竞争法的保护。

同一商品包装可能同时受到不同法律的保护。例如，受外观设计专利权保护的同时，也可能同时获得了注册商标，并因具有独创性而作为美术作品受《著作权法》保护，该包装在经过使用后又成为了知名商品特有包装、装潢，这些权利的保护期限和保护范围不同，但相互之间并不冲突，一项权利灭失，其他权利只需符合保护条件，仍可继续存在。本案中，润田公司曾于 2005 年 6 月 9 日取得"润田"纯净水瓶贴外观设计专利，诉讼发生时该外观设计专利已失效，不再受专利法的保护，但并不妨碍润田公司所享有的知名商品的特有包装、装潢的权益受到反不正当竞争法的保护。

2. 已经判决停止侵权行为（生产、销售、召回产品），仍然可以同时判决销毁产品包装。

已经判决停止生产、销售并找回侵权产品的，并不妨碍同时判决销毁产品包装。具体承担责任的方式，则需考虑该方式的合目的性、必要性和均衡性。如果具体责任方式能够有效实现停止侵害目的的各种手段中，对被诉侵权人利益造成的不利影响相对较小，且不会与停止侵害的目的不成比例，则法院可以判决支持。

3. 擅自使用他人知名商品特有包装装潢可能对他人商誉产生潜在不利影响的，可以判决以登报等方式消除影响。

消除影响的目的是消除公众对权利人的不良印象或误解，从而使权利人重新为消费者识别和信赖，理论上，只要产生了不利影响，权利人即可主张消除影响。但是，实践中，要求权利人直接举证证明不利影响，存在一定难度，本案中，二审法院并未苛求权利人举证证明不利影响，而是在认定侵权行为、情节的基础上，根据相关公众的一般注意力推定可能造成不利影响。

4. 确定赔偿数额时，可以将权利人宣传投入纳入考虑因素之一。

不正当竞争纠纷案件的赔偿数额确定参照商标侵权案件，应当考虑侵权行为的性质、期间、后果，商标的声誉，商标使用许可费的数额，商标使用许可的种类、时间、范围及制止侵权行为的合理开支等因素综合确定。[①] 司法解释并未将权利人的宣传投入明确纳入考虑因素，但宣传投入可以作为衡量知名商品特有包装、装潢所承载的声誉和知名度的因素之一，将宣传投入纳入确定损害赔偿数额的考虑因素之一，是对法律的灵活适用。

---

① 《最高人民法院关于审理商标民事纠纷案件适用法律若干问题的解释》第十六条第二款。

上海冠生园食品有限公司、嘉善祥和食品有限公司擅自使用知名商品特有包装、装潢纠纷案①

甄庆贵②

一、案例基本信息

案例类型	特有包装装潢　仿冒行为　不正当竞争　民事案件
案例名称	上海冠生园食品有限公司、嘉善祥和食品有限公司擅自使用知名商品特有包装、装潢纠纷案
裁判文书	一审：浙江省嘉兴市中级人民法院（2016）浙04民初131号《民事判决书》 二审：浙江省高级人民法院（2017）浙民终69号《民事判决书》
合议庭成员	二审：审判长周平、代理审判员郭剑霞、代理审判员李臻
一审原告	上海冠生园食品有限公司（简称"冠生园公司"）
一审被告	嘉善祥和食品有限公司（简称"祥和公司"）
二审上诉人	冠生园公司
二审被上诉人	祥和公司
受理日期	二审：2017年1月22日
裁判日期	二审：2017年5月19日
审理程序	一审、二审
一审判决结果	一、祥和公司立即停止生产、销售与冠生园公司生产销售的大白兔、百花牌花生牛轧糖包装、装潢相近似的产品； 二、祥和公司在判决生效之日起十日内赔偿冠生园公司经济损失（包括为制止侵权所支出的合理费用）100000元； 三、驳回冠生园公司的其他诉讼请求。
二审判决结果	驳回上诉，维持原判

---

① 本案为2016年中国法院五十件典型知识产权案例之一。

② 甄庆贵，北京市中伦文德律师事务所，高级合伙律师。

续表

涉案法律、 法规和司法解释	一审： 《中华人民共和国民法通则》第一百三十四条① 《中华人民共和国反不正当竞争法》第五条第一款第二项②、第二十条③ 《中华人民共和国商标法》第六十三条④

---

① 《民法通则》第一百三十四条：承担民事责任的方式主要有：（一）停止侵害；（二）排除妨碍；（三）消除危险；（四）返还财产；（五）恢复原状；（六）修理、重作、更换；（七）赔偿损失；（八）支付违约金；（九）消除影响、恢复名誉；（十）赔礼道歉。

以上承担民事责任的方式，可以单独适用，也可以合并适用。

人民法院审理民事案件，除适用上述规定外，还可以予以训诫、责令具结悔过、收缴进行非法活动的财物和非法所得，并可以依照法律规定处以罚款、拘留。

② 《反不正当竞争法》第五条第一款第（二）项：经营者不得采用下列不正当手段从事市场交易，损害竞争对手：（二）擅自使用知名商品特有的名称、包装、装潢，或者使用与知名商品近似的名称、包装、装潢，造成和他人的知名商品相混淆，使购买者误认为是该知名商品；……

③ 《反不正当竞争法》第二十条：经营者违反本法规定，给被侵害的经营者造成损害的，应当承担损害赔偿责任，被侵害的经营者的损失难以计算的，赔偿额为侵权人在侵权期间因侵权所获得的利润；并应当承担被侵害的经营者因调查该经营者侵害其合法权益的不正当竞争行为所支付的合理费用。被侵害的经营者的合法权益受到不正当竞争行为损害的，可以向人民法院提起诉讼。

④ 《商标法》（2013年）第六十三条：侵犯商标专用权的赔偿数额，按照权利人因被侵权所受到的实际损失确定；实际损失难以确定的，可以按照侵权人因侵权所获得的利益确定；权利人的损失或者侵权人获得的利益难以确定的，参照该商标许可使用费的倍数合理确定。对恶意侵犯商标专用权，情节严重的，可以在按照上述方法确定数额的一倍以上三倍以下确定赔偿数额。赔偿数额应当包括权利人为制止侵权行为所支付的合理开支。

人民法院为确定赔偿数额，在权利人已经尽力举证，而与侵权行为相关的账簿、资料主要由侵权人掌握的情况下，可以责令侵权人提供与侵权行为相关的账簿、资料；侵权人不提供或者提供虚假的账簿、资料的，人民法院可以参考权利人的主张和提供的证据判定赔偿数额。

权利人因被侵权所受到的实际损失、侵权人因侵权所获得的利益、注册商标许可使用费难以确定的，由人民法院根据侵权行为的情节判决给予三百万元以下的赔偿。

续表

涉案法律、法规和司法解释	《最高人民法院关于审理不正当竞争民事案件应用法律若干问题的解释》第一条第一款①、第二条第一款②、第四条③、第十七条第一款④

---

① 《最高人民法院关于审理不正当竞争民事案件应用法律若干问题的解释》第一条：在中国境内具有一定的市场知名度，为相关公众所知悉的商品，应当认定为反不正当竞争法第五条第（二）项规定的"知名商品"。人民法院认定知名商品，应当考虑该商品的销售时间、销售区域、销售额和销售对象，进行任何宣传的持续时间、程度和地域范围，作为知名商品受保护的情况等因素，进行综合判断。原告应当对其商品的市场知名度负举证责任……

② 《最高人民法院关于审理不正当竞争民事案件应用法律若干问题的解释》第二条：具有区别商品来源的显著特征的商品的名称、包装、装潢，应当认定为反不正当竞争法第五条第（二）项规定的"特有的名称、包装、装潢"。有下列情形之一的，人民法院不认定为知名商品特有的名称、包装、装潢：（一）商品的通用名称、图形、型号；（二）仅仅直接表示商品的质量、主要原料、功能、用途、重量、数量及其他特点的商品名称；（三）仅由商品自身的性质产生的形状，为获得技术效果而需有的商品形状以及使商品具有实质性价值的形状；（四）其他缺乏显著特征的商品名称、包装、装潢。

前款第（一）、（二）、（四）项规定的情形经过使用取得显著特征的，可以认定为特有的名称、包装、装潢……

③ 《最高人民法院关于审理不正当竞争民事案件应用法律若干问题的解释》第四条：足以使相关公众对商品的来源产生误认，包括误认为与知名商品的经营者具有许可使用、关联企业关系等特定联系的，应当认定为反不正当竞争法第五条第（二）项规定的"造成和他人的知名商品相混淆，使购买者误认为是该知名商品"。

在相同商品上使用相同或者视觉上基本无差别的商品名称、包装、装潢，应当视为足以造成和他人知名商品相混淆。

认定与知名商品特有名称、包装、装潢相同或者近似，可以参照商标相同或者近似的判断原则和方法。

④ 《最高人民法院关于审理不正当竞争民事案件应用法律若干问题的解释》第十七条：确定反不正当竞争法第十条规定的侵犯商业秘密行为的损害赔偿额，可以参照确定侵犯专利权的损害赔偿额的方法进行；确定反不正当竞争法第五条、第九条、第十四条规定的不正当竞争行为的损害赔偿额，可以参照确定侵犯注册商标专用权的损害赔偿额的方法进行……

续表

涉案法律、法规和司法解释	《最高人民法院关于审理商标民事纠纷案件适用法律若干问题的解释》第九条第二款①、第十条②、第十六条第一款、第二款③、第十七条④ 《中华人民共和国民事诉讼法》第一百四十二条⑤。

---

① 《最高人民法院关于审理商标民事纠纷案件适用法律若干问题的解释》第九条：商标法第五十二条第（一）项规定的商标相同，是指被控侵权的商标与原告的注册商标相比较，二者在视觉上基本无差别。

商标法第五十二条第（一）项规定的商标近似，是指被控侵权的商标与原告的注册商标相比较，其文字的字形、读音、含义或者图形的构图及颜色，或者其各要素组合后的整体结构相似，或者其立体形状、颜色组合近似，易使相关公众对商品的来源产生误认或者认为其来源与原告注册商标的商品有特定的联系。

② 《最高人民法院关于审理商标民事纠纷案件适用法律若干问题的解释》第十条：人民法院依据商标法第五十二条第（一）项的规定，认定商标相同或者近似按照以下原则进行：（一）以相关公众的一般注意力为标准；（二）既要进行对商标的整体比对，又要进行对商标主要部分的比对，比对应当在比对对象隔离的状态下分别进行；（三）判断商标是否近似，应当考虑请求保护注册商标的显著性和知名度。

③ 《最高人民法院关于审理商标民事纠纷案件适用法律若干问题的解释》第十六条：侵权人因侵权所获得的利益或者被侵权人因被侵权所受到的损失均难以确定的，人民法院可以根据当事人的请求或者依职权适用商标法第五十六条第二款的规定确定赔偿数额。

人民法院在确定赔偿数额时，应当考虑侵权行为的性质、期间、后果，商标的声誉，商标使用许可费的数额，商标使用许可的种类、时间、范围及制止侵权行为的合理开支等因素综合确定……

④ 《最高人民法院关于审理商标民事纠纷案件适用法律若干问题的解释》第十七条：商标法第五十六条第一款规定的制止侵权行为所支付的合理开支，包括权利人或者委托代理人对侵权行为进行调查、取证的合理费用。

人民法院根据当事人的诉讼请求和案件具体情况，可以将符合国家有关部门规定的律师费用计算在赔偿范围内。

⑤ 《民事诉讼法》第一百四十二条：法庭辩论终结，应当依法作出判决。判决前能够调解的，还可以进行调解，调解不成的，应当及时判决。

续表

涉案法律、法规和司法解释	二审：《中华人民共和国民事诉讼法》第一百七十条第一款第一项①。
裁判要点②	1. 知名商品的认定，应综合考虑历史因素、商业信誉、销售范围及销量、过往受保护记录等各因素。 2. 知名商品包装、装潢的特有性是指该商品的包装、装潢能起到区别商品来源的作用
案例规则	1. 认定与知名商品特有名称、包装、装潢相同或者近似，可以参照商标相同或者近似的判断原则和方法。 2. 侵权人因侵权和解而与权利人签订调解协议后，理应承担更高的避让义务，若侵权人仍使用与权利人商品相似的包装、装潢，则存在主观上侵权故意，可将其作为赔偿数额的考量因素

二、案例综述

【主要诉请】

冠生园公司请求法院判令祥和公司：1. 立即停止生产、销售与冠生园公司花生牛轧糖的包装、装潢相近似的产品的行为；2. 立即收回已销售的与冠生园公司花生牛轧糖的包装、装潢相近似的产品并予以销毁；3. 在《嘉兴日报》上连续30天刊登公告消除影响；4. 赔偿冠生园公司经济损失及为制止侵权而支付的合理费用共300000元。

【基本事实】

一审法院审查确认的事实：

1. 关于本案件之前的纠纷及其和解情况。

冠生园公司因祥和公司擅自使用其知名商品冠生园公司花生牛轧糖的特有包装、装潢，曾于2015年1月19日诉至一审法院，该院审理过程中，双方当事人于2015年3月11日达成调解协议，协议约定：（1）祥和公司立即停止使用与冠生园公司花生牛轧糖包装、装潢近似的老丁头牌花生牛轧糖包装糖纸、包装袋，并于2015年4月11日前收回销售出去的与冠生园公司花生牛轧糖包装、装潢近似的老丁头牌花生牛轧糖包装糖纸、包装袋；（2）祥和公司于2015年3月11日前赔偿冠生园公司经济损失80000元（含为制止

---

① 《民事诉讼法》第一百七十条第一款第一项：第二审人民法院对上诉案件，经过审理，按照下列情形，分别处理：（一）原判决、裁定认定事实清楚，适用法律正确的，以判决、裁定方式驳回上诉，维持原判决、裁定；……

② 摘自二审判决：最高人民法院（2015）民三终字第8号《民事判决书》。

本次侵权所支出的合理费用），上述款项祥和公司已支付完毕；（3）冠生园公司自愿放弃其余诉讼请求。调解协议达成后，祥和公司更换了其花生牛轧糖产品的包装、装潢，即公证实物中老丁頭牌花生牛轧糖使用的包装袋和糖纸。

2. 关于冠生园公司商标。

第 273338 号商标于 1986 年 12 月 30 日经国家工商行政管理局商标局（以下简称商标局）核准注册，该商标经续展有效期截至 2016 年 12 月 29 日，核定使用的商品为第 38 类（核准续展注册在商品国际分类第 30 类），包括糖、糖果等商品；第 100285 号商标经商标局核定使用的商品为第 30 类的糖果，经续展注册有效期截至 2023 年 2 月 28 日；第 214653 号商标经商标局核定使用的商品为第 38 类（核准续展注册在商品国际分类第 30 类）的花生牛轧糖，经续展注册有效期截至 2024 年 10 月 29 日。冠生园公司于 2012 年 5 月 27 日经受让取得上述三商标。冠生园公司的商标被评为上海市出口名牌（2010–2011 年度）。2014 年 1 月，上海市工商行政管理局颁发上海市著名商标证书，载明在糖果商品上的商标被认定为上海市著名商标，有效期自 2014 年 1 月 1 日起至 2016 年 12 月 31 日止。

3. 关于祥和公司。

祥和公司成立于 1996 年 8 月 30 日，注册资本为 1000000 元，经营范围为生产：酿造酱油、酿造食醋、糖果制品（糖果）、饮料［碳酸饮料（汽水）类］。

二审法院查明的事实与一审法院认定的一致。

三、案例评析

【案例背景】

修订前的《反不正当竞争》（1993 年）第五条规定："经营者不得采用下列不正当手段从事市场交易，损害竞争对手：……（二）擅自使用知名商品特有的名称、包装、装潢，或者使用与知名商品近似的名称、包装、装潢，造成和他人的知名商品相混淆，使购买者误认为是该知名商品……"《反不正当竞争法》（2019 年）第六条规定："经营者不得实施下列混淆行为，引人误认为是他人商品或者与他人存在特定联系：（一）擅自使用与他人有一定影响的商品名称、包装、装潢等相同或者近似的标识……"与旧法相比，新修订的《反不正当竞争法》将"知名"商品"特有"的名称、包装、装潢中对"知名"和"特有"限定改为"一定影响"的名称、包装、装潢。

【焦点评析】

1. 关于冠生园公司花生牛轧糖是否属于知名商品。

一审法院结合冠生园公司提交的证据，认定冠生园公司花生牛轧糖在上海乃至全国市场上都具有相当的知名度，并为相关公众所知悉，可以认定为知名商品。二审法院基于同样的证据，分别从历史因素、商业信誉、销售范围及销量、过往受保护记录等几大因素考虑，认为冠生园公司花生牛轧糖符合知名商品的认定条件。具体包括以下因素：（1）冠生园公司前身伟多利食品厂自1956年起即研制出了花生牛轧糖并销售，历史悠久。（2）冠生园公司花生牛轧糖以其稳定的产品质量获得了良好的商业信誉。1995年，百花牌花生牛轧糖获得全国焙烤食品糖制品行业优质名牌产品金奖。1997年百花牌花生牛轧糖在首届全国焙烤食品糖制品工业展览会上获得金奖。2010年，花生牛轧糖作为大白兔牌糖果旗下商品成为2010年上海世博会指定糖果之一。（3）冠生园公司花生牛轧糖销售范围较广，销量较高。冠生园公司控股的冠生园供销公司在2014年、2015年间分别与上海、南京、郑州、武汉、台州、杭州等全国多家食品公司和大型超市签订供货协议，供应包含花生牛轧糖在内的大白兔牌糖果。据上海商情信息中心的调查，2007年至2010年上半年，大白兔牌糖果在上海的市场占有率一直稳居第一。（4）冠生园公司的花生牛轧糖作为知名商品有受到工商行政管理部门保护的记录。1996年上海市奉贤县工商行政管理局在奉工商处（95）46号，奉工商处（96）6.7号行政处罚决定书中认定花生牛轧糖为知名商品。

相比较而言，二审法院的认定和推理比一审法院的更具逻辑性和说服力。

2. 关于冠生园公司花生牛轧糖的外包装袋和糖纸是否属于知名商品的特有包装、装潢。

一、二审法院均认为，冠生园公司花生牛轧糖历史悠久，一直使用的蓝白相间的棋盘格纹图案和花生图案具有较强辨识度，虽然冠生园公司本案主张的包装装潢与2005年之前的设计相比具有一定改动，但延续使用了蓝白格纹图案等主要设计要素，即使2005年后使用至今亦超过十年，已经与冠生园公司花生牛轧糖建立了联系，具有了区别商品来源的作用，故构成知名商品的特有包装、装潢。

3. 关于祥和公司的行为是否构成不正当竞争。

一审法院和二审法院均是从以下三个方面来认定的：一是认为被诉侵权商品的糖纸与冠生园公司花生牛轧糖的外包装袋和糖纸在主要设计要素的色彩、布局、比例和组合关系均近似的情况下，上述区别不影响二者包装袋近似的认定。二是认为被诉侵权商品的包装装潢容易导致相关公众发生混淆误认。由于冠生园公司花生牛轧糖具有较高知名度，对相关公众而言，其包装装潢已经起到了区别商品来源的作用。在被诉侵权商品上使用了与冠生园公司花生牛轧糖近似的外包装和糖纸的情况下，容易导致混淆误认。虽然被诉侵权商品标注的商标、生产商与冠生园公司花生牛轧糖存在差异，但并不足以排除相关公众对两者产生混淆误认的可能性。三是认为被诉侵权商品与冠生园公司花生牛轧糖为相同商品，两者存在直接竞争关系。故祥和公司在其生产、销售的被诉侵权商品上使用了与冠生园公司花生牛轧糖近似的包装、装潢，容易导致相关公众发生混淆误认，构成不正当竞争行为。

4. 关于祥和公司是否应当承担收回和销毁侵权产品的民事责任。

二审法院认为，民事责任的承担应当考虑具体责任承担方式的目的性、必要性和均衡性。由于本案中被诉侵权商品系花生牛轧糖，属于日常生活中的食品，一旦进入流通领域，商品的流向难以确定，且通常被消费者及时消费，收回和销毁侵权产品缺乏一定的可操作性和可确定性，且一审法院已经通过适当加重损害赔偿责任方式给予了相应的救济，故二审法院认为一审法院在这一点的认定无明显不当。

5. 关于是否构成"重复侵权"以及本案损害赔偿数额的认定。

一审法院认为，祥和公司曾于 2015 年 3 月 11 日与冠生园公司达成调解协议，承诺立即停止使用与冠生园公司花生牛轧糖包装、装潢近似的老丁頭牌牛轧糖包装糖纸、包装袋，并已赔偿冠生园公司经济损失 80000 元（含为制止侵权所支出的合理费用），故祥和公司在本案中已构成重复侵权。二审法院对此观点不予认可，认为一审法院的"重复侵权"表述存在不当，但是同样认为祥和公司在签订调解协议后理应承担更高的避让义务，却仍使用了与冠生园公司花生牛轧糖相似的包装、装潢，存在主观上侵权故意，将其作为赔偿数额的考量因素并无不当。

【总体评价】

1. 事实部分。

本案事实清楚，事实认定具有充分的证据证明。

2. 法律适用。

在法律适用方面，一审法院和二审法院所引用的法律条文基本上是完全一致的，核心条款为修订前的《反不正当竞争法》及其司法解释关于"知名商品的特有名称及包装装潢"的相关条款。法律适用准确。

【案例规则】

1. 认定与知名商品特有名称、包装、装潢相同或者近似，可以参照商标相同或者近似的判断原则和方法。

2. 侵权人因侵权行为而与权利人签订调解协议后，理应承担更高的避让义务，若侵权人仍使用与权利人商品相似的包装、装潢，则存在主观上侵权故意，可将其作为赔偿数额的考量因素。

漳州天福茶业有限公司、李瑞河诉刘建致擅自使用他人企业名称、姓名纠纷案[①]

李晓月[②]　赵俊杰[③]

一、案例基本信息

案例类型	擅自使用他人企业名称、姓名　不正当竞争　民事案件
案例名称	漳州天福茶业有限公司、李瑞河诉刘建致不正当竞争纠纷案
裁判文书	一审：福建省漳州市中级人民法院（2014）漳民初字第 376 号《民事判决书》 二审：福建省高级人民法院（2016）闽民终 563 号《民事判决书》
合议庭成员	一审：审判长陈淑香、审判员林银木、人民陪审判员陈隆峰 二审：审判长张宏伟、代理审判员张丹萍、代理审判员孙艳
一审原告	漳州天福茶业有限公司（本文简称"天福公司"）、李瑞河
一审被告	刘建致
二审上诉人	刘建致
二审被上诉人	天福公司、李瑞河
裁判日期	一审：2015 年 12 月 24 日 二审：2016 年 7 月 13 日

---

① 本案是 2016 年度中国法院 50 件典型知识产权案例之一。

② 李晓月，河北悦宾律师事务所，高级合伙律师。

③ 赵俊杰，广东翰锐律师事务所，高级合伙律师。

续表

审理程序	一审、二审
一审判决结果	一、被告刘建致立即停止侵害，停止在其生产、销售的茶叶中使用"李瑞河"名字； 二、被告刘建致应于本判决生效之日起十五日内赔偿天福公司、李瑞河经济损失共计五万元； 三、驳回天福公司、李瑞河的其他诉讼请求
二审判决结果	驳回上诉，维持原判
涉案法律、法规和司法解释	一审： 《中华人民共和国侵权责任法》第六条、第十五条① 《中华人民共和国反不正当竞争法》第五条第（三）项、第二十条② 《中华人民共和国商标法》第六十三条③

---

① 《侵权责任法》第六条：行为人因过错侵害他人民事权益，应当承担侵权责任。

第十五条：承担侵权责任的方式主要有：（一）停止侵害；（二）排除妨碍；（三）消除危险；（四）返还财产；（五）恢复原状；（六）赔偿损失；（七）赔礼道歉；（八）消除影响、恢复名誉。以上承担侵权责任的方式，可以单独适用，也可以合并适用。

② 《反不正当竞争法》（1993 年）第五条：经营者不得采用下列不正当手段从事市场交易，损害竞争对手：……（三）擅自使用他人的企业名称或者姓名，引人误认为是他人的商品；……

第二十条：经营者违反本法规定，给被侵害的经营者造成损害的，应当承担损害赔偿责任，被侵害的经营者的损失难以计算的，赔偿额为侵权人在侵权期间因侵权所获得的利润；并应当承担被侵害的经营者因调查该经营者侵害其合法权益的不正当竞争行为所支付的合理费用。

③ 《商标法》（2013 年）第六十三条：侵犯商标专用权的赔偿数额，按照权利人因被侵权所受到的实际损失确定；实际损失难以确定的，可以按照侵权人因侵权所获得的利益确定；权利人的损失或者侵权人获得的利益难以确定的，参照该商标许可使用费的倍数合理确定。对恶意侵犯商标专用权，情节严重的，可以在按照上述方法确定数额的一倍以上三倍以下确定赔偿数额。赔偿数额应当包括权利人为制止侵权行为所支付的合理开支。

人民法院为确定赔偿数额，在权利人已经尽力举证，而与侵权行为相关的账簿、资料主要由侵权人掌握的情况下，可以责令侵权人提供与侵权行为相关的账簿、资料；侵权人不提供或者提供虚假的账簿、资料的，人民法院可以参考权利人的主张和提供的证据判定赔偿数额。

权利人因被侵权所受到的实际损失、侵权人因侵权所获得的利益、注册商标许可使用费难以确定的，由人民法院根据侵权行为的情节判决给予三百万元以下的赔偿。

涉案法律、法规和司法解释	《最高人民法院关于审理不正当竞争民事案件应用法律若干问题的解释》第六条第二款、第十七条① 《中华人民共和国民事诉讼法》第六十四条② 《最高人民法院关于民事诉讼证据的若干规定》第二条③ 二审： 《中华人民共和国民事诉讼法》第一百七十条④第一款第（一）项
裁判要点	经营者在市场交易中，应当遵循自愿、平等、公平、诚实信用的原则，遵守公认的商业道德，诚信经营，未经许可，不得在提供商品或服务过程中擅自使用他人姓名，不得对其提供的商品或服务作引人误解的虚假宣传，否则即侵害了他人的合法权益，应承担相应的法律责任。

---

① 《最高人民法院关于审理不正当竞争民事案件应用法律若干问题的解释》第六条第二款：在商品经营中使用的自然人的姓名，应当认定为反不正当竞争法第五条第（三）项规定的"姓名"。具有一定的市场知名度、为相关公众所知悉的自然人的笔名、艺名等，可以认定为反不正当竞争法第五条第（三）项规定的"姓名"。

第十七条：确定反不正当竞争法第十条规定的侵犯商业秘密行为的损害赔偿额，可以参照确定侵犯专利权的损害赔偿额的方法进行；确定反不正当竞争法第五条、第九条、第十四条规定的不正当竞争行为的损害赔偿额，可以参照确定侵犯注册商标专用权的损害赔偿额的方法进行。

因侵权行为导致商业秘密已为公众所知悉的，应当根据该项商业秘密的商业价值确定损害赔偿额。商业秘密的商业价值，根据其研究开发成本、实施该项商业秘密的收益、可得利益、可保持竞争优势的时间等因素确定。

② 《民事诉讼法》第六十四条：当事人对自己提出的主张，有责任提供证据。

当事人及其诉讼代理人因客观原因不能自行收集的证据，或者人民法院认为审理案件需要的证据，人民法院应当调查收集。

人民法院应当按照法定程序，全面地、客观地审查核实证据。

③ 《最高人民法院关于民事诉讼证据的若干规定》第二条：当事人对自己提出的诉讼请求所依据的事实或者反驳对方诉讼请求所依据的事实有责任提供证据加以证明。

没有证据或者证据不足以证明当事人的事实主张的，由负有举证责任的当事人承担不利后果。

④ 《民事诉讼法》第一百七十条：第二审人民法院对上诉案件，经过审理，按照下列情形，分别处理：（一）原判决、裁定认定事实清楚，适用法律正确的，以判决、裁定方式驳回上诉，维持原判决、裁定……

裁判要点	李瑞河系天福公司的总裁，"李瑞河""天福"在茶叶等经营中经过多年的使用和宣传，已享有一定的市场知名度，为相关公众所知悉，天福公司与李瑞河之间已密不可分，因此天福公司与本案有直接的利害关系，具有作为本案主体的资格。刘建致与天福公司及李瑞河均系从事茶叶生产经营的经营者及企业，相互之间存在竞争关系，本案应适用《反不正当竞争法》等相关法律，不属于"姓名权纠纷"
案例规则	企业法定代表人的姓名在宣传和使用时，能够指向该企业产品或服务，他人使用该企业法定代表人姓名进行宣传他人的产品，属于不正当竞争纠纷

二、案例综述

【主要诉请】

原告诉请判令：停止侵害，停止在其生产、销售的茶叶中使用"李瑞河"名字；赔偿原告经济损失人民币五十万元。

【基本事实】

1. 刘建致与天福公司、李瑞河之间是否存在不正当竞争关系。

被告刘建致称：天福公司不是适格被告，李瑞河与天福公司分别是两个独立主体，无法律上的关联；被告使用"李瑞河"受著作权法和商标法保护，是合法使用；被告产品有自己的商标，有显著的标识，不会使公众误认为是原告产品。

法院审查确认的事实：

原告李瑞河系天福公司总裁，天福公司在福建省漳州市登记注册了"漳州天福茶业有限公司"的企业名称。经营期限：1998 年 12 月 24 日至 2048 年 12 月 23 日。经营范围包括生产加工茶具、茶叶饮料、茶道、茶艺及景点门票服务、茶叶包装等。天福公司生产销售的"天福 813 人参乌龙茶"、"金玉满堂"、"高山乌龙茶"等茶叶包装上均有签署"李瑞河"名字。2005 年国家商标总局在（2005）× 字第 × 号裁定书中认定天福公司注册并使用在茶叶商品上的"天福 TIANFU"商标为驰名商标。

综合申请人提交的在案证据足以证明"李瑞河"先生作为知名的茶叶经营者，在争议商标注册申请日之前在茶叶领域内已具有较高知名度。

原告与被告均系从事茶叶生产经营的经营者及企业，相互之间存在竞争关系，因此本案纠纷应适用反不正当竞争法等相关法律予以调整。

2. 赔偿数额如何认定？

被告认为，因其还在亏本没有盈利，原告亦无相应证据证明其所受损失情况，仅有双方口头陈述，无相关书面证据予以证明的情况下，被告因侵权行为所获得的收益难以确定。法院根据相关法律规定，综合考虑原告的知名度、被告的侵权情节、主观过错程度、侵权行为的持续时间、原告为制止侵权行为所支付的合理费用等因素，酌情确定被告赔偿原告经济损失 5 万元。

三、案例评析

【案例背景】

近年来，发生侵犯他人企业名称权、姓名权的不正当竞争纠纷案例频繁发生，从内蒙古小肥羊案到乔丹姓名权案，虽然每个案件都有自己的特点，但他们之间也有共同点，共性之一就是侵权人借助他人企业名称或姓名的影响，来宣传自己的产品或服务，以便增加自己的市场占有份额。

本案不同于其他同类案件的特点在于，行为人将他人企业法定代表人的姓名使用在自己的产品上，对自己的产品进行宣传。而他人企业的法定代表人的姓名与该企业的产品已经产生了稳定的指向关联性，就像我们说到郭德纲，就会联想到德云社和相声，说到陶碧华就会想到老干妈辣酱。因为这些人的姓名与其所在单位提供的产品或服务已经建立了稳定联系，行为人将他人具有一定知名度的姓名使用在自己的产品或服务上，必然会给他人带来不利影响。

本案原告之一李瑞河于 20 世纪 90 年代初来到漳浦创办天福茶庄，经营两岸茶业，是台湾天仁集团及大陆天福集团创办人，其先后设立了 33 家公司，14 家茶叶、茶食品和茶叶、蜜饯加工厂以及茶博物院，1358 家天福茗茶茶庄，2010 年成立了漳州市李瑞河茶文化教育基金会。同时，李瑞河于 2000 年被漳州市政府授予全市第一位荣誉市民称号；被漳州市公安局聘为警风廉政 "第 001 号监督员"；2009 年、2010 年、2011 年连续三年获漳州经济建设功臣称号；荣获新中国 60 年茶事功勋殊荣；被授予福建省优秀人才称号；2012 年获福建省践行福建精神十大人物；2013 年被评为第三届福建省道德模范。漳州天福茶业有限公司生产的 "天福 813"、"天福 813 人参乌龙茶"、"金玉满堂"、"高山乌龙茶" 及其他茶叶包装上均签署有 "李瑞河" 名字。2005 年国家商标总局在（2005）商标异字第 02713 号裁定书中认定漳浦天福食品开发有限公司注册并使用在 "茶叶" 商品上的 "天福 TIANFU" 商标为驰名商标。被告刘建致与李瑞河同在福建省漳浦县，理应知晓 "李瑞河" 及其知名度，未经原告及李瑞河同意，恶意在其经营的茶叶上使用 "李瑞河" 名字进行销售，使公众误认为是原告公司生产的茶叶而从中非法谋利，被告的行为严重违反了《反不正当竞争法》第五条第三项 "擅自使用他人的企业名称或者姓名，引人误认为是他人的商品" 等法律规定，构成不正当竞争。

此前国内同类判例，多数为侵犯企业的名称或商标，而不是侵犯企业法定代表人的姓名。

【焦点评析】

1. 原告天福公司是否是本案适格主体。

被告刘建致辩称：原告漳州天福茶业有限公司不是适格主体，李瑞河与天福公司分别是两个独立主体，无法律上的关联。

一审法院认为：李瑞河系天福公司总裁，"李瑞河"名字已被天福公司在生产销售茶叶等经营活动中广泛使用，相关宣传报道在宣传"李瑞河"时同时宣传"天福"，在宣传"天福"时也同时宣传"李瑞河"，经过多年在茶叶生产经营活动中的使用和宣传，"李瑞河"、"天福"已享有一定市场知名度，为相关公众所知悉，已与天福公司建立起稳定的关联关系，两原告之间已密不可分。因此，原告天福公司与本案有直接利害关系，具有作为本案原告的主体资格。原告与被告均系从事茶叶生产经营的经营者及企业，相互之间存在竞争关系，因此本案纠纷应适用《反不正当竞争法》等相关法律予以调整。

二审法院认为：天福公司创办近二十年，李瑞河系天福公司创办者，经过长期的经营和宣传，二者之间已密不可分，均与本案诉讼有直接的利害关系。

2. 被告是否应停止侵害，停止在其生产、销售的茶叶中使用"李瑞河"名字。

被告刘建致辩称：第10098609号商标注册证，用于证明被告刘建致拥有"李瑞河"商标权，国作登字-2014-F-00124108作品登记书，用于证明被告拥有"李瑞河"著作权。被告刘建致使用"李瑞河"受《著作权法》和《商标法》保护，是合法使用；被告产品有自己的商标，有显著的标识，不会使公众误认为是原告产品。

一审法院认为：据中国商标网、百度百科、百度文库、中国供销合作网、网易博客、和讯网人物频道、CCTV-4海峡两岸栏目视频采访、中国台湾网、人民网人民日报海外版、茶点西西网等网页及媒体刊登的涉及李瑞河的相关内容，以及天福公司生产销售的"天福813人参乌龙茶"、"金玉满堂"、"高山乌龙茶"等茶叶包装上均有签署"李瑞河"名字等事实可证明，李瑞河通过其多年经营茶业，在经营活动中使用其名字和宣传其经营茶业情况，其姓名在被告申请"李瑞河"著作权及"李瑞河 LI RUI HE"商标之前，已享有一定市场知名度，李瑞河的姓名"李瑞河"及其拼音"LI RUI HE"已为相关公众所知悉，被告作为"飘香四海茗茶店"的经营者，擅自使用具有一定市场知名度、已为相关公众所知悉的李瑞河的姓名，使公众产生混淆误认，引人误认为是原告的商品，因此，被告系利用天福公司、李瑞河的知名度和商誉，达到宣传推广自己产品的目的，其使用、宣传"李瑞河"及"李瑞河 LI RUI HE"商标的行为属于擅自使用他人姓名，足以造成相关公众误认的不正当手段从事市场交易，损害竞争对手。原告请求判令被告停止侵害，停止在其生产、销售的茶叶中使用"李瑞河"名字，于法有据，应予支持。

二审法院认为：在刘建致第 10098609 号"李瑞河 LI RUI HE"注册商标申请日之前，李瑞河在茶业经营领域就已经具有了一定的知名度，并早已为相关公众所知悉，李瑞河的"姓名"已与天福公司形成了不可分割的关系，根据前述法律规定，"李瑞河"可以认定为《反不正当竞争法》（1993 年）第五条第（三）项规定的"姓名"，并且，天福公司生产的"天福 813 人参乌龙茶"、"金玉满堂玫瑰绿茶"、"高山乌龙茶"产品外包装上均签署有"李瑞河"的姓名。刘建致与天福公司同在福建省漳浦地区，且从事相同行业，理应知道李瑞河与天福公司的关系及李瑞河在茶业经营领域的知名度，但仍在其生产、销售的茶叶产品上使用李瑞河的"姓名"，明显具有搭便车、傍名牌的主观故意，其行为容易使相关公众将其产品误认为与天福公司及李瑞河相关联，应属于擅自使用他人姓名的不正当竞争行为，依法应承担停止侵权、赔偿损失的法律责任。刘建致关于其不存在不正当竞争行为的上诉理由、事实和法律依据不足，不予采纳。

3. 被告是否应赔偿原告经济损失人民币 50 万元。

一审法院认为：被告作为与原告同业的竞争者，在明知原告具有市场知名度、已为相关公众所知悉的情况下，仍擅自使用"李瑞河 LI RUI HE"商标，有借他人之名为自己谋取不当利益的意图，主观恶意明显。依照《民法通则》第一百二十条的规定，被告应当承担赔偿损失的法律责任。对于赔偿责任的承担，原告提供了原告漳州天福茶业有限公司为本案所花费的公证费、副本费、代书费、购买茶叶、查询费、复印费合计人民币 4720 元的票据，原告李瑞河因本案花费的公证费、副本费、代书费合计人民币 300 元的票据，上述费用合理，可予确认。至于被告因本案侵权行为所获得的利益情况，被告认为其还在亏本没有盈利，原告亦无相应证据证明其所受损失情况，仅有双方口头陈述，无相关书面证据予以证明的情况下，被告因侵权行为所获得的收益难以确定。据此，根据相关法律规定，综合考虑原告的知名度、被告的侵权情节、主观过错程度、侵权行为的持续时间、原告为制止侵权行为所支付的合理费用等因素，酌情确定被告赔偿原告经济损失 5 万元。

二审法院认为：《最高人民法院关于审理不正当竞争民事案件应用法律若干问题的解释》第十七条第一款规定，确定《反不正当竞争法》（1993 年）第十条规定的侵犯商业秘密行为的损害赔偿额，可以参照确定侵犯专利权的损害赔偿额的方法进行；确定《反不正当竞争法》（1993 年）第五条、第九条、第十四条规定的不正当竞争行为的损害赔偿额，可以参照侵犯注册商标专用权的损害赔偿额的方法进行确定。《商标法》（2001 年修正）第五十六条第二款规定，前款所称侵权人因侵权所得利益，或者被侵权人因被侵权所受损失难以确定的，由人民法院根据侵权行为的情节判决给予 50 万元以下的赔偿。

《最高人民法院关于审理商标民事纠纷案件适用法律若干问题的解释》第十六条第二款规定，人民法院在确定赔偿数额时，应当考虑侵权行为的性质、期间、后果，商标的声誉，商标使用许可费的数额，商标使用许可的种类、时间、范围及制止侵权行为的合理开支等因素综合确定。由于天福公司、李瑞河未能举证证明其因刘建致的侵权行为所遭受的损失数额及刘建致的侵权获利情况，原审法院综合考虑天福公司和李瑞河的知名度、刘建致的侵权情节、主观过错程度、侵权行为的持续时间、天福公司和李瑞河为制止侵权行为所支付的合理开支等因素，酌情确定刘建致赔偿天福公司和李瑞河经济损失人民币 5 万元，是适当的，亦符合前述相关法律规定。刘建致有关一审判赔错误的上诉理由，没有事实和法律依据，不予支持。

【总体评价】

1. 事实部分，裁判说理较好衔接了法律事实与客观事实。

本案事实清楚，法律关系阐述清晰，对原、被告双方所主张和答辩的事实与证据均给予详细调查核实，充分运用证据来证明案件的客观真实情况，裁判说理较好衔接了法律事实与客观事实。

2. 法律适用相对复杂，探索了人格权与知识产权、不正当竞争纠纷的规则适用。

自然人的姓名权规定在我国《民法通则》第九十九条及《民法总则》第一百一十条。《民法通则》第九十九条规定，公民享有姓名权，有权决定、使用和依照规定改变自己的姓名，禁止他人干涉、盗用、冒用。《民法总则》第一百一十条规定，自然人享有生命权、身体权、健康权、姓名权、肖像权、名誉权、荣誉权、隐私权、婚姻自主权等权利。法人、非法人组织享有名称权、名誉权、荣誉权等权利。

本案是国内第一例适用《反不正当竞争法》（1993 年）第五条第三项的规定，对自然人姓名权进行保护的典型案例。《反不正当竞争法》（1993 年）第五条第三项规定：经营者不得采用下列不正当手段从事市场交易，损害竞争对手：……（三）擅自使用他人的企业名称或者姓名，引人误认为是他人的商品。

《民法通则》、《民法总则》对自然人姓名的保护，主要是从人格权的角度来考量。而《反不正当竞争法》对于姓名的保护则是立足于制止仿冒行为，制止造成市场混淆的不正当竞争行为。

本案通过解读《反不正当竞争法》（1993 年）第五条第三项及《最高人民法院关于审理不正当竞争民事案件应用法律若干问题的解释》第六条第二款的规定，确定自然人姓名受反不正当竞争法保护的条件以及擅自使用他人姓名的不正当竞争行为的构成要件，对侵权人搭便车、傍名牌的行为予以禁止，规范了市场竞争秩序，对能够标识商品来源的自然人姓名的保护具有重要意义。类似的案例还有王跃文诉叶国军等著作权侵权、不正当竞争纠纷案。

3. 赔偿数额认定偏低，难以起到严格惩戒侵权人的作用。

首先，本案原告诉请被告赔偿人民币五十万元，原告向法庭提供的损失证据有：为本案所花费的公证费、副本费、代书费、购买茶叶、查询费、复印费合计人民币 4720 元的票据，原告李瑞河因本案花费的公证费、副本费、代书费合计人民币 300 元的票据，以上费用法院均予以支持，对于其他损失，原告没有提供出相应证据，也没有提供出被告因此获利的证据。被告答辩称没有盈利，一直在亏损。因此，原告五十万元经济损失的主张，没有证据支持。

其次，本案适用法院酌定赔偿。《最高人民法院关于审理不正当竞争民事案件应用法律若干问题的解释》第十七条第一款规定，确定反不正当竞争法第十条规定的侵犯商业秘密行为的损害赔偿额，可以参照确定侵犯专利权的损害赔偿额的方法进行；确定《反不正当竞争法》（1993 年）第五条、第九条、第十四条规定的不正当竞争行为的损害赔偿额，可以参照确定侵犯注册商标专用权的损害赔偿额的方法进行。《商标法》（2001 年修正）第五十六条第二款规定，前款所称侵权人因侵权所得利益，或者被侵权人因被侵权所受损失难以确定的，由人民法院根据侵权行为的情节判决给予 50 万元以下的赔偿。据此法院可以在 50 万元以下确定侵权人赔偿责任。

最后，本案判决赔偿原告经济损失人民币 5 万元，该赔偿金额偏低。《最高人民法院关于审理商标民事纠纷案件适用法律若干问题的解释》第十六条第二款规定，人民法院在确定赔偿数额时，应当考虑侵权行为的性质、期间、后果，商标的声誉，商标使用许可费的数额，商标使用许可的种类、时间、范围及制止侵权行为的合理开支等因素综合确定。

本案中，被告从 2011 年就开始实施侵权行为，在原告起诉后，被告依然没有停止侵权行为，由此可推断，被告将"李瑞河"使用在其商品上，是能够给被告带来经济利益的，而不应是带来亏损，不然被告也没有必要使用"李瑞河"这三个字。原告为制止被告的侵权行为，通过两年多的诉讼，必然支出了大笔的费用，尤其是本案中的律师费，在判决书中没有体现出来，这 5 万元是否能够与原告的维权支出费用持平都很难确定，更别说赔偿原告因此遭受的损失了。

尤其是 2017 年《反不正当竞争法》修改后，更体现出本案判决金额过低。2017 年修改后的《反不正当竞争法》第十七条第四款规定："经营者违反本法第六条、第九条规定，权利人因被侵权所受到的实际损失、侵权人因侵权所获得的利益难以确定的，由人民法院根据侵权行为的情节判决给予权利人三百万元以下的赔偿。"将酌定赔偿上限，从 50 万元提升到 300 万元。第十八条规定："经营者违反本法第六条规定实施混淆行为的，由监督检查部门责令停止违法行为，没收违法商品。违法经营额五万元以上的，可以并处违法经营额五倍以下的罚款；没有违法经营额或者违法经营额不足五万元的，可以并处二十五万元以下的罚款。情节严重的，吊销营业执照。"对于混淆行为，行政处罚的起点也设置到 25 万元。

综上所述，本案在事实认定和法律适用方面具有典型意义，但在判决赔偿金额认定方面还有较大的讨论空间。

【案例规则】

企业法定代表人的姓名在宣传和使用时，能够指向该企业产品或服务，他人使用该企业法定代表人姓名进行宣传他人的产品，属于不正当竞争纠纷。

上海汉涛信息咨询有限公司诉北京百度网讯科技有限公司、上海杰图软件技术有限公司违反商业道德、擅自使用知名服务特有名称、虚假宣传纠纷案

李雪宇 ①

一、案例基本信息

案例类型	违反商业道德　虚假宣传　擅自使用知名服务特有名称　不正当竞争　民事案件
案例名称	上海汉涛信息咨询有限公司诉北京百度网讯科技有限公司虚假宣传、擅自使用知名服务特有名称不正当竞争纠纷案
裁判文书	一审：上海市浦东新区人民法院（2015）浦民三（知）初字第 528 号《民事判决书》 二审：上海知识产权法院（2016）沪 73 民终 242 号《民事判决书》
合议庭成员	二审：审判长何渊、审判员陈瑶瑶、代理审判员范静波
一审原告	上海汉涛信息咨询有限公司（本文简称"汉涛公司"）
一审被告	北京百度网讯科技有限公司（本文简称"百度公司"）、上海杰图软件技术有限公司（本文简称"杰图公司"）
二审上诉人	百度公司
二审被上诉人	汉涛公司
原审被告	杰图公司
受理日期	未查到一审受理时间
裁判日期	二审：2017 年 8 月 30 日

---

① 李雪宇，云南凝杰鼎济律师事务所，高级合伙人。

续表

审理程序	一审：上海市浦东新区人民法院 二审：上海知识产权法院
一审判决结果	一、北京百度网讯科技有限公司于判决生效之日起立即停止以不正当的方式使用上海汉涛信息咨询有限公司运营的大众点评网的点评信息； 二、北京百度网讯科技有限公司于判决生效之日起十日内赔偿上海汉涛信息咨询有限公司经济损失 300 万元及为制止不正当竞争行为所支付的合理费用 23 万元； 三、驳回上海汉涛信息咨询有限公司的其余诉讼请求。
二审判决结果	驳回上诉，维持原判
涉案法律、法规和司法解释	一审： 《中华人民共和国反不正当竞争法》第二条①、第五条第二项②、第九条第一款③、第二十条④ 二审： 《中华人民共和国民事诉讼法》第一百七十条第一款第（一）项⑤ 《中华人民共和国反不正当竞争法》第二十条

---

① 《反不正当竞争法》（由于 2017 年修订的竞争法于 2018 年 1 月 1 日起施行，该判决引用的条款均为修订以前的条款）（1993 年）第二条：经营者在市场交易中，应当遵循自愿、平等、公平、诚实信用的原则，遵守公认的商业道德。本法所称的不正当竞争，是指经营者违反本法规定，损害其他经营者合法权益，扰乱社会经济秩序的行为。本法所称的经营者，是指从事商品经营或者营利性服务（以下所称商品包括服务）的法人、其他经济组织和个人。

② 《反不正当竞争法》（1993 年）第五条：经营者不得采用下列不正当手段从事市场交易，损害竞争对手：

（二）擅自使用知名商品特有的名称、包装、装潢，或者使用与知名商品近似的名称、包装、装潢，造成和他人的知名商品相混淆，使购买者误认为是该知名商品；

③ 《反不正当竞争法》（1993 年）第九条：经营者不得利用广告或者其他方法，对商品的质量、制作成分、性能、用途、生产者、有效期限、产地等作引人误解的虚假宣传。

④ 《反不正当竞争法》（1993 年）第二十条：经营者违反本法规定，给被侵害的经营者造成损害的，应当承担损害赔偿责任，被侵害的经营者的损失难以计算的，赔偿额为侵权人在侵权期间因侵权所获得的利润；并应当承担被侵害的经营者因调查该经营者侵害其合法权益的不正当竞争行为所支付的合理费用。

被侵害的经营者的合法权益受到不正当竞争行为损害的，可以向人民法院提起诉讼。

⑤ 《民事诉讼法》第一百七十条第一款第（一）项：第二审人民法院对上诉案件，经过审理，按照下列情形，分别处理：（一）原判决、裁定认定事实清楚，适用法律正确的，以判决、裁定方式驳回上诉，维持原判决、裁定；

续表

裁判要点	一、《反不正当竞争法》（1993 年）第二条属于原则条款，具有填补法律漏洞的作用。在具体案件中，对那些虽不属于《反不正当竞争法》（1993 年）第二章所列举，但确属违反诚实信用原则和公认的商业道德而具有不正当性的竞争行为，法院可以适用《反不正当竞争法》（1993 年）第二条予以调整，以保障市场公平竞争。 二、百度地图中对相关点评信息的使用虽然构成不正当竞争，但提供点评信息仅是其众多服务中的一部分，百度地图还提供定位、位置查询、路线规划、导航等大量其他实质非侵权用途。杰图公司通过应用程序编程接口（API）调用百度地图，并非单纯指向百度地图中的点评信息，其主观上没有与百度公司共同实施侵权行为的故意，其行为符合行业通行做法，不违背公认的商业道德和诚实信用原则，并无不当。 三、对于擅自使用他人收集的信息的行为是否违反公认的商业道德的判断上，一方面，需要考虑产业发展和互联网环境所具有信息共享、互联互通的特点；另一方面，要兼顾信息获取者、信息使用者和社会公众三方的利益，既要考虑信息获取者的财产投入，还要考虑信息使用者自由竞争的权利，以及公众自由获取信息的利益；在利益平衡的基础上划定行为的边界。商业模式上的创新在一定程度上提升了消费者的用户体验，丰富了消费者的选择，具有积极的效果。如果经营者是完全攫取他人劳动成果，提供同质化的服务，超出必要限度使用他人的信息的行为对，可能使得其他市场主体不愿再就信息的收集进行投入，破坏正常的产业生态，并对竞争秩序产生一定的负面影响。同时，这种超越边界的使用行为也可能会损害未来消费者的利益。这种行为违反公认的商业道德，构成不正当竞争
案例规则	1. 认定行为是否构成不正当竞争行为，需以该行为是否会给行为人带来竞争优势或者足以给其他经营者造成损害为条件。 2. 超出必要限度使用（他人）信息的行为对市场秩序所产生的影响，损害了他人的利益，破坏正常的产业生态，并对竞争秩序产生一定的负面影响的行为违反商业道德，构成不正当竞争。 3. 主观上无故意且符合行业通常做法的行为不违背商业道德

二、案件综述

【主要诉请】

上海汉涛信息咨询有限公司（以下简称"汉涛公司"）一审诉请法院判令：1. 北京百度网讯科技有限公司（以下简称"百度公司"）立即停止不正当竞争行为，即停止制作及删除百度公司运营的网站（网址：www.baidu.com）以及百度地图手机软件上的不正当竞争内容；2. 上海杰图软件技术有限公司（以下简称"杰图公司"）立即停止不正当竞争行为，即停止在其网站内嵌并使用含有侵权内容的百度地图的相关产品及服务；3. 百度公司、杰图公司共同赔偿汉涛公司经济损失人民币（以下币种相同）9000万元及汉涛公司为制止侵权行为支出的合理费用453470元；4. 百度公司、杰图公司在《中国知识产权报》刊登公告，在百度公司、杰图公司网站首页显著位置上连续三十天刊登公告，澄清事实消除不良影响，公告内容需征得汉涛公司的书面许可。

【基本事实】

汉涛公司是大众点评网的经营者。大众点评网为网络用户提供商户信息、消费评价、优惠信息、团购等服务，积累有大量消费者对商户的评价信息。大众点评网的《用户使用协议》载有：任何用户接受本协议，即表明该用户主动将其在任何时间段在本站发表的任何形式的信息的著作财产权，以及应当由著作权人享有的其他可转让权利无偿独家转让给大众点评网运营商所有，同时表明该用户许可大众点评网有权利就任何主体侵权单独提起诉讼，并获得赔偿。

百度公司在其经营的百度地图和百度知道中大量使用了大众点评网的点评信息。

本案中，原告诉被告的一系列行为构成虚假宣传、擅自使用知名服务特有名称以及不正当竞争。具体包括：（1）自2012年以来，百度公司未经许可，在未付出相应劳动及支出相应成本的情况下，在百度地图、百度知道中大量抄袭、复制大众点评网的点评信息，直接替代了大众点评网向用户提供内容。百度公司由此迅速获得用户和流量，攫取汉涛公司的市场份额，削减汉涛公司的竞争优势及交易机会，给汉涛公司造成了巨额损失。其行为违背公认的商业道德和诚实信用原则，构成不正当竞争。（2）"大众点评"等标识属于知名服务特有名称，百度公司的网站使用了上述标识，使得相关公众对服务的来源产生误认，属于擅自使用知名服务特有名称的不正当竞争行为。（3）2013年4月16日，名为"叶立鹤"的网络用户在其微博"weibo.com/laoyehome"发问："百度地图的美食部分在大量直接引用大众点评网评论和介绍，但仅允许用百度账号登录进行评论。怎么回事？""百度地图"官方微博在"叶立鹤"微博中回复称："亲我们现在是合作关系呀。"由于双方并不存在合作关系，百度公司该回复构成虚假宣传。杰图公司与百度公司有深度合作关系，其将含有侵权内容的百度地图内嵌于自己的网站中，扩大了百度公司的侵权范围，与百度公司构成共同侵权。

一审争议的焦点：

1. 关于百度公司使用大众点评网点评信息是否构成不正当竞争。

（1）百度公司和汉涛公司是否存在竞争关系。汉涛公司经营的大众点评网向网络用户提供商户基本信息及点评信息。商户基本信息包括地址、联系方式、商户简介等信息。点评信息是消费者对该商户服务、价格、环境等方面所发表的评论。网络用户若对某商户感兴趣，可以调用地图查询路线。大众点评网还提供部分商户的团购等服务。

百度公司辩称，大众点评网自称是"城市生活消费平台"，而百度公司是搜索引擎服务商，百度地图、百度知道提供信息亦是其百度搜索服务的一部分，百度地图提供基于位置的服务，故百度公司与汉涛公司不存在竞争关系。

一审法院认为，在现代市场经营模式尤其是互联网经济蓬勃发展的背景下，市场主体从事多领域业务的情况实属常见。对于竞争关系的判定，不应局限于相同行业、相同领域或相同业态模式等固化的要素范围，而应从经营主体具体实施的经营行为出发加以考量。《反不正当竞争法》所调整的竞争关系不限于同业者之间的竞争关系，还包括为自己或者他人争取交易机会所产生的竞争关系以及因破坏他人竞争优势所产生的竞争关系。竞争本质上是对客户即交易对象的争夺。在互联网行业，将网络用户吸引到自己的网站是经营者开展经营活动的基础。即使双方的经营模式存在不同，只要双方在争夺相同的网络用户群体，即可认定为存在竞争关系。本案中，百度公司除了提供网络搜索服务，还提供其他网络服务。尤其是随着移动互联网的高速发展，百度地图已逐渐成为百度公司最重要的移动端产品之一。百度地图除了提供传统的地理位置服务如定位、导航等之外，亦为网络用户提供商户信息及点评信息，并提供部分商户的团购等服务。大众点评网和百度地图都为用户提供 LBS 服务（LocationBasedServices，即基于位置的服务）和 O2O 服务（OnlineToOffline，即线上到线下的服务），两者在为用户提供商户信息和点评信息的服务模式上近乎一致，存在直接的竞争关系。此外，百度公司还通过百度知道向用户提供来自大众点评网的点评信息。百度公司通过搜索技术从大众点评网等网站获取信息，并将搜索引擎抓取的信息直接提供给网络用户，其和大众点评网一样都向网络用户提供商户信息和点评信息，百度公司不仅是搜索服务提供商，还是内容提供商。百度公司通过百度地图和百度知道与大众点评网争夺网络用户，可以认定百度公司与汉涛公司存在竞争关系，百度公司的上述辩称意见一审法院不予采纳。

（2）汉涛公司是否因百度公司的竞争行为而受到损害。汉涛公司诉称，百度公司大量使用大众点评网的点评信息，给大众点评网造成损害。

百度公司辩称，大众点评网和百度地图都有海量的商户，汉涛公司仅公证了极其有限的商户，并不能证明百度公司大量使用大众点评网的点评信息。

一审法院认为，大众点评网和百度地图均有庞大的商户数量，当事人不可能对所有商户都进行公证，只能选取部分商户进行公证。汉涛公司举证的公证书中，所涉及的商户主要为餐饮类商户。汉涛公司进行公证时，根据百度地图自行生成的商户列表进行公证，此种方式所选取的商户具有随机性。此外，汉涛公司亦通过关键词搜索的方式选取商户进行公证。汉涛公司举证的公证书中，不管哪种方式选定的商户，百度地图中都有大量来源于大众点评网的点评信息。即使是百度公司举证的证据，如（2014）京方正内经证字第 16093 号公证书，也可证明百度地图餐饮等类别的商户大量使用大众点评网点评信息的事实。百度公司还举证了大量的公证书，欲证明百度地图中房产、酒店等类别的商户未使用大众点评网的点评信息，但上述证据并不能否认百度地图中其他类别尤其是餐饮类商户大量使用点评信息的事实。

百度公司还辩称，其仅少量使用大众点评网的信息，且在使用点评信息时设置了指向大众点评网的链接，不会对大众点评网产生实质性替代，不会对汉涛公司造成损害。

一审法院认为，百度公司使用了部分大众点评网的点评信息，如大众点评网某商户可能有几千条点评信息，百度地图使用了其中的几百条或者几十条信息。按照常识，网络用户通常不会完整查看某商户的几百条甚至几千条点评信息后才作出选择，网络用户通过几十条甚至十几条评论就足以作出选择。尤其对于目前大量使用手机的用户而言，受屏幕尺寸、阅读习惯等因素的制约，网络用户作出选择所需的信息量可能更少。虽然百度地图中设置了指向大众点评网的链接，但由于百度地图中的每一条点评信息都是完整的，用户并不需要再去大众点评网查看该信息。百度地图大量使用大众点评网的点评信息，替代大众点评网向网络用户提供信息，会导致大众点评网的流量减少。百度地图在大量使用大众点评网点评信息的同时，又推介自己的团购等业务，攫取了大众点评网的部分交易机会。百度公司大量使用大众点评网点评信息的行为，会给汉涛公司造成损害。此外，当网络用户使用百度搜索商户名称时，百度公司通过百度知道直接向用户提供来自大众点评网的点评信息，将一些想获取点评信息的网络用户导流到百度知道，即百度公司通过百度知道代替大众点评网向公众提供信息。百度知道上述使用方式，也会截取大众点评网的流量，给汉涛公司造成损害。

（3）百度公司的行为是否具有不正当性。市场经济鼓励正当的竞争，通过竞争，可以实现优胜劣汰。不正当竞争行为会扭曲竞争机制，扰乱市场秩序，应当予以禁止。《反不正当竞争法》（1993 年）第二章列举了常见的几类不正当竞争行为，但市场竞争行为方式具有多样性和可变性，法律不可能对所有类型的不正当竞争行为都预先作出规定。《反不正当竞争法》（1993 年）第二条属于原则条款，具有填补法律漏洞的作用。在具体案件中，对那些虽不属于《反不正当竞争法》（1993 年）第二章所列举，但确属违反诚实信用原则和公认的商业道德而具有不正当性的竞争行为，法院可以适用《反不正当竞争法》（1993 年）第二条予以调整，以保障市场公平竞争。

一审法院认为，市场经济鼓励市场主体在信息的生产、搜集和使用等方面进行各种形式的自由竞争，但是这种竞争应当充分尊重竞争对手在信息的生产、搜集和使用过程中的辛勤付出。对涉及信息使用的市场竞争行为是否具有不正当性的判断应当综合考虑以下因素：涉案信息是否具有商业价值，能否给经营者带来竞争优势；信息获取的难易程度和成本付出；对信息的获取及利用是否违法、违背商业道德（参见【名词解释】商业道德）或损害社会公众利益；竞争对手使用信息的方式和范围。针对本案百度公司使用大众点评网点评信息的行为是否具有不正当性，一审法院分析如下：第一，大众点评网的点评信息是汉涛公司的核心竞争资源之一，能给汉涛公司带来竞争优势，具有商业价值。以大众点评网为代表的点评类网站的出现，有效拓展了消费者获取商户信息的途径，解决了商户和消费者之间信息不对称的问题。在大众点评网提供的信息中，商户基本信息即商户名称、电话、地址、商户简介等信息类似于电话号码簿，尽管包含了商户简介等内容，但其信息量仍然有限，且用户很难判断信息的真伪，尚不能完全解决商户和消费者之间信息不对称的问题。大众点评网真正的优势在于其提供消费者真实的消费体验报告即用户点评。潜在的消费者可以通过点评获取有关商户服务、价格、环境等方面的真实信息，帮助其在同类商家中作出选择。同时，对于商家而言，也能通过用户点评更准确地了解消费者需求，据此改善服务质量，采取更精准的营销措施。第二，汉涛公司为运营大众点评网付出了巨额成本，网站上的点评信息是其长期经营的成果。点评类网站很难在短期内积累足够多的用户点评，因为每一条点评都需要由用户亲自撰写。点评类网站具有集聚效应，即网站商户覆盖面越广，用户点评越多，越能吸引更多的网络用户参与点评，也越能吸引消费者到该网站查找信息。此类网站，在开办的早期通常只有投入而没有收益，甚至需要额外支付费用吸引用户发布点评。只有点评数量达到一定规模，网站才有可能进入良性循环。也只有网站的浏览量达到一定的数量，网站才有可能通过广告、团购等途径获取收益。百度地图也有点评功能，百度的用户也可以直接发布点评。但在很多类别的商户中，直接来源于百度用户的点评只占很小的比例，如百度地图中餐饮类商户的点评信息主要来源于大众点评网等网站。在这些类别，仅凭百度用户贡献的少量点评，百度公司无法为消费者提供足够的信息量。百度公司在我国互联网行业中处于领先的地位，拥有庞大的用户数量，其尚且不能凭借自己的用户获取足够的点评信息，由此亦可见点评信息的获得并非易事。第三，大众点评网的点评信息由网络用户发布，网络用户自愿在大众点评网发布点评信息，汉涛公司获取、持有、使用上述信息未违反法律禁止性规定，也不违背公认的商业道德。通过法律维护点评信息使用市场的正当竞争秩序，有利于鼓励经营者创新业务模式，投入成本改善消费者福祉。相反，将没有经营者再愿意投入巨额成本进行类似的创新性、基础性的工作，从而抑制经营者创新的动力。第四，在靠自身用户无法获取足够点评信息的情况下，百度公司通过技术手段，从大众点评网等网站获取点评信息，用于充实自己的百度地图和百度知道。百度公司此种使用方式，实质替代大众点评网向用户提供信息，对汉涛公司造成损害。百度公司并未对于大众点评网中的点评信息做出贡献，却在百度地图和百度知道中大量使用了这些点评信息，其行为具有明显的"搭便车"、"不劳而获"的特点。正是基于上述综合考虑，一审法院认为，百度公司大量、全文使用涉案点评信息的行为违反了公认的商业道德和诚实信用原则，具有不正当性。百度公司上述行为给汉涛公司造成了实质损害，具有不正当性，构成不正当竞争。

百度公司辩称，大众点评网的 Robots 协议允许百度公司抓取其网站的信息，故百度公司的行为不构成不正当竞争。

一审法院确认，网站通过 Robots 协议可以告诉搜索引擎哪些内容可以抓取，哪些内容不能抓取。由于 Robots 协议是互联网行业普遍遵守的规则，故搜索引擎违反 Robots 协议抓取网站的内容，可能会被认定为违背公认的商业道德，从而构成不正当竞争。但并不能因此认为，搜索引擎只要遵守 Robots 协议就一定不构成不正当竞争。Robots 协议只涉及搜索引擎抓取网站信息的行为是否符合公认的行业准则的问题，不能解决搜索引擎抓取网站信息后的使用行为是否合法的问题。本案中，百度公司的搜索引擎抓取涉案信息并不违反 Robots 协议，但这并不意味着百度公司可以任意使用上述信息，百度公司应当本着诚实信用的原则和公认的商业道德，合理控制来源于其他网站信息的使用范围和方式。百度公司拥有强大的技术能力及领先的市场地位，若不对百度公司使用其他网站信息的方式依法进行合理规制，其完全可以凭借技术优势和市场地位，以极低的成本攫取其他网站的成果，达到排挤竞争对手的目的。

一审法院注意到，百度地图经过多次改版，不同版本的百度地图使用其他网站点评信息的方式并不完全相同。在百度地图早期的安卓版本中，百度地图谨慎地少量使用来自其他网站的点评信息，如（2013）沪卢证经字第1047 号公证书载明，在该版本的百度地图中，其商户页面仅显示了三条来自大众点评网的点评，且每条点评信息都未全文显示，每条信息都设置了指向大众点评网的链接。汉涛公司主张，百度公司的上述使用方式亦属于不正当竞争行为。一审法院认为，由于该版本的百度地图只提供三条来自大众点评网的点评信息，每条点评信息均未全文显示，且每条点评信息均设置了指向信息源网站的链接，百度地图中的此类使用方式，不足以替代大众点评网向公众提供点评信息，不会对汉涛公司造成实质损害，该类行为不违背公认的商业道德和诚实信用原则，不构成不正当竞争。

2. 关于百度公司对案外人微某的回复行为是否构成虚假宣传。

汉涛公司诉称，百度公司与汉涛公司不存在合作关系，百度公司在"叶立鹤"的微某中回复"我们现在是合作关系"，属于虚假宣传。一审法院认为，结合"叶立鹤"所发的微某，"百度地图"回复称"我们现在是合作关系"，按照通常理解，会以为百度公司使用大众点评网的内容已经经过了汉涛公司的许可。因此，"百度地图"官方微某该回复确实可能会使阅读该微某的用户产生误解，但并非所有可能导致误解的言行均构成虚假宣传。虚假宣传是针对公众的误导行为，该不正当竞争行为包括几个方面：首先，行为的方式是以广告或其他方式；其次，行为所针对的对象为公众，其内容需可为相当数量的公众所知悉；最后，行为后果不仅可能误导公众，而且会给当事人造成损害。

结合本案的具体情况，一审法院认为，百度公司的该行为尚不构成虚假宣传。第一，"亲我们现在是合作关系呀"这条信息并不是发布在"百度地图"自身的微某页面上，该行为有较强的针对性，系针对"叶立鹤"微某的回复。第二，根据微某的特点，除了关注了"叶立鹤"的网络用户，其他网络用户一般不会看到这条微某。即使是关注了"叶立鹤"的网络用户，也不一定会阅读其每一条微某，至于最终阅读了"百度地图"回复内容的网络用户则更少。"叶立鹤"的涉案微某"@大众点评网@百度地图"，即"百度地图"和"大众点评网"的官方微某都收到该条信息。"叶立鹤"发布涉案微某后，除了"百度地图"的回复，没有其他人对该微某进行回复或评论，连"大众点评网"也未回复，可见该微某并未引起公众的关注，影响极其有限。且微某有很强的时效性，在当前这样一个信息爆炸的时代，除了汉涛公司为了诉讼专门去搜索这条微某，几乎没有其他公众会去翻阅这条微某。第三，认定行为是否构成不正当竞争行为，需以该行为是否会给行为人带来竞争优势或者足以给其他经营者造成损害为条件。对于不会造成实际损害或者损害极其轻微的行为，司法不应予以干预。因汉涛公司的证据尚不足以证明其因百度公司的微某回复而受到了损害，故汉涛公司关于百度公司构成虚假宣传的主张，一审法院不予支持。

3. 关于百度公司使用"大众点评"等标识是否构成擅自使用知名服务特有名称。

百度地图和百度知道对来源于大众点评网的信息，标注了"来自大众点评"等标识。汉涛公司主张，百度公司的上述行为构成擅自使用知名服务特有名称的不正当竞争行为。一审法院认为，百度地图对于来自大众点评网的信息，使用"大众点评"等标识，该行为系为了指示信息的来源，属于对他人标识的合理使用，并无不当。汉涛公司关于百度公司构成擅自使用知名服务特有名称的主张，一审法院不予支持。

4. 关于杰图公司是否与百度公司构成共同侵权。

汉涛公司主张，杰图公司和百度公司构成共同侵权。杰图公司主张，涉嫌侵权的信息存在于百度地图，杰图公司根据百度地图的应用程序编程接口（API）调用百度地图，不构成共同侵权。一审法院认为，杰图公司运营的街景地图向网络用户提供实景地图，街景地图中并无来自大众点评网的点评信息。杰图公司运营的网站可调用百度地图，侵权的信息存在于百度地图中。随着互联网的发展，尤其是移动互联网的发展，大量的经营者需要向公众提供基于位置的服务（LBS）。因自己开发电子地图需要投入巨额成本，故绝大部分经营者会调用专业地图服务商提供的地图，如百度地图、高德地图、腾讯地图等。地图服务商会提供应用程序编程接口（API）、软件开发工具包（SDK），其他经营者只需根据地图服务商公布的技术规范，就可实现在自己的网站或移动应用中调用地图。大众点评网在提供定位、路线规划、导航服务时，也需要调用其他网站的地图。杰图公司的网站调用百度地图的方式，符合行业通行做法。

百度地图中对相关点评信息的使用虽然构成不正当竞争，但提供点评信息仅是其众多服务中的一部分，百度地图还提供定位、位置查询、路线规划、导航等大量其他实质非侵权用途。杰图公司通过应用程序编程接口（API）调用百度地图，并非单纯指向百度地图中的点评信息，其主观上没有与百度公司共同实施侵权行为的故意，其行为符合行业通行做法，不违背公认的商业道德和诚实信用原则，并无不当。汉涛公司关于杰图公司与百度公司构成共同侵权的主张，一审法院不予支持。

5. 关于应承担的民事责任（略）。①

二审争议的焦点：

1. 百度公司实施的被控行为是否构成不正当竞争行为。

《反不正当竞争法》（1993年）第二条规定，经营者在市场交易中，应当遵循自愿、平等、公平、诚实信用原则，遵守公认的商业道德。违反本法规定，损害其他经营者的合法权益，扰乱社会经济秩序的行为属于不正当竞争。该条款系《反不正当竞争法》的一般条款，适用一般条款应满足以下三个要件：一是法律对该种竞争行为未作出特别规定；二是其他经营者的合法权益确因该竞争行为而受到了实际损害；三是该种竞争行为因确属违反诚实信用原则和公认的商业道德而具有不正当性或者说可责性。就上述要件的适用而言，各方当事人的主要争议点在于，一是汉涛公司的利益是否因百度公司的

---

① 笔者注：争议焦点五主要是针对赔偿数额的确定，在此省略。

行为受到损害，二是百度公司的行为是否违反诚实信用原则和公认的商业道德。以下分别进行评述：

（1）汉涛公司的利益是否因百度公司的行为受到损害。汉涛公司在本案中主张百度公司的行为违反《反不正当竞争法》一般条款的规定，需要满足其是否具有可获得法律保护的权益。本案中，汉涛公司的大众点评网站通过长期经营，其网站上积累了大量的用户点评信息，这些点评信息可以为其网站带来流量，同时这些信息对于消费者的交易决定有着一定的影响，本身具有较高的经济价值。汉涛公司依据其网站上的用户点评信息获取利益并不违反《反不正当竞争法》的原则精神和禁止性规定，其以此谋求商业利益的行为应受保护，他人不得以不正当的方式侵害其正当权益。

在案证据显示，用户在百度地图和百度知道中搜索某一商户时，尤其是餐饮类商户时，所展示的用户评论信息大量来自于大众点评网，这些信息均全文显示且主要位于用户评论信息的前列，并附有"来自大众点评"的跳转链接。本院认为，虽然百度公司在百度地图和百度知道产品中使用涉案信息时提供了跳转链接，但基于日常消费经验，消费者逐一阅读所有用户评论信息的概率极低，对于相当数量的消费者而言，在百度地图和百度知道中阅读用户评论信息后，已经无需再跳转至大众点评网阅看更多的信息。而本院查明的事实表明，仅汉涛公司公证抽取的百度地图商户中，就有784家商户使用的评论信息中超过75%的比例来自大众点评网。就提供用户评论信息而言，百度公司在百度地图和百度知道产品中大量使用来自大众点评网用户的评论信息，已对大众点评网构成实质性替代，这种替代必然会使汉涛公司的利益受到损害。

（2）百度公司的行为是否违反诚实信用原则和公认的商业道德。在自由、开放的市场经济秩序中，经营资源和商业机会具有稀缺性，经营者的权益并非可以获得像法定财产权那样的保护强度，经营者必须将损害作为一种竞争结果予以适当的容忍。本案中，汉涛公司所主张的应受保护的利益并非绝对权利，其受到损害并不必然意味着应当得到法律救济，只要他人的竞争行为本身是正当的，则该行为并不具有可责性。本案中，百度公司的行为是否构成不正当竞争，还需考虑其行为是否违反诚实信用原则和公认的商业道德。在反不正当竞争法意义上，诚实信用原则更多地体现为公认的商业道德。关于百度公司的行为是否违反公认的商业道德，本院评述如下：

本案中，大众点评网上用户评论信息是汉涛公司付出大量资源所获取的，且具有很高的经济价值，这些信息是汉涛公司的劳动成果。百度公司未经汉涛公司的许可，在其百度地图和百度知道产品中进行大量使用，这种行为本质上属于"未经许可使用他人劳动成果"。本院认为，当某一劳动成果不属于法定权利时，对于未经许可使用或利用他人劳动成果的行为，不能当然地认定为构成反不正当竞争法意义上的"搭便车"和"不劳而获",这是因为"模仿自由",以及使用或利用不受法定权利保护的信息是基本的公共政策,也是一切技术和商业模式创新的基础,否则将在事实上设定了一个"劳动成果权"。但是,随着信息技术产业和互联网产业的发展,尤其是在"大数据"时代的背景下,信息所具有的价值超越以往任何时期,愈来愈多的市场主体投入巨资收集、整理和挖掘信息,如果不加节制地允许市场主体任意地使用或利用他人通过巨大投入所获取的信息,将不利于鼓励商业投入、产业创新和诚实经营,最终损害健康的竞争机制。因此,市场主体在使用他人所获取的信息时,仍然要遵循公认的商业道德,在相对合理的范围内使用。

商业道德本身是一种在长期商业实践中所形成的公认的行为准则,但互联网等新兴市场领域中的各种商业规则整体上还处于探索当中,市场主体的权益边界尚不清晰,某一行为虽然损害了其他竞争者的利益,但可能同时产生促进市场竞争、增加消费者福祉的积极效应,诸多新型的竞争行为是否违反商业道德在市场共同体中并没有形成共识。就本案而言,对于擅自使用他人收集的信息的行为是否违反公认的商业道德的判断上,一方面,需要考虑产业发展和互联网环境所具有信息共享、互联互通的特点;另一方面,要兼顾信息获取者、信息使用者和社会公众三方的利益,既要考虑信息获取者的财产投入,还要考虑信息使用者自由竞争的权利,以及公众自由获取信息的利益;在利益平衡的基础上划定行为的边界。只有准确地划定正当与不正当使用信息的边界,才能达到公平与效率的平衡,实现《反不正当竞争法》维护自由和公平的市场秩序的立法目的。这种边界的划分不应完全诉诸于主观的道德判断,而应综合考量上述各种要素,相对客观地审查行为是否扰乱了公平竞争的市场秩序。在判断百度公司的行为是否违反商业道德时,应综合考虑以下几个因素:

第一,百度公司的行为是否具有积极的效果。市场经济鼓励的是效能竞争,而非通过阻碍他人竞争,扭曲竞争秩序来提升自己的竞争能力。如果经营者是完全攫取他人劳动成果,提供同质化的服务,这种行为对于创新和促进市场竞争没有任何积极意义,有悖商业道德。本案中,当用户在百度地图上搜索某一商户时,不仅可以知晓该商户的地理位置,还可了解其他消费者对该商户的评价,这种商业模式上的创新在一定程度上提升了消费者的用户体验,丰富了消费者的选择,具有积极的效果。

第二,百度公司使用涉案信息是否超出了必要的限度。本案中,汉涛公司对涉案信息的获取付出了巨大的劳动,具有可获得法律保护的权益,而百度公司的竞争行为亦具有一定的积极效果,在此情况下应当对两者的利益进行一定平衡。百度公司在使用来自大众点评网的评论信息时,理想状态下应当遵循"最少、必要"的原则,即采取对汉涛公司损害最小的措施。但是要求百度公司在进行商业决策时，逐一考察各种可能的行为并选择对汉涛公司损害最小的方式，在商业实践中是难以操作的。但如果存在明显有对汉涛公司损害方式更小的方式而未采取，或者其欲实现的积极效果会严重损害汉涛公司利益的情况下，则可认定为使用方式已超过必要的限度。本案中，百度公司通过搜索技术抓取并大量全文展示来自大众点评网的信息，本院认为其已经超过必要的限度，理由如下：首先，如前所述，这种行为已经实质替代了大众点评网的相关服务，其欲实现的积极效果与给大众点评网所造成的损失并不符合利益平衡的原则。其次，百度公司明显可以采取对汉涛公司损害更小，并能在一定程度上实现积极效果的措施。事实上，百度地图在早期版本中所使用的来自大众点评网信息数量有限，且点评信息未全文显示，这种使用行为尚不足以替代大众点评网提供用户点评信息服务，也能在一定程度上提升用户体验，丰富消费者选择。

第三，超出必要限度使用信息的行为对市场秩序所产生的影响。百度公司超出必要限度使用涉案信息，这种行为不仅损害了汉涛公司的利益，也可能使得其他市场主体不愿再就信息的收集进行投入，破坏正常的产业生态，并对竞争秩序产生一定的负面影响。同时，这种超越边界的使用行为也可能会损害未来消费者的利益。消费者利益的根本提高来自于经济发展，而经济的持续发展必然依赖于公平竞争的市场秩序。就本案而言，如果获取信息投入者的利益不能得到有效保护，则必然使得进入这一领域的市场主体减少，消费者未来所能获知信息的渠道和数量亦将减少。

第四，百度公司所采取的"垂直搜索"（参见【名词解释】垂直搜索）技术是否影响竞争行为正当性的判断。百度公司在本案中辩称其使用的垂直搜索技术，这种搜索机制决定了最终所展示的信息必然集中来自于大众点评网等少数网站，且垂直搜索是直接向用户呈现的信息。本院认为，垂直搜索技术作为一种工具手段在价值上具有中立性，但这并未意味着技术本身可以作为豁免当事人法律责任的依据。无论是垂直搜索技术还是一般的搜索技术，都应当遵循搜索引擎服务的基本准则，即不应通过提供网络搜索服务而实质性替代被搜索方的内容提供服务，本案中百度公司使用涉案信息的方式和范围已明显超出了提供网络搜索服务的范围，其以垂直搜索技术决定了信息使用方式而可免责的抗辩意见，本院不予采纳。

综上所述，百度公司的行为损害了汉涛公司的利益，且其行为违反公认的商业道德，构成不正当竞争。百度公司的相关上诉请求，本院不予支持。

2. 一审法院所确定的损害赔偿数额是否合理（略）。①

---

① 二审的争议焦点二主要是针对赔偿数额的确定，在此省略。

三、案例评析

【案件背景】

中国第一宗网络购物发生在 1996 年的 11 月，购物人是加拿大驻中国大使贝详，他通过实华开公司的网点，购进了一只景泰蓝"龙凤牡丹"。[1]1999 年随着以 8848. 易趣等为代表的 B2C 网站正式开通，网上购物在中国内地进入实际应用阶段。网民养成了网购消费习惯，2010 年 12 月底，中国网民规模达到 4.57 亿，中国手机网民规模达 3.03 亿。网络购物使用率继续上升已达到 28.1%。网络购物用户年增长 48.6%，互联网普及率攀升至 34.3%[2]。到 2012 年中国电子商务年交易额已达 6 万亿元，占 GDP 的 13%，网络购物在未来会有极大的发展空间[3]。根据数据显示，截至 2017 年 6 月 30 日，我国网民数量规模已达 7.51 亿人，半年度增幅 2.72%，互联网普及率（互联网用户数除以总人口数）达到 54.3%，较 2016 年年底提升 1.1 个百分点，庞大的用户基础为网络购物等网络消费的高速增长提供了强劲动力。从网民结构来看，2017 年 6 月末手机网民规模占比达到 96.3%，较 2016 年年底提升 1.2 个百分点，移动端已经成为互联网接入的主流模式。相比于 PC 端，智能手机等移动设备提供了更便捷的互联网接入体验和更高效精准的信息传递服务，并不断推动消费场景的多元化以及线上线下的更好融合，对包括零售业在内的各个产业产生了深远影响。网络购物已成为核心零售渠道之一，电商行业经过约 20 年的发展和成熟，目前已进入全面纵深发展阶段，随着多项电子商务支持政策的出台、物流以及在线支付等配套产业的发展、电商网站与应用的快速普及，越来越多的综合类、垂直类电商企业开始出现，而以休闲食品为代表的传统行业也纷纷涉足电商模式，规模持续提升，运营也日趋规范[4]。随着比价网站随之兴起，以商城促销信息展示，以评论导购为主的商品评价体系和强大的数据平台为基础，为用户提供一体化的闭合式网络购物体验的网站也日趋兴旺。这些网络平台不仅从价格，而且从服务质量、物流配送、用户口碑等多个方面进行直观评价，降低用户在网购前决策时间成本，颠覆传统的网购习惯。

随着网络购物消费者偏好的影响以及互联网技术的进步和发展，网络购

---

[1]　https://baike.baidu.com/item/%E7%BD%91%E4%B8%8A%E8%B4%AD%E7%89%A9/214710?fr=aladdin。

[2]　http://henan.163.com/12/0101/09/7MM1P5KP022701AP_2.html。2012 年中国电子商务十大发展趋势 2012-01-01 09：15：59.0。

[3]　http://www.baike.com/wiki/%E5%9E%82%E7%9B%B4%E6%90%9C%E7%B4%A2。

[4]　http://www.chyxx.com/industry/201711/585230.html，《2017 年中国网络购物行业发展概况分析》。

物行业将在渠道、购物方式等方面呈现更多的新特征。政策扶持、资本投入增加，未来物流行业潜在进入者将会增多。行业内企业和商业模式的多元化将促进物流行业的融合发展，物流行业价值链将向深度延伸、向广度扩宽。[①] 基于此，电商巨头、网络服务行业之间、经营者之间通过网络服务展开竞争的趋势也越演越烈。随着信息技术产业和互联网产业的发展，尤其是在"大数据"时代的背景下，信息所具有的价值超越以往任何时期，愈来愈多的市场主体投入巨资收集、整理和挖掘信息。

一定程度上讲，网络点评对网络服务的销售起到决定性的作用。比如，伦敦男子乌巴·巴特勒是个"网红"，专门搞点别出心裁的恶作剧。他发现，不少点评网站上排名靠前的餐厅，实际上并不好。于是，他想出一个点子——把自家的破后院伪造成伦敦最高级的餐馆。2017 年 11 月 1 日，这家不存在的餐馆，在网上被评为"全伦敦最好"[②]。这或许就是网络点评的作用及其价值。正如本案中大众点评网上用户评论信息是汉涛公司付出大量资源所获取的，且具有很高的经济价值一样。这些网络点评的信息是汉涛公司的劳动成果，也成为汉涛公司在该领域的竞争优势。

【名词解释】

1. 商业道德。

《反不正当竞争法》（1993 年）第二条规定经营者在市场交易中，应当遵循自愿、平等、公平、诚实信用的原则，遵守公认的商业道德。那么，什么是商业道德？法律以及司法解释并没有对此作出明确的定义，但在司法案例中从不同的角度解释了商业道德。

本案中二审法院认为，商业道德本身是一种在长期商业实践中所形成的公认的行为准则。但互联网等新兴市场领域中的各种商业规则整体上还处于探索当中，市场主体的权益边界尚不清晰，某一行为虽然损害了其他竞争者的利益，但可能同时产生促进市场竞争、增加消费者福祉的积极效应，诸多新型的竞争行为是否违反商业道德在市场共同体中并没有形成共识。就本案而言，对于擅自使用他人收集的信息的行为是否违反公认的商业道德的判断上，一方面，需要考虑产业发展和互联网环境所具有信息共享、互联互通的特点；另一方面，要兼顾信息获取者、信息使用者和社会公众三方的利益，既要考虑信息获取者的财产投入，还要考虑信息使用者自由竞争的权利，以及公众自由获取信息的利益；在利益平衡的基础上划定行为的边界。只有准确地划定正当与不正当使用信息的边界，才能达到公平与效率的平衡，实现

---

① http://www.askci.com/news/hlw/20160704/11090837386_4.shtml，《2016 年中国网络购物行业发展现状和趋势分析》。

② 《不存在的餐馆》，载《读者》2018 年第 5 期。

反不正当竞争法维护自由和公平的市场秩序的立法目的。这种边界的划分不应完全诉诸于主观的道德判断,而应综合考量上述各种要素,相对客观地审查行为是否扰乱了公平竞争的市场秩序。

在北京慧聪国际资讯有限公司、上诉人(原审原告)北京慧聪建设信息咨询有限公司诉被上诉人(原审被告)北京万网志成科技有限公司不正当竞争纠纷一案 ① 中,一审法院认为:"在反不正当竞争法中,诚实信用原则主要体现为行为需符合公认的商业道德,即商业伦理,是交易参与者共同和普遍认可的行为标准,行为侵害的客体是某种商业上的利益。"二审法院:关于万网志成公司停止解析的行为是否违反诚实信用原则和公认的商业道德的问题认为:在反不正当竞争法中,诚实信用原则主要体现为行为需符合公认的商业道德,即商业伦理,是交易参与者共同和普遍认可的行为标准。

可以看出在司法实践中,诚实信用的准用标准是以行为是否违反了公认的商业道德为表象的。这样容易混淆诚实信用原则和公认的商业道德原则,那么反推之,只要确定一项原则就可以了。因此,公认的商业道德原是可以直接适用评断是非曲直的,这个原则具有法律的强制性。②

竞争的良好环境取决于社会共同的价值观,既包括作为经营者和消费者的价值观,也包括商业活动中共同认同的从业行为的价值观。前者是诚实信用,后者是商业道德③。

在腾讯科技(深圳)有限公司、深圳市腾讯计算机系统有限公司与北京奇虎科技有限公司、奇智软件(北京)有限公司不正当竞争及商业诋毁一案中,最高人民法院判决认为:"在市场经营活动中,相关行业协会或者自律组织为规范特定领域的竞争行为和维护竞争秩序,有时会结合其行业特点和竞争需求,在总结归纳其行业内竞争现象的基础上,以自律公约等形式制定行业内的从业规范,以约束行业内的企业行为或者为其提供行为指引。这些行业性规范常常反映和体现了行业内的公认商业道德和行为标准,可以成为人民法院发现和认定行业惯常行为标准和公认商业道德的重要渊源之一。当然,这些行业规范性文件同样不能违反法律原则和规则,必须公正、客观。"④

---

① 北京市第一中级人民法院(2012)一中民终字第 12389 号《民事判决书》。

② 李雪宇、张黎、张凤书:《浅议"反法"第二条的法律适用——兼论"反法"第二条的修订问题》。

③ 李雪宇、张黎、张凤书:《浅议"反法"第二条的法律适用——兼论"反法"第二条的修订问题》。

④ 李雪宇、张黎、张凤书:《浅议"反法"第二条的法律适用——兼论"反法"第二条的修订问题》。

2. 垂直搜索

垂直搜索是针对某一个行业的专业搜索引擎，是搜索引擎的细分和延伸，是对网页库中的某类专门的信息进行一次整合，定向分字段抽取出需要的数据进行处理后再以某种形式返回给用户。相对通用搜索引擎的信息量大、查询不准确、深度不够等提出来的新的搜索引擎服务模式，通过针对某一特定领域、某一特定人群或某一特定需求提供的有一定价值的信息和相关服务。其特点就是"专、精、深"，且具有行业色彩，相比较通用搜索引擎的海量信息无序化，垂直搜索引擎则显得更加专注、具体和深入。

垂直搜索引擎和普通的网页搜索引擎的最大区别是对网页信息进行了结构化信息抽取，也就是将网页的非结构化数据抽取成特定的结构化信息数据，好比网页搜索是以网页为最小单位，基于视觉的网页块分析是以网页块为最小单位，而垂直搜索是以结构化数据为最小单位。然后将这些数据存储到数据库，进行进一步的加工处理，如去重、分类等，最后分词、索引再以搜索的方式满足用户的需求。整个过程中，数据由非结构化数据抽取成结构化数据，经过深度加工处理后以非结构化的方式和结构化的方式返回给用户。垂直搜索引擎的应用方向很多，如企业库搜索、供求信息搜索引擎、购物搜索、房产搜索、人才搜索、地图搜索、mp3 搜索、图片搜索……几乎各行各业各类信息都可以进一步细化成各类的垂直搜索引擎。举个例子来说明会更容易理解，如购物搜索引擎，整体流程大致如下：抓取网页后，对网页商品信息进行抽取，抽取出商品名称、价格、简介……甚至可以进一步将笔记本简介细分成"品牌、型号、CPU、内存、硬盘、显示屏……"然后对信息进行清洗、去重、分类、分析比较、数据挖掘，最后通过分词索引提供用户搜索、通过分析挖掘提供市场行情报告。

目前垂直搜索的运用非常广泛，一起搜（www.yiqisoo.com）房产、家居、家电垂直搜索引，物流全搜索（http://www.56qss.com）等均运用了垂直搜索技术。直达网站是一种最新的网页定位技术，采用自然语言词汇作为网站的地址，符合中国互联网用户的语言习惯，使用方便，易于记忆。对于企业而言，可以大大提高企业网站的知名度和推广效果。直达网站就是您的单位（企事业、组织、团体等机构）、产品、品牌、网站的名称，可以是中文、英文、数字等组合。例如：每步数码、海尔、青岛啤酒、用友软件……除此之外，随着资本市场的不断开放，人们也逐渐开始关注财经方面，于是财经方面的垂直搜索应运而生，其中最代表的，应该是带有导航意味的财富无忧网（http://www.rich51.com），当然还有类似一起发财网等，都是不错的财经垂直搜索①。

---

① http://www.baike.com/wiki/%E5%9E%82%E7%9B%B4%E6%90%9C%E7%B4%A2。

从技术角度来说垂直搜索技术具有中立性，这种中立性往往被当做免责的抗辩理由。本案中，二审法院专门对百度公司提出的其使用的垂直搜索技术，这种搜索机制决定了最终所展示的信息必然集中来自于大众点评网等少数网站，且垂直搜索是直接呈现向用户呈现的信息并不构成侵权的抗辩作出认定。二审法院认为，垂直搜索技术作为一种工具手段在价值上具有中立性，但这并不意味着技术本身可以作为豁免当事人法律责任的依据。无论是垂直搜索技术还是一般的搜索技术，都应当遵循搜索引擎服务的基本准则，即不应通过提供网络搜索服务而实质性替代被搜索方的内容提供服务，本案中百度公司使用涉案信息的方式和范围已明显超出了提供网络搜索服务的范围，其以垂直搜索技术决定了信息使用方式而可免责的抗辩意见，本院不予采纳。

【焦点评析】

1.《反不正当竞争法》（1993年）第二条运用限制。

关于《反不正当竞争法》的一般条款和专门条款的研究，各类观点比较多，主要集中在对于一般条款是否具有兜底功能和与专门条款的适用区别上。近年来具有逐步趋向于我国《反不正当竞争法》（1993年）第二条作为一般条款属于专门条款以外对不正当竞争认定的概括性规范。司法实践中对于新型的不正当竞争行为、没有专门条款制约的，大部分也是以第二条作为兜底条款予以适用。

根据最高人民法院的《准确把握当前知识产权司法保护政策进一步加强知识产权司法保护的报告》："凡属反不正当竞争法特别规定已作明文禁止的行为领域，只能依照特别规定规制同类不正当竞争行为，原则上不宜再适用原则规定扩张适用范围……"适用《反不正当竞争》（1993年）第二条的前提应当具备以下几个要件：第一，在促进和鼓励创新，推动市场竞争公平、有序中寻求平衡点和平衡利益；第二，确属违反诚实信用原则和公认的商业道德而具有不正当性；第三，不制止不足以维护公平竞争秩序；第四，给其他经营者或者直接或间接地给消费者造成损害的。在目前情况下，最高人民法院总结出来的裁判原则和经验是历年司法实践的结晶，有利于目前的实际情况，并在今后一段时间内便于操作实施。[①]

2.《反不正当竞争法》（1993年）第二条在本案中的运用。

本案一审依照《反不正当竞争法》（1993年）第二条、第五条第二项、第九条第一款、第二十条对案件作出判决。但是，真正对本案构成不正当竞争是依据第二条的规定作出的，可以说本案是《反不正当竞争法》（1993年）第二条在司法实践中的具体运用。所以，本案在判决的说理部分充分、反复

[①] 李雪宇、张黎、张凤书：《浅议"反法"第二条的法律适用——兼论"反法"第二条的修订问题》。

去阐述了关于违反商业道德的认定，并分层次进行说理。

（1）关于是否构成不正当竞争。

首先，关于竞争关系。一审法院认为，在现代市场经营模式尤其是互联网经济蓬勃发展的背景下，市场主体从事多领域业务的情况实属常见。对于竞争关系的判定，不应局限于相同行业、相同领域或相同业态模式等固化的要素范围，而应从经营主体具体实施的经营行为出发加以考量。《反不正当竞争法》所调整的竞争关系不限于同业者之间的竞争关系，还包括为自己或者他人争取交易机会所产生的竞争关系以及因破坏他人竞争优势所产生的竞争关系。竞争本质上是对客户即交易对象的争夺。在互联网行业，将网络用户吸引到自己的网站是经营者开展经营活动的基础。即使双方的经营模式存在不同，只要双方在争夺相同的网络用户群体，即可认定为存在竞争关系。

互联网经济经营模式下，对于竞争关系的判定不宜纯以行业、领域或业态模式等相对固化的视角，而应以经营主体具体实施的经营行为出发综合考量。

其次，关于竞争行为是否产生实质性替代，是否因竞争行为造成损害为前提。法院认为，按照常识，网络用户通常不会完整查看某商户的几百条甚至几千条点评信息后才作出选择，网络用户通过几十条甚至十几条评论就足以作出选择。尤其对于目前大量使用手机的用户而言，受屏幕尺寸、阅读习惯等因素的制约，网络用户作出选择所需的信息量可能更少。虽然百度地图中设置了指向大众点评网的链接，但由于百度地图中的每一条点评信息都是完整的，用户并不需要再去大众点评网查看该信息。百度地图大量使用大众点评网的点评信息，替代大众点评网向网络用户提供信息，会导致大众点评网的流量减少。百度地图在大量使用大众点评网点评信息的同时，又推介自己的团购等业务，攫取了大众点评网的部分交易机会。百度公司大量使用大众点评网点评信息的行为，会给汉涛公司造成损害。此外，当网络用户使用百度搜索商户名称时，百度公司通过百度知道直接向用户提供来自大众点评网的点评信息，将一些想获取点评信息的网络用户导流到百度知道，即百度公司通过百度知道代替大众点评网向公众提供信息。

最后，关于竞争行为的正当性。在互联网环境下，未经许可使用他人信息不能当然地认定为构成不正当竞争，而需要结合个案情况综合考虑各种因素来划定行为的边界。在判断使用行为是否违反商业道德时，需考虑行为是否具有积极效果、积极效果与对原告造成损害的衡量、对市场秩序和消费者利益的影响等因素，对是否违反商业道德进行相对客观化的审查。

市场经济鼓励市场主体在信息的生产、搜集和使用等方面进行各种形式的自由竞争，但是这种竞争应当充分尊重竞争对手在信息的生产、搜集和使用过程中的辛勤付出。对涉及信息使用的市场竞争行为是否具有不正当性的判断应当综合考虑以下因素：涉案信息是否具有商业价值，能否给经营者带来竞争优势；信息获取的难易程度和成本付出；对信息的获取及利用是否违法、违背商业道德或损害社会公众利益；竞争对手使用信息的方式和范围。具体分析如下：

一是大众点评网的点评信息是汉涛公司的核心竞争资源之一，能给汉涛公司带来竞争优势，具有商业价值。

二是汉涛公司为运营大众点评网付出了巨额成本，网站上的点评信息是其长期经营的成果。

三是市场经济鼓励的是效能竞争，而非通过阻碍他人竞争，扭曲竞争秩序来提升自己的竞争能力。如果经营者是完全攫取他人劳动成果，提供同质化的服务，这种行为对于创新和促进市场竞争没有任何积极意义，有悖商业道德。本案中，当用户在百度地图上搜索某一商户时，不仅可以知晓该商户的地理位置，还可了解其他消费者对该商户的评价，这种商业模式上的创新在一定程度上提升了消费者的用户体验，丰富了消费者的选择，具有积极的效果。百度地图在早期版本中所使用的来自大众点评网信息数量有限，且点评信息未全文显示，这种使用行为尚不足以替代大众点评网提供用户点评信息服务，也能在一定程度上提升用户体验，丰富消费者选择。百度公司超出必要限度使用涉案信息，这种行为不仅损害了汉涛公司的利益，也可能使得其他市场主体不愿再就信息的收集进行投入，破坏正常的产业生态，并对竞争秩序产生一定的负面影响。同时，这种超越边界的使用行为也可能会损害未来消费者的利益。消费者利益的根本提高来自于经济发展，而经济的持续发展必然依赖于公平竞争的市场秩序。

在靠自身用户无法获取足够点评信息的情况下，百度公司通过技术手段，从大众点评网等网站获取点评信息，用于充实自己的百度地图和百度知道。百度公司此种使用方式，实质替代大众点评网向用户提供信息，对汉涛公司造成损害。

（2）关于Robots协议与使用抓取内容。

并非只要遵守Robots协议，就一定不构成不正当竞争。一审法院确认，网站通过Robots协议可以告诉搜索引擎哪些内容可以抓取，哪些内容不能抓取。由于Robots协议是互联网行业普遍遵守的规则，故搜索引擎违反Robots协议抓取网站的内容，可能会被认定为违背公认的商业道德，从而构成不正当竞争。但并不能因此认为，搜索引擎只要遵守Robots协议就一定不构成不正当竞争。Robots协议只涉及搜索引擎抓取网站信息的行为是否符合公认的行业准则的问题，不能解决搜索引擎抓取网站信息后的使用行为是否合法的问题。本案中，百度公司的搜索引擎抓取涉案信息并不违反Robots协议，但这并不意味着百度公司可以任意使用上述信息，百度公司应当本着诚实信用的原则和公认的商业道德，合理控制来源于其他网站信息的使用范围和方式。

市场主体在使用他人所获取的信息时，要遵循公认的商业道德，在相对合理的范围内使用。二审法院认为，信息并非法定的权利客体，当某一劳动成果不属于法定权利时，对于未经许可使用或利用他人劳动成果的行为，不能当然地认定为构成反不正当竞争法意义上的"搭便车"和"不劳而获"。这是因为"模仿自由"，以及使用或利用不受法定权利保护的信息是基本的公共政策，也是一切技术和商业模式创新的基础，否则将在事实上设定了一个"劳动成果权"。但是，随着信息技术产业和互联网产业的发展，尤其是在大数据时代的背景下，信息所具有的价值超越以往任何时期，愈来愈多的市场主体投入巨资收集、整理和挖掘信息，如果不加节制地允许市场主体任意地使用或利用他人通过巨大投入所获取的信息，将不利于鼓励商业投入、产业创新和诚实经营，最终损害健康的竞争机制。因此，市场主体在使用他人所获取的信息时，仍然要遵循公认的商业道德，在相对合理的范围内使用。

（3）关于如何判断经营者使用他人信息的相关行为是否违反商业道德、扰乱公平竞争的市场秩序。

划定商业道德边界的利益平衡。商业道德本身是一种在长期商业实践中所形成的公认的行为准则，但互联网等新兴市场领域中的各种商业规则整体上还处于探索当中，市场主体的权益边界尚不清晰，某一行为虽然损害了其他竞争者的利益，但可能同时产生促进市场竞争、增加消费者福祉的积极效应，诸多新型的竞争行为是否违反商业道德在市场共同体中并没有形成共识。在判断经营者使用他人信息的相关行为是否违反商业道德、扰乱公平竞争的市场秩序时，一方面，需要考虑产业发展和互联网环境所具有信息共享、互联互通的特点；另一方面，要兼顾信息获取者、信息使用者和社会公众三方的利益，在利益平衡的基础上划定行为的边界。这种边界的划分不应完全诉诸于主观的道德判断，而应综合考量上述各种要素，相对客观地审查行为是否扰乱了公平竞争的市场秩序。

判断竞争行为是否违反商业道德时考虑的因素。二审法院认为，在判断百度公司的行为是否违反商业道德时，应综合考虑以下几个因素：一是百度公司的行为是否具有积极的效果。二是百度公司使用涉案信息是否超出了必要的限度。三是超出必要限度使用信息的行为对市场秩序所产生的影响。四是百度公司所采取的"垂直搜索"技术是否影响竞争行为正当性的判断。

结合本案，百度公司商业模式上的创新确实具有积极的效果，而汉涛公司对涉案信息的获取付出了巨大的劳动，具有可获得法律保护的权益，在此情况下应当对两者的利益进行一定平衡。但百度公司通过搜索技术抓取并大量全文展示来自大众点评网的信息，这种行为已经实质替代了大众点评网的相关服务，其欲实现的积极效果与给大众点评网所造成的损失并不符合利益平衡的原则。其次，百度公司明显可以采取对汉涛公司损害更小，并能在一定程度上实现积极效果的措施。上海知识产权法院认为百度公司使用涉案信息的行为已超出了必要的限度。这种行为不仅损害了汉涛公司的利益，也可能使得其他市场主体不愿再就信息的收集进行投入，破坏正常的产业生态，并对竞争秩序产生一定的负面影响。同时，这种超越边界的使用行为也可能会损害未来消费者的利益。

（4）主观上无故意且符合行业通常做法的行为不违背商业道德。

本案中，如何确认杰图公司行为的正当性与否以及其是否构成共同侵权？法院审理认为，百度地图中对相关点评信息的使用虽然构成不正当竞争，但提供点评信息仅是其众多服务中的一部分，百度地图还提供定位、位置查询、路线规划、导航等大量其他实质非侵权用途。杰图公司通过应用程序编程接口（API）调用百度地图，并非单纯指向百度地图中的点评信息，其主观上没有与百度公司共同实施侵权行为的故意，其行为符合行业通行做法，不违背公认的商业道德和诚实信用原则，并无不当。汉涛公司关于杰图公司与百度公司构成共同侵权的主张，一审法院不予支持。

3. 关于虚假宣传和擅自使用知名服务名称。

（1）关于虚假宣传。结合本案的具体情况，一审法院认为，百度公司对案外人微博的回复行为尚不构成虚假宣传。第一，"亲我们现在是合作关系呀"这条信息并不是发布在"百度地图"自身的微博页面上，该行为有较强的针对性，系针对"叶立鹤"微博的回复。第二，该微博并未引起公众的关注，影响极其有限。且微博有很强的时效性，在当前这样一个信息爆炸的时代，除了汉涛公司为了诉讼专门去搜索这条微博，几乎没有其他公众会去翻阅这条微博。第三，认定行为是否构成不正当竞争行为，需以该行为是否会给行为人带来竞争优势或者足以给其他经营者造成损害为条件。对于不会造成实际损害或者损害极其轻微的行为，司法不应予以干预。

（2）关于擅自使用知名服务名称。一审法院认为，百度地图对于来自大众点评网的信息，使用"大众点评"等标识，该行为系为了指示信息的来源，属于对他人标识的合理使用，并无不当。

【总体评价】

1. 事实部分。

本案一二审法院认定事实清楚。

2. 法律适用。

本案判决书明确，在具体案件中，确属违反诚实信用原则和公认的商业道德而具有不正当性的竞争行为，法院可以适用《反不正当竞争法》（1993

年）第二条予以调整，以保障市场公平竞争。但判决书也指出适用《反不正当竞争法》（1993 年）第二条应受到严格的控制，所调整的不正当行为必须是不属于《反不正当竞争法》（1993 年）第二章所列举的类别，但不加以调整将会对正常的竞争秩序产生不良影响。在适用第二条时应满足以下三个要件：一是法律对该种竞争行为未作出特别规定；二是其他经营者的合法权益确因该竞争行为而受到了实际损害；三是该种竞争行为因确属违反诚实信用原则和公认的商业道德而具有不正当性或者说可责性。

3. 本案是互联网技术进步和互联网经济竞争环境下的必然结果，本案判决对建立诚实信用公平有序的数据信息市场秩序具有指导意义。

（1）本案判决明确了法律虽没有设定"劳动成果权"，但随着信息技术产业和互联网产业的发展，尤其是在"大数据"时代的背景下，信息所具有的价值应当得到法律的保护。市场主体在使用他人所获取的信息时，仍然要遵循公认的商业道德，在相对合理的范围内使用。

正如本案判决所述，信息并非法定的权利客体，当某一劳动成果不属于法定权利时，对于未经许可使用或利用他人劳动成果的行为，不能当然地认定为构成反不正当竞争法意义上的"搭便车"和"不劳而获"，这是因为"模仿自由"，以及使用或利用不受法定权利保护的信息是基本的公共政策，也是一切技术和商业模式创新的基础，否则将在事实上设定了一个"劳动成果权"。但是，随着信息技术产业和互联网产业的发展，尤其是在"大数据"时代的背景下，信息所具有的价值超越以往任何时期，愈来愈多的市场主体投入巨资收集、整理和挖掘信息，如果不加节制地允许市场主体任意地使用或利用他人通过巨大投入所获取的信息，将不利于鼓励商业投入、产业创新和诚实经营，最终损害健康的竞争机制。

（2）本案判决明确了，法律鼓励具有积极效果的商业模式创新，但是在创新的过程中不应该损害他人的合法权益，在创新与他人合法权益发生冲突时，应当对两者的利益进行一定平衡。在判断经营者使用他人信息的相关行为是否违反商业道德、扰乱公平竞争的市场秩序的时候，主要应综合考虑公司行为是否具有积极的效果、是否超出了必要的限度、超出必要限度的行为对市场秩序所产生的影响、是否影响竞争行为正当性的判断等方面。本案中，法院认为百度公司使用涉案信息的行为已超出了必要的限度。这种行为不仅损害了汉涛公司的利益，也可能使得其他市场主体不愿再就信息的收集进行投入，破坏正常的产业生态，并对竞争秩序产生一定的负面影响。同时，这种超越边界的使用行为也可能会损害未来消费者的利益。

【案例规则】

1. 认定行为是否构成不正当竞争行为，需以该行为是否会给行为人带来竞争优势或者足以给其他经营者造成损害为条件。

2. 超出必要限度使用（他人）信息的行为对市场秩序所产生的影响，损害了他人的利益，破坏正常的产业生态，并对竞争秩序产生一定的负面影响的行为违反商业道德，构成不正当竞争。

3. 主观上无故意且符合行业通常做法的行为不违背商业道德。

湖南富丽真金家纺有限公司诉湖南富丽真金家具有限公司虚假宣传不正当竞争纠纷案①

伍峻民②

一、案例基本信息

案例类型	虚假宣传　不正当竞争　民事案件
案例名称	湖南富丽真金家纺有限公司诉湖南富丽真金家具有限公司不正当竞争案
裁判文书	一审：长沙市中级人民法院（2015）长中民五初字第 01755 号《民事判决书》 二审：湖南省高级人民法院（2016）湘民终 545 号《民事判决书》
合议庭成员	二审：审判长陈小珍、审判员徐康、审判员刘雅静
一审原告	湖南富丽真金家纺有限公司（本文简称"家纺公司"）
一审被告	湖南富丽真金家具有限公司（本文简称"家具公司"）
二审上诉人	家纺公司
二审上诉人	家具公司
受理日期	二审：2016 年 7 月 12 日
裁判日期	二审：2016 年 9 月 29 日
审理程序	一审、二审
一审判决结果	一、家具公司立即停止在销售本公司产品时赠送家纺公司床上用品的不正当竞争行为； 二、家具公司于判决发生法律效力之日起十日内赔偿家纺公司经济损失人民币 20 万元（含合理维权费用）； 三、驳回家纺公司的其他诉讼请求

---

① 本案为 2016 年中国法院 50 件典型知识产权案例之一。
② 伍峻民，北京盈科（长沙）律师事务所，执业律师。

续表

二审判决结果	一、维持一审判决第一项、第三项； 二、变更一审判决第二项为：家具公司于本判决生效之日起十日内赔偿家纺公司经济损失 50 万元（含合理维权费用）； 三、家具公司于本判决生效之日起三十日内，连续十五日在其公司网站、微信首页显著位置刊登声明，连续三日在《潇湘晨报》刊登声明，为家纺公司消除影响（声明内容需经法院审核）；如家具公司未按要求消除影响，法院将采取公告、登报等方式，将判决的主要内容和有关情况公布于众，费用由家具公司负担
涉案法律、法规和司法解释	二审： 《中华人民共和国侵权责任法》第十五条① 《中华人民共和国反不正当竞争法》（1993）第二条第一款、第二款②、第九条第一款③、第二十条第一款④ 《最高人民法院关于审理不正当竞争民事案件应用法律若干问题的解释》第八条第一款⑤、第十七条第一款⑥

---

① 《中华人民共和国侵权责任法》第十五条：承担侵权责任的方式主要有：（一）停止侵害；（二）排除妨碍；（三）消除危险；（四）返还财产；（五）恢复原状；（六）赔偿损失；（七）赔礼道歉；（八）消除影响、恢复名誉。以上承担侵权责任的方式，可以单独适用，也可以合并适用。

② 《中华人民共和国反不正当竞争法》（1993 年）第二条：经营者在市场交易中，应当遵循自愿、平等、公平、诚实信用的原则，遵守公认的商业道德。

本法所称的不正当竞争，是指经营者违反本法规定，损害其他经营者的合法权益，扰乱社会经济秩序的行为。……

③ 《中华人民共和国反不正当竞争法》（1993 年）第九条第一款：经营者不得利用广告或者其他方法，对商品的质量、制作成分、性能、用途、生产者、有效期限、产地等作引人误解的虚假宣传。

④ 《中华人民共和国反不正当竞争法》（1993 年）第二十条第一款：经营者违反本法规定，给被侵害的经营者造成损害的，应当承担损害赔偿责任，被侵害的经营者的损失难以计算的，赔偿额为侵权人在侵权期间因侵权所获得的利润；并应当承担被侵害的经营者因调查该经营者侵害其合法权益的不正当竞争行为所支付的合理费用。

⑤ 《最高人民法院关于审理不正当竞争民事案件应用法律若干问题的解释》第八条第一款：经营者具有下列行为之一，足以造成相关公众误解的，可以认定为反不正当竞争法第九条第一款规定的引人误解的虚假宣传行为：……

⑥ 《最高人民法院关于审理不正当竞争民事案件应用法律若干问题的解释》第十七条第一款：确定反不正当竞争法第十条规定的侵犯商业秘密行为的损害赔偿额，可以参照确定侵犯专利权的损害赔偿额的方法进行；确定反不正当竞争法第五条、第九条、第十四条⑥规定的不正当竞争行为的损害赔偿额，可以参照确定侵犯注册商标专用权的损害赔偿额的方法进行。

续表

涉案法律、法规和司法解释	《中华人民共和国民事诉讼法》第一百七十条第一款第（二）项①
裁判要点	1. 经营者之间是否具有同业竞争关系并不是构成不正当竞争的先决条件，即使经营者之间不具有同业竞争关系，但如果经营者以不正当手段获取竞争优势，或者破坏他人竞争优势，仍可构成不正当竞争。 2. 赠送家纺公司床上用品成为变相的宣传手段，不当地将家纺公司商标的知名度和商誉转借到家具公司的商品上，淡化了家具公司与家纺公司商品在商标表象、来源及发展背景等方面的差异，混淆家具公司和家纺公司这两家不同的经营主体，足以让相关公众误认为"富丽真金"床垫等商品来源于家纺公司，或者家具公司与家纺公司有关联公司、授权生产等特定联系，家具公司由此不当获取了竞争优势和交易机会，违背了家纺公司商标使用意愿，损害了家纺公司的知名度和商誉，故家具公司销售自己商品时赠送家纺公司床上用品的行为属于"以其他引人误解的方式进行商品宣传"，构成引人误解的虚假宣传
案例规则	销售自己商品的同时赠送其他公司商品，足以让相关公众误认商品来源，并获取了竞争优势和交易机会的，属于"以其他引人误解的方式进行商品宣传"，构成《反不正当竞争法》第九条规定的引人误解的虚假宣传

二、案例综述

【主要诉请】

原告诉讼请求：1. 家具公司立即停止对家纺公司的不正当竞争行为；2. 家具公司在纸质传媒、网络传媒、家具公司官方网站上一并刊登消除影响声明；3. 家具公司赔偿家纺公司经济损失 300 万元；4. 家具公司承担家纺公司因制止侵权行为而支付的律师费、调查取证费、公证费等合理费用 12 万元；5. 家具公司承担本案的诉讼费用。

【基本事实】

家纺公司系港澳台自然人独资有限责任公司，成立于 2003 年 9 月 22 日，住所地湖南省长沙市浏阳产业园，经营范围为生产床上系列用品（含窗帘）与其配套的包装袋及产品自销。

家纺公司拥有第 1182822 号注册商标，核定使用商品为第 24 类：床罩，

---

① 《中华人民共和国民事诉讼法》第一百七十条第一款（二）项：第二审人民法院对上诉案件，经过审理，按照下列情形，分别处理：（二）原判决、裁定认定事实错误或者适用法律错误的，以判决、裁定方式依法改判、撤销或者变更；

枕套，被子，被罩，床单，垫套，装饰织品（台布、窗帘），被絮，褥子。该公司"富丽真金"系列床上用品于 2006 年 12 月被评为长沙名牌，2013 年 4 月至 2017 年 8 月被评定为"湖南省质量信用 AAA 级企业"，其生产的富丽真金牌配套床上用品于 2013 年 12 月至 2016 年 12 月被授予"湖南名牌产品"称号。

家具公司系自然人投资或控股的有限责任公司，成立于 2007 年 6 月 20 日，住所地长沙市天心区，经营范围是家具研发、设计、加工、销售。该公司拥有第 1751420 号 富丽真金 注册商标，核定使用的商品为第 20 类的床、床架（木制）、弹簧床垫、垫子（床垫）、家具、金属沙发、屏风（家具）、沙发、头靠（家具）、衣帽架。

家纺公司发现家具公司在其官网和专卖店宣传、开展"购买富丽真金床垫，送富丽真金床上用品"活动，家具公司的行为属于利用广告或者其他方法，对商品质量、制作成分等作引人误解的虚假宣传，同时违背了诚实信用原则和商业道德，构成《反不正当竞争法》（1993 年）第二条、第九条规定的不正当竞争行为，于是提起诉讼。家纺公司在庭审后提交的书面意见中明确其诉状所指的不正当竞争行为是被告在销售自己的产品时赠送原告产品的行为，认为该行为落入《反不正当竞争法》（1993 年）第二条和第九条的保护范围。

经查，家具公司在其门店店招等处使用的"富麗真金"文字标识，并非其第 1751420 号商标中的"富丽真金"文字的注册形式，而与家纺公司第 1182822 号商标在汉字的简、繁体搭配上使用了相同的表现形式；除店招外，家具公司在宣传册、广告栏、家居卖场内、产品包装、门店名片等处使用了含繁体"麗"字的"富麗真金"文字。门店宣传资料宣称该企业品牌源自台湾，系出名门。在家具公司的网站、微信、门店宣传资料上，宣传购买"富丽真金"床垫，赠送"富丽真金"春秋被、舒适枕等床上产品。经查实，作为赠品赠送的床上产品系从家纺公司购进的床上产品。

一审法院审理认为：

1. 家具公司虽然在销售自己的产品时赠送家纺公司生产的产品，但并未对外宣称赠品系由家具公司生产，且家纺公司的证据不能证明家具公司有其他虚假宣传的行为，故家具公司的上述行为不属于《反不正当竞争法》（1993 年）第九条规定的虚假宣传的情形。

2. 家纺公司商标于 2010 年 10 月 8 日即被认定为驰名商标，家具公司应当知道其知名度；从家具公司赠送家纺公司床上用品的行为也能证明家具公司对家纺公司的经营情况有所了解；家具公司在店面标识及宣传册、门店名片等处将其注册商标中的"富丽真金"文字写成包含繁体麗字的"富麗真金"，既无正当理由，又不符合一般的汉字及商标使用习惯，又与家纺公司注册商标中"富麗真金"文字的简、繁体搭配形式相同，明显具有攀附家纺公司注册商标知名度、引人误解的主观故意，故家具公司在销售"床垫"过程中赠送家纺公司床上用品的行为属于违反公认的商业道德的行为，符合《反不正当竞争法》（1993 年）第二条的适用条件，构成对家纺公司的不正当竞争。

家纺公司和家具公司均不服，上诉至湖南省高院。

二审法院认为：

家具公司销售自己产品时赠送家纺公司床上用品的行为成为变相的宣传手段，不当地将家纺公司商标的知名度和商誉转借到家具公司的商品上，淡化家具公司商品与家纺公司商品在商标表象、来源及发展背景等方面的差异，混淆家具公司和家纺公司这两家不同的经营主体，足以让相关公众误认为"富丽真金"床垫等商品来源于家纺公司，或者家具公司与家纺公司有关联公司、授权生产等特定联系，家具公司由此不当获取了竞争优势和交易机会，违背了家纺公司商标使用意愿，损害了家纺公司的知名度和商誉，故家具公司销售自己商品时赠送家纺公司床上用品的行为属于"以其他引人误解的方式进行商品宣传"，构成引人误解的虚假宣传。

三、案例评析

【案例背景】

1. 社会背景。

湖南省高级人民法院在 2017 年 4 月 26 日世界知识产权日召开新闻发布会，发布 2016 年度湖南省法院知识产权司法保护白皮书。2016 年，全省法院共受理知识产权民事、行政和刑事一审案件 4518 件，比上年增长 52.02%。审结知识产权一审案件 3379 件，比上年增长 48.79%，收案数和结案数均大幅上升。案件审判质量提升，产生了一批具有良好法律效果和社会效果的精品案件。湖南富丽真金家纺有限公司诉湖南富丽真金家具有限公司不正当竞争纠纷案作为疑难复杂、有较大影响的案件代表成功审理，有力维护了权利人合法权益，并入选了 2016 年中国法院 50 件典型知识产权案例。

2. 案件背景。

原告湖南富丽真金家纺有限公司最早由我国台湾籍实业家杜富元于 1996 年在长沙星沙成立，迄今已有 20 年历史。该公司主要生产并销售被芯、枕头、毛毯等床上用品，因产品设计精湛、制作精良在家纺领域享有相当高的知名度，曾获得"中国驰名商标""湖南省著名商标""长沙名牌""湖南省质量信用 AAA 级企业"等称号。

被告湖南富丽真金家具有限公司，是一家专业从事家居生产、销售、服务的企业，主要销售床垫、沙发、实木床等家具，成立于 2007 年。

【名词解释】

1. 虚假宣传。

虚假宣传是指经营者对其商品的性能、功能、质量、销售状况、用户评价、曾获荣誉等作虚假或者引人误解的商业宣传。

《反不正当竞争法》（1993 年）第九条第一款规定："经营者不得利用广告或者其他方法，对商品的质量、制作成分、性能、用途、生产者、有效期限、产地等作引人误解的虚假宣传。"根据该条规定，虚假宣传是指在商业活动中，经营者利用广告或其他方法，对商品或者服务做出与实际内容不符的虚假信息，足以使得消费者引起误解的宣传行为。由于虚假宣传违反诚实信用原则，违反公认的商业准则，一直以来被认定为是一种严重的不正当竞争行为。

而 2018 年 1 月 1 日正式生效的《反不正当竞争法》第八条对"虚假宣传"有了新的规定："经营者不得对其商品的性能、功能、质量、销售状况、用户评价、曾获荣誉等作虚假或者引人误解的商业宣传，欺骗、误导消费者。经营者不得通过组织虚假交易等方式，帮助其他经营者进行虚假或者引人误解的商业宣传。"

第一，新法把宣传的范围从利用广告宣传或其他方法统一为商业宣传，扩大了宣传的范围，也调整了旧法中广告法和反不正当竞争法的存在功能重叠的部分。

第二，从对商品的质量、制作成分、性能、用途、生产者、有效期限、产地等外观宣传的侧重落脚到了对其商品的性能、功能、质量、销售状况、用户评价、曾获荣誉等实质性宣传。

第三，从单一的"引人误解"的虚假宣传扩大到了"虚假的商业宣传"或"引人误解的商业宣传"双管齐下。可以说相比旧法，新法对虚假宣传的不正当竞争行为的文义范围进行了扩张。

第四，增加了关于虚假交易的规定，对于经营者不得通过组织虚假交易等方式，帮助其他经营者进行虚假商业宣传，或者足以使人引人误解的，同样构成虚假宣传。

2. 引人误解。

根据《最高人民法院关于审理不正当竞争民事案件应用法律若干问题的解释》（以下简称《解释》）第八条第一款规定："经营者具有下列行为之一，足以造成相关公众误解的，可以认定为反不正当竞争法第九条第一款规定的引人误解的虚假宣传行为：（一）对商品作片面的宣传或者对比的；（二）将科学上未定论的观点、现象等当作定论的事实用于商品宣传的；（三）以歧义性语言或者其他引人误解的方式进行商品宣传的。以明显的夸张方式宣传商品，不足以造成相关公众误解的，不属于引人误解的虚假宣传行为。人民法院应当根据日常生活经验、相关公众一般注意力、发生误解的事实和被宣传对象的实际情况等因素，对引人误解的虚假宣传行为进行认定。"

该《解释》，对引人误解的情形列举了三种情况，分别是：

第一，将商品进行片面宣传或者对比的。实践中，一些经营者将与竞争对手的商品信息作出片面不对称的宣传或者对比，其目的和结果往往是通过以偏概全或者不正当地贬低他人的商品的质量或者功效从而抬高自己的商品价值，进而达到使得消费者产生偏见或者误导。虽然可能其所作的宣传都是真实的，并无虚假，但却引人误解，给人的印象是他人的产品缺点多，自己的产品优点多。特别是我国法律并不禁止对比广告，但对比广告提供的商品信息应当全面和充分，不能不正当地损害竞争对手的商业信誉或者商品声誉。因片面宣传或者对比而误导购买者的，可以认定为"引人误解的虚假宣传"行为。最高法公告案例即江苏省高级人民法院〔2004〕苏民三终字第118号（2004年12月10日）无锡市人才服务中心诉无锡市倍思特科技文化服务公司公告取消人才招聘会构成引人误解的虚假宣传行为纠纷案明确：内容真实但不全面的宣传在客观上造成或足以造成相关公众产生错误理解的，也应当构成引人误解的虚假宣传行为。如果因此而损害竞争对手的商业信誉或者商品声誉，还会与《反不正当竞争法》（1993年）第十四条规定的商业诋毁行为构成竞合。①

第二，将科学上未定论的观点、现象等当作定论的事实用于商品宣传。由于在商品宣传中使用未定论的观点、现象，即使事实上存在这些观点、现象，但由于并未经过科学定性，如果使得相关公众把未定论的误认为是定论的东西，从而对商品质量等产生误解，则构成引人误解。

第三，以歧视性语言或其他引人误解的方式进行商品宣传的。通常是指故意以模棱两可、含含糊糊等歧义性词语宣传商品，足以使相关公众产生误解的，可以构成虚假宣传行为。

同时，根据2017年《反不正当竞争法》增加的关于组织虚假交易的规定，对组织虚假交易等方式，帮助其他经营者进行商业宣传的，足以导致引人误解的。通常是指通过刷单制造虚假交易和评价等行为，以达到欺骗消费者或者误使消费者相信该产品、服务的销量和评价口碑等情形的，该组织和帮助虚假交易的行为属于虚假宣传行为。

3. 引人误解的虚假宣传的认定。

商品宣传是否足以引人误解而构成引人误解的虚假宣传行为，往往具有较大的自由裁量性，需要结合现行法律规定以及立法目的进行判断。为了指

---

① 蒋志培、孔祥俊、王永昌著：《知识产权、不正当竞争司法解释理解与适用》，第505–507页。

导法官更加准确地判断引人误解的虚假宣传行为，《解释》第八条第三款规定了一般性的考量因素，即人民法院应当根据日常生活经验、相关公众一般注意力、发生误解的事实和被宣传对象的实际情况等因素，对引人误解的虚假宣传行为进行认定。该规定说明，认定商品宣传是否构成引人误解的虚假宣传行为，主要是根据日常生活经验，对受到该宣传行为所引导的相关公众，而不是行为人的主观意思进行判断，并且按照相关公众的注意力标准，综合考虑发生误解的事实和被宣传对象的实际情况等因素进行判断。另外，判断是否足以引人误解，不需要消费者进行了现实的交易行为，只需要足以误导相关消费者的消费心理，影响到消费者进行选择。例如，消费者因虚假宣传行为放弃购买被宣传贬低的商品，即可以认定为引人误解的宣传。

4. 虚假宣传民事责任的认定。

根据最高人民法院在（2007）民三终字第 2 号案件中确认的规则，被损害经营者因引人误解的虚假宣传行为提起民事诉讼的，应当符合经营者之间具有竞争关系、有关宣传内容足以造成相关公众误解、对经营者造成了直接损害这三个基本条件。

根据《反不正当竞争法》（1993 年）第二条第二款的规定："本法所称的不正当竞争，是指经营者违反本法规定，损害其他经营者的合法权益，扰乱社会经济秩序的行为。"该法第二十条规定："经营者违反本法规定，给被侵害的经营者造成损害的，应当承担损害赔偿责任……被侵害的经营者的合法权益受到不正当竞争行为损害的，可以向人民法院提起诉讼。"据此，不论经营者是否属于违反有关行政许可法律、法规而从事非法经营行为，只有因该经营者的行为同时违反反不正当竞争法的规定，并给其他经营者的合法权益造成损害时，其他经营者才有权提起民事诉讼，才涉及该经营者应否承担不正当竞争的民事责任问题。即使是对《反不正当竞争法》（1993 年）第九条第一款规定的引人误解的虚假宣传行为，也并非都是经营者可以主张民事权利的行为，也应当符合经营者之间具有竞争关系、有关宣传内容足以造成相关公众误解、对经营者造成了直接损害这三个基本条件。

【焦点评析】

本案二审争议焦点有两个，分别是：（1）《反不正当竞争法》调整的不正当竞争行为是否仅限于同业竞争；（2）家具公司销售自己产品时赠送家纺公司床上用品的行为是否构成引人误解的虚假宣传。

1. 具有同业竞争关系，是否是《反不正当竞争法》规制的前提？

家纺公司认为，《反不正当竞争法》调整的不正当竞争行为并不限于同业竞争，且两公司的经营范围相近，构成竞争关系。家具公司则认为，其与家纺公司经营范围不同，不属于同业经营者，无法构成竞争关系。

二审法院认为，即使经营者之间不具有同业竞争关系，仍可构成不正当竞争。理由是，根据《反不正当竞争法》（1993年）第二条第二款的规定，法律并未限定经营者之间必须具有同业竞争关系，因此经营者之间是否具有同业竞争关系并不是构成不正当竞争的先决条件。即使经营者之间不具有同业竞争关系，但如果经营者以不正当手段获取竞争优势，或者破坏他人竞争优势，仍可构成不正当竞争。因此对家具公司关于其与家纺公司不具有同业竞争关系，故其赠送家纺公司床上用品的行为不受《反不正当竞争法》规制的理由不予支持。

指导性案例"优酷与猎豹浏览器一案"北京市第一中级人民法院（2014）一中民终字第3283号案件中，二审法院对"竞争关系"作了如下经典论述：竞争关系的存在是判断不正当竞争行为的前提条件。竞争关系的构成不取决于经营者之间是否属于同业竞争关系，亦不取决于是否属于现实存在的竞争，而应取决于经营者的经营行为是否具有"损人利己的可能性"。在判断经营者之间是否存在"竞争关系"，司法实践中均不以身份为标准，而着眼于行为为标准；不应从主营业务或所处行业出发界定其身份，而应当分析其行为是否损害其他经营者的竞争利益，即经营者的行为不仅具有对其他经营者的利益造成损害的可能性，且该经营者同时基于这一行为而获得现实或潜在的经营利益，则可认定二者具有竞争关系。因此，在本案中，即使经营者之间不具有同业竞争关系，依然可以认定为存在竞争关系。同时，只要经营者以不正当手段获取竞争优势，或者破坏他人竞争优势，就可构成不正当竞争。

2. 家具公司销售自己产品时赠送家纺公司床上用品的行为是否构成引人误解的虚假宣传？

家具公司认为，使用繁体的"麗"字是其合法权利，选择家纺公司的产品作为赠品属于正常的商业促销行为，家具公司没有恶意；两公司的商标标识明显不同，家具公司的行为不会造成消费者误认或者扰乱社会经济秩序；家具公司的赠送行为没有给家纺公司造成任何损害，反而带来了利益。因此，家具公司的行为不构成不正当竞争。

家纺公司认为，家具公司与家纺公司的经营地域高度重合，两公司经营的产品均是配套使用，有较强的关联性，两公司的商标均含有"富丽真金"文字。家具公司赠送行为的目的在于，利用家纺公司商标和产品在消费者心中的高认可度来推销家具公司的产品，混淆了两公司及其品牌产品的关系，极易引起消费者的误认，家具公司因此获得了市场竞争优势，损害了家纺公司的利益，扰乱了正常的市场竞争秩序。

一审法院认为，家具公司虽然在销售自己的产品时赠送家纺公司生产的产品，但并未对外宣称赠品系由家具公司生产，且家纺公司的证据不能证明家具公司有其他虚假宣传的行为，故认为家具公司的该行为不属于虚假宣传的情形。但家具公司在店面标识及宣传册、门店名片等处将其注册商标中的

"富丽真金"文字写成包含繁体"麗"字的"富麗真金",既无正当理由,又不符合一般的汉字及商标使用习惯,又与家纺公司注册商标中"富麗真金"文字的简繁体搭配形式相同,明显具有攀附家纺公司注册商标知名度、引人误解的主观故意,故家具公司在销售"床垫"过程中赠送家纺公司床上用品的行为属于违反公认的商业道德的行为。

二审法院认为,家具公司销售自己商品时赠送家纺公司床上用品的行为属于"以其他引人误解的方式进行商品宣传",构成引人误解的虚假宣传。

理由为:第一,家具公司通过其宣传资料宣称该企业品牌源自台湾,系出名门,故意从公司背景上造成与台资的家纺公司混同;第二,家具公司在产品包装、说明书、宣传展示资料等处将其注册商标中的"丽"更换为"麗",在家居卖场、店招、宣传册、广告栏、门店名片等处使用含繁体"麗"字的"富麗真金"标识或文字,不规范使用自己的注册商标和企业名称的简称,故意在商标表现形式上造成与家纺公司品牌的混同;第三,在可供赠送的同类床上用品品牌繁多的情况下,家具公司选择家纺公司床上用品作为赠品,并在该公司的网站、微信、门店宣传资料上,将赠送的"富麗真金"床上用品宣称为"富丽真金"床上用品,故意在商品来源上造成与家纺公司商品来源的混同。故认定家具公司销售自己商品时赠送家纺公司床上用品的行为属于"以其他引人误解的方式进行商品宣传",构成引人误解的虚假宣传。

我们可以看到,对于家具公司销售自己商品时赠送家纺公司床上用品的行为属于以其他引人误解的方式进行商品宣传,一、二审法院是采取了截然不同的观点。一审法院认为,这种搭售赠品的行为不属于虚假宣传的行为,而是属于违反了《反不正当竞争法》(1993年)第二条规定的违反公认商业道德搭便车的行为。而二审法院则认为属于"以其他引人误解的方式进行商品宣传",构成引人误解的虚假宣传。

【总体评价】

1. 事实部分。

家纺公司成立时间早于家具公司,且知名度大于家具公司;两公司注册地均为湖南省长沙市,主要经营地域为湖南省及周边地区,双方的经营地域高度重叠;两公司名称中均包含"富丽真金"文字;家纺公司拥有第1182822号注册商标,而家具公司持有第1751420号注册商标,都包含"富丽真金"的文字;尽管床上用品与床垫在《商标注册用商品和服务国际分类表》上不属于同类商品,但床上用品一般用于床垫之上,且均为与睡眠相关的产品,故两公司的产品具有关联性;家具公司、家纺公司均在其门店使用了"富麗真金"文字标识,但家具公司在其门店店招等处使用的"富麗真金"文字标识,并非其第1751420号商标中的"富丽真金"文字的注册形式,而与家纺公司第 1182822 号商标在汉字的简、繁体搭配上使用了相同的表现形式。从而可知，家具公司在网站、宣传资料上宣称买"富丽真金"床垫、送"富丽真金"床上用品的行为，具有明显的不正当性，应纳入不正当竞争行为的范畴。

2. 法律适用。

一审法院认为，家具公司赠送家纺公司产品的行为属于违法商业道德的行为，而不属于该法第九条规定的虚假宣传的情形。二审法院认为，综合家具公司赠送家纺公司产品等行为，属于该法第九条规定的属于"以其他引人误解的方式进行商品宣传"，构成引人误解的虚假宣传。二审法院将此类具有明显侵权恶意的行为归类到具体的虚假宣传行为中来，有利于对此类行为更加明确的予以规制，对于权利人维护其合法权益、打击侵权行为更具操作性。

【案例规则】

销售自己商品的同时赠送其他知名度大的公司商品的，足以让相关公众误认商品来源，并由此不当获取了竞争优势和交易机会的，属于"以其他引人误解的方式进行商品宣传"，构成《反不正当竞争法》（1993 年）第九条第一款规定的引人误解的虚假宣传。

北京微梦创科网络技术有限公司诉北京淘友天下技术有限公司、北京淘友天下科技发展有限公司违反商业道德、商业诋毁纠纷案

李雪宇 ①

一、案例基本信息

案例类型	违反商业道德　商业诋毁　不正当竞争　民事案件
案例名称	北京微梦创科网络技术有限公司诉北京淘友天下技术有限公司、北京淘友天下科技发展有限公司违反商业道德、商业诋毁纠纷案
案号	一审：北京市海淀区人民法院（2015）海民（知）初字第12602号《民事判决书》 二审：北京知识产权法院（2016）京73民终588号《民事判决书》
合议庭成员	一审：审判长曹丽萍、代理审判员王嘉佳、人民陪审员梁铭全 二审：审判长张玲玲、审判员冯刚、审判员杨洁
一审原告	北京微梦创科网络技术有限公司（本文简称"微梦公司"）
一审被告	北京淘友天下技术有限公司（本文简称"淘友技术公司"） 北京淘友天下科技发展有限公司（本文简称"淘友科技公司"）
二审上诉人	淘友技术公司、淘友科技公司
二审被上诉人	微梦公司
受理日期	一审：2016年8月8日
裁判日期	二审：2016年12月30日

---

① 李雪宇，云南凝杰鼎济律师事务所，高级合伙人。

续表

审理程序	一审、二审
一审判决结果	一、本判决生效之日起，被告北京淘友天下技术有限公司、被告北京淘友天下科技发展有限公司停止涉案不正当竞争行为； 二、本判决生效之日起三十日内，被告北京淘友天下技术有限公司、被告北京淘友天下科技发展有限公司共同在脉脉网站（网址为www.maimai.cn）首页、脉脉客户端软件首页连续四十八小时刊登声明，就本案不正当竞争行为为原告北京微梦创科网络技术有限公司消除影响（声明内容须经一审法院审核，逾期不履行，一审法院将根据原告北京微梦创科网络技术有限公司申请，在相关媒体公布判决主要内容，费用由被告北京淘友天下技术有限公司、被告北京淘友天下科技发展有限公司承担）； 三、本判决生效之日起十日内，被告北京淘友天下技术有限公司、被告北京淘友天下科技发展有限公司共同赔偿原告北京微梦创科网络技术有限公司经济损失二百万元及合理费用二十万八千九百九十八元； 四、驳回原告北京微梦创科网络技术有限公司的其他诉讼请求
二审判决结果	驳回上诉，维持原判
涉案法律、法规和司法解释	一审： 《中华人民共和国反不正当竞争法》第二条①、第十四条②、第二十条③、《中华人民共和国民事诉讼法》第六十四条第一款④ 二审： 《中华人民共和国民事诉讼法》第一百七十条第一款第（一）项⑤

---

① 《反不正当竞争法》（该判决引用的条款均为修订以前的1993年的条款）第二条：经营者在市场交易中，应当遵循自愿、平等、公平、诚实信用的原则，遵守公认的商业道德。本法所称的不正当竞争，是指经营者违反本法规定，损害其他经营者合法权益，扰乱社会经济秩序的行为。本法所称的经营者，是指从事商品经营或者营利性服务（以下所称商品包括服务）的法人、其他经济组织和个人。

② 《反不正当竞争法》（1993年）第二十四条：经营者不得捏造、散布虚伪事实，损害竞争对手的商业信誉、商品声誉。

③ 《反不正当竞争法》（1993年）第二十条：经营者违反本法规定，给被侵害的经营者造成损害的，应当承担损害赔偿责任，被侵害的经营者的损失难以计算的，赔偿额为侵权人在侵权期间因侵权所获得的利润；并应当承担被侵害的经营者因调查该经营者侵害其合法权益的不正当竞争行为所支付的合理费用。

被侵害的经营者的合法权益受到不正当竞争行为损害的，可以向人民法院提起诉讼。

④ 《民事诉讼法》（1993年）第六十四条第一款：当事人对自己提出的主张，有责任提供证据。

⑤ 《民事诉讼法》第一百七十第一款第（一）项：第二审人民法院对上诉案件，经过审理，按照下列情形，分别处理：（一）原判决、裁定认定事实清楚，适用法律正确的，以判决、裁定方式驳回上诉，维持原判决、裁定……

续表

裁判要点	1. 明确互联网行业中适用《反不正当竞争法》（1993 年）第二条的六个条件。在最高人民法院（2009）民申字第 1065 号山东食品公司诉马达庆等不正当竞争案件中总结的三个条件："（1）法律对该种竞争行为未作出特别规定；（2）其他经营者的合法权益确因该竞争行为而受到了实际损害；（3）该种竞争行为因确属违反诚实信用原则和公认的商业道德而具有不正当性"的基础上，基于互联网行业中的技术形态及市场竞争模式与传统行业存在显著差别，为保障新技术和市场竞争模式的发展空间，本案二审法院认为在互联网行业中适用《反不正当竞争法》（1993 年）第二条更应秉持谦抑的司法态度，在满足上述三个条件的同时还需满足以下三个条件才可适用：（1）该竞争行为所采用的技术手段确实损害了消费者的利益，如限制消费者的自主选择权、未保障消费者的知情权、损害消费者的隐私权等；（2）该竞争行为破坏了互联网环境中的竞争秩序，从而引发恶性竞争或者具备这样的可能性；（3）对于互联网中利用新技术手段或新商业模式的竞争行为应首先推定具有正当性，不正当性需要证据加以证明。 2. 明确保护消费者利益与不正当竞争之间的关系。一种行为如果损害了消费者的权益但没有对公平竞争秩序构成损害，则不属于不正当竞争行为，消费者可以通过其他法律维护自己的权益，不正当竞争必然与竞争行为联系在一起。但是，消费者是竞争行为的作用对象，是竞争结果和市场产品的承受者，提升消费者福利是法律追求的最终目标，认定竞争行为是否正当最终要看是否有利于提升消费者福利。在依据《反不正当竞争法》（1993 年）第二条认定不正当竞争行为时，应当将是否损害消费者利益作为重要判断标准。 3. 明确适用《反不正当竞争法》（1993 年）第二条认定互联网中的竞争行为是否属于不正当竞争行为时需要综合考虑经营者、消费者和社会公众的利益，需要在各种利益之间进行平衡。在认定一种行为是"正当"或者"不正当"时，对经营者、消费者和社会公众三者利益的不同强调将直接影响对行为的定性。在我国市场竞争行为中，判断某一行为是否正当需要考虑保护经营者和消费者的合法权益。不正当性不仅仅是针对竞争者，不当地侵犯消费者利益或者侵害了公众利益的行为都有可能被认定行为不正当。在具体案件中认定不正当竞争行为，要从诚实信用原则出发，综合考虑涉案行为对竞争者、消费者和社会公众的影响。 4. 明确互联网中收集利用用户数据信息应遵循合法、正当、必要的原则，尽到网络运营者的管理义务。本判决提出涉及互联网中用户信息的基本原则是"用户明示同意原则"+"最少够用原则"。网络运营者是网络建设与运行的关键参与者，在保障网络安全中具有优势和基础性作用，应当遵循合法、正当、必要的原则，尽到网络运营者的管理义务。第三方应用开发者作为网络建设与运行的重要

裁判要点	参与者，在收集、使用个人数据信息时，应当遵循诚实信用的原则及公认的商业道德，取得用户明示同意并经网络运营者授权后合法获取、使用数据信息。同时，收集和使用用户信息时应坚持最少够用原则，网络运营者不得收集与其提供的服务无关的个人信息
案例规则	1. 在互联网环境中，披露他方的负面信息虽然客观、真实，但披露方式显属不当，且足以误导相关公众产生错误评价的行为，构成商业诋毁。 2. 互联网不正当竞争纠纷中举证责任仍应坚持"谁主张谁举证"的原则。在现阶段技术手段无法实现相应的技术效果的情况下，技术实施者有义务就其采取的具体技术手段进行举证。 3. 适用《反不正当竞争法》（1993年）第二条应受到以下条件的限制：（1）法律对该种竞争行为未作出特别规定；（2）其他经营者的合法权益确因该竞争行为而受到了实际损害；（3）该竞争行为因确属违反诚实信用原则和公认的商业道德而具有不正当性；（4）该竞争行为所采用的技术手段确实损害了消费者的利益；（5）该竞争行为破坏了互联网环境中的公开、公平、公正的市场竞争秩序，从而引发恶性竞争或者具备这样的可能性；（6）对于互联网中利用新技术手段或新商业模式的竞争行为，应首先推定具有正当性，不正当性需要证据加以证明

二、案件综述

【主要诉请】

微梦公司起诉请求：1. 淘友技术公司、淘友科技公司立即停止四项不正当竞争行为；2. 在"www.maimai.cn"网站首页显著位置及App应用显著位置连续三十天刊登声明，消除影响；3. 赔偿微梦公司经济损失1000万元及合理开支30万元（合理开支包括律师费20万、公证费等其他费用10万元）。

【基本事实】

微梦公司是新浪微博的经营人，是网站"www.weibo.com、www.weibo.com.cn、www.weibo.cn"的备案人，享有网络文化经营许可证。微博网站在对自己的业务介绍中称："微博已经成为一个重要的社交媒体平台，用户可通过该平台进行创作、分享和查询信息……国内的个人用户和组织机构不仅可以实时更新状态，还可以与平台上其他世界各地的用户进行沟通，以及实时关注世界发展动态。……2013年12月，微博的月活跃用户数达到1.291亿人，平均日活跃用户数达到6140万人。"用户使用手机号或电子邮箱注册新浪微博账号，手机号需要验证，用户可以选择手机号向不特定人公开；用户头像、名称（昵称）、性别、个人简介向所有人公开，用户可以设置其他个人信息公开的范围，职业信息、教育信息默认向所有人公开，互为好友的新浪微博用户能看到对方的职业信息、教育信息。

淘友技术公司、淘友科技公司共同经营脉脉软件及脉脉网站（http://maimai.cn）。淘友科技公司为脉脉网站备案人，该网站对脉脉软件的介绍是："淘友技术公司致力于为中国网民打造更有意义的交友平台。脉脉是淘友旗下的第4款产品，于2013年10月底上线。这是一款基于移动端的人脉社交应用，通过分析用户的新浪微博和通讯录数据，帮助用户发现新的朋友，并且可以使他们建立联系。上面累计了400亿条人脉关系，2亿张个人名片，80万职场圈子。应用提供了职场动态分享、人脉管理、人脉招聘、匿名职场八卦等功能，致力于帮助职场用户轻松管理和拓展自己的人脉，帮助创业者和企业高管轻松找靠谱人才，帮助求职者精确找靠谱工作。匿名职场八卦社区，为职场用户提供了一个安全的吐槽老板、分享八卦、匿名爆料的平台。"

淘友科技公司是淘友网（www.taou.com）备案人，同时也是脉脉软件的数字签名人。淘友技术公司、淘友科技公司表示，其与微梦公司合作期间，用户使用手机号或新浪微博账号注册脉脉，需要上传个人手机通讯录联系人，脉脉账号的一度人脉来自脉脉用户的手机通讯录联系人和新浪微博好友，二度人脉为一度人脉用户的手机通讯录联系人和微博好友；与微梦公司合作结束后，用户只能通过手机号注册登录，一度人脉仅是脉脉用户的手机通讯录联系人，他人留存有脉脉用户的手机号，该人也会出现在脉脉用户的一度人脉中；一度人脉不一定是脉脉用户。

新浪微博是一款社交媒体平台，侧重于实时交流，受众人群广泛，脉脉软件是一款基于移动端的人脉社交应用软件，侧重于职场，受众人群是职场人士，双方经营的商品或服务不同，受众不同，不存在同业竞争关系。微梦公司对此予以否认，提出新浪微博和脉脉软件都属于社交应用，二者受众人群存在交叉、重叠，双方经营的产品或服务类似，存在同业竞争关系。

微梦公司主张淘友技术公司、淘友科技公司实施了四项不正当竞争行为：（1）非法抓取、使用新浪微博用户信息，用户信息包括头像、名称、职业信息、教育信息、用户自定义标签及用户发布的微博内容。（2）非法获取并使用脉脉注册用户手机通讯录联系人与新浪微博用户的对应关系。（3）淘友技术公司、淘友科技公司模仿新浪微博加V认证机制及展现方式。（4）淘友技术公司、淘友科技公司发表的网络言论对其构成商业诋毁。故向法院起诉，请求判令：（1）淘友技术公司、淘友科技公司立即停止四项不正当竞争行为；（2）在www.maimai.cn网站首页显著位置及App应用显著位置连续三十天刊登声明，消除影响；（3）赔偿微梦公司经济损失1000万元及合理开支30万元（合理开支包括律师费20万元、公证费等其他费用10万元）。

被告淘友技术公司、被告淘友科技公司共同辩称：（1）二被告一直遵守

《开发者协议》，由于微梦公司的关联公司负责人向二被告法定代表人提出非法要求未获同意，微梦公司将二被告的微博接口关停。（2）二被告与微梦公司非同业竞争者，不存在竞争关系。（3）微梦公司的开放平台授权二被告可以获取新浪微博用户的相关信息，二被告未绕开新浪微博的开放接口抓取用户数据，二被告未获取被授权用户联系方式中的邮箱等联系方式，联系方式中的手机号不是从新浪微博获取的。（4）微梦公司提出二被告取得的非授权用户信息，并非全部从新浪微博获得，二被告从新浪微博网页获取的未授权用户信息系基于与微梦公司的合作关系，也已经取得用户的同意，且仅针对授权用户显示，不向不特定的第三方用户显示，并非针对微梦公司的不正当竞争行为。（5）二被告未抄袭新浪微博的设计及相关内容，也未诋毁微梦公司的商誉。（6）除了律师费和公证费外，微梦公司未提交任何证据证明其经济损失。二被告不同意微梦公司的诉讼请求。

1. 一审法院认定。

一审争议焦点：一是淘友技术公司、淘友科技公司与微梦公司是否存在竞争关系；二是淘友技术公司、淘友科技公司的行为是否对微梦公司构成不正当竞争。

一审法院认为，二被告应对其不正当竞争行为承担相应的法律责任。鉴于微梦公司认可二被告已停止使用新浪微博用户头像，停止对其发表诋毁言论，故本院对微梦公司要求二被告停止涉案其他不正当竞争行为的主张，予以支持，对于微梦公司已经确认停止的不正当竞争行为，不再判决处理。考虑到新浪微博与脉脉软件都是用户量巨大的互联网应用平台，在业内有一定的知名度，二被告通过脉脉软件所实施的涉案不正当竞争行为，对微梦公司造成较为广泛的不良影响，故本院对微梦公司主张的消除影响的诉讼请求，予以支持，二被告应以适当方式予以说明澄清。关于赔偿数额，双方均未提交充分证据证明因本案不正当竞争行为对微梦公司造成的实际损失或二被告的违法获利，本院考虑到涉案不正当竞争行为涉及的用户群体广泛、影响范围巨大、危害性显而易见，且二被告的过错程度明显等因素，认为应当酌定增加赔偿数额，但因本案无法体现微梦公司对预防、查明、制止涉案不正当竞争行为有积极完善的应对措施，一定程度上纵容了不正当竞争行为，并扩大了危害范围，且在处理方式上还存在不当之处，经综合权衡，本院对微梦公司所主张的1000万元赔偿不再全部支持。对微梦公司在本案中主张的合理费用，本院依法予以支持。因微梦公司提出过高的赔偿请求产生的案件受理费，不应由二被告全部负担。

综上，一审法院依照《反不正当竞争法》（1993年）第二条、第十四条、第二十条，《民事诉讼法》第六十四条第一款之规定，判决如下：（1）本判决生效之日起，被告北京淘友天下技术有限公司、被告北京淘友天下科技发展有限公司停止涉案不正当竞争行为;(2)本判决生效之日起三十日内,被告北京淘友天下技术有限公司、被告北京淘友天下科技发展有限公司共同在脉脉网站(www.maimai.cn)首页、脉脉客户端软件首页连续四十八小时刊登声明,就本案不正当竞争行为为原告北京微梦创科网络技术有限公司消除影响(声明内容须经一审法院审核,逾期不履行,一审法院将根据原告北京微梦创科网络技术有限公司申请,在相关媒体公布判决主要内容,费用由被告北京淘友天下技术有限公司、被告北京淘友天下科技发展有限公司承担);(3)本判决生效之日起十日内,被告北京淘友天下技术有限公司、被告北京淘友天下科技发展有限公司共同赔偿原告北京微梦创科网络技术有限公司经济损失二百万元及合理费用二十万八千九百九十八元;(4)驳回原告北京微梦创科网络技术有限公司的其他诉讼请求。

2. 二审法院认定。

二审争议焦点:(1)上诉人淘友技术公司、淘友科技公司获取、使用新浪微博用户信息的行为是否构成不正当竞争行为;(2)上诉人淘友技术公司、淘友科技公司获取、使用脉脉用户手机通讯录联系人与新浪微博用户对应关系的行为是否构成不正当竞争行为;(3)上诉人淘友技术公司、淘友科技公司是否对被上诉人微梦公司实施了商业诋毁行为;(4)一审判决有关民事责任的确定是否适当。

二审法院认为,一审判决虽然存在部分技术事实认定不清的问题,但考虑到最终结论正确,本院予以维持。因此,驳回上诉,维持原判。

三、案例评析

【案件背景】

1. 互联网用户数据的商业价值及利用。

互联网的高速发展使得网络已经融入大多数人的生活、学习之中,人们在享受互联网带来的便利的同时,也引发了对网络用户信息的价值、权利归属等的思考和困惑。网络用户信息数据是否具有商业价值?如果其具有商业价值,那么是否属于一种法律保护的权利,谁又享有该权利等,也随着互联网科技的发展以及人们网络生活发展的步伐困扰着每一位现代人。

(1)网络用户信息数据资源的商业价值及竞争优势。正如本案判决中所述,随着互联网科技的高速发展,数据价值在信息社会中凸显得尤为重要。对企业而言,数据已经成为一种商业资本,一项重要的经济投入,科学运用数据可以创造新的经济利益。互联网络中,用户信息已成为今后数字经济中提升效率、支撑创新最重要的基本元素之一。因此,数据的获取和使用,不仅能成为企业竞争优势的来源,更能为企业创造更多的经济效益,是经营者重要的竞争优势与商业资源。《国家信息化发展战略纲要》明确指出:"信息资源日益成为重要的生产要素和社会财富。"数据是新治理和新经济的关键。在信息时代，数据信息资源已经成为重要的资源，是竞争力也是生产力，更是促进经济发展的重要动力。大数据持续激发商业模式创新，不断催生新业态，已成为互联网等新兴领域促进业务创新增值、提升企业核心价值的重要驱动力。随着互联网科技的高速发展，数据价值在信息社会中凸显得尤为重要。对企业而言，数据已经成为一种商业资本，一项重要的经济投入，科学运用数据可以创造新的经济利益。互联网络中，用户信息已成为今后数字经济中提升效率、支撑创新最重要的基本元素之一。因此，数据的获取和使用，不仅能成为企业竞争优势的来源，更能为企业创造更多的经济效益，是经营者重要的竞争优势与商业资源。

在数据资源已经成为互联网企业重要的竞争优势及商业资源的情况下，互联网行业中，企业竞争力不仅体现在技术配备，还体现在其拥有的数据规模。大数据拥有者可以通过拥有的数据获得更多的数据从而将其转化为价值。对社交软件而言，拥有的用户越多将吸引更多的用户进行注册使用，该软件的活跃用户越多则越能创造出更多的商业机会和经济价值。新浪微博作为社交媒体平台，月活跃用户数达到亿人次，平均日活跃用户数达到千万人次，被上诉人微梦公司作为新浪微博的经营人，庞大的新浪微博用户的数据信息是其拥有的重要商业资源。用户信息作为社交软件提升企业竞争力的基础及核心，新浪微博在实施开放平台战略中，有条件地向开发者应用提供用户信息，坚持"用户授权"+"新浪授权"+"用户授权"的三重授权原则，目的在于保护用户隐私的同时维护企业自身的核心竞争优势。

包括社交应用软件在内的各类互联网产品或服务之所以能迅速产生广泛的影响力、形成巨大的经营规模并吸引大量投资，其中重要的原因就是网络平台能高效集聚大量用户，使"注意力经济"能最大限度地发挥成效。这些用户在网络平台中的现实存在都体现为其自行填写或好友评价，并留存于网络平台中的以及由该网络平台通过相关途径获取的相关用户各类身份标签等信息，如名字、昵称、头像、性别、地域、职业、毕业学校、喜好，甚至感想见闻等。这些用户信息能为网络平台经营者带来巨大的经济利益。

由此可见，在互联网飞速发展的时代，网络用户信息形成的数据价值具有商业价值，也成为企业的竞争优势。

（2）网络用户的信息权利归属。用户信息不仅体现了互联网经营者重大的竞争利益，更是消费者个人合法权益的重要组成部分。用户有权在充分表达自由意志的情况下向他人提供自己的信息或不提供信息，也有权充分了解他人使用自己信息的方式、范围，并对不合理的用户信息使用行为予以拒绝。本案中，一审法院认为，互联网应用软件经营者充分发挥智慧、拓展经营模式，尽可能吸引、扩大用户群的主观意愿是正当的，但不能以不经用户许可，侵害用户知情权的方式非法抓取、使用竞争对手的用户信息、用户关系。

因此，互联网网络用户的信息首先应归用户。当网络用户信息通过网络服务运营商在获得网络用户授权同意收集整理并进行商业利用后形成了具有竞争优势的商业资源时，作为网络运营商有权在该竞争优势受到侵犯时，提出主张维护自己的合法权益。

正如本案所述："上诉人淘友技术公司、淘友科技公司未经新浪微博用户的同意，获取并使用非脉脉用户的新浪微博信息，节省了大量的经济投入，变相降低了同为竞争者的新浪微博的竞争优势。对社交软件而言，存在明显的用户网络效应，使用用户越多则社交软件越有商业价值。脉脉作为提供职场动态分享、人脉管理、人脉招聘、匿名职场八卦等功能的交友平台，用户信息更是其重要的商业资源，其掌握用户的数量与其竞争优势成正相关。上诉人淘友技术公司、淘友科技公司获取并使用非脉脉用户的新浪微博信息，无正当理由的截取了被上诉人微梦公司的竞争优势，一定程度上侵害了被上诉人微梦公司的商业资源，被上诉人微梦公司基于其 Open API 合作开发提供数据方的市场主体地位，可以就开发方未按照《开发者协议》约定内容、未取得用户同意、无正当理由使用其平台相关数据资源的行为主张自己的合法权益。"

（3）使用网络用户信息应遵循的规则及限制。《关于加强网络信息保护的决定》（2012 年 12 月 28 日第十一届全国人民代表大会常务委员会第三十次会议通过）第二条规定："网络服务提供者和其他企业事业单位在业务活动中收集、使用公民个人电子信息，应当遵循合法、正当、必要的原则，明示收集、使用信息的目的、方式和范围，并经被收集者同意，不得违反法律、法规的规定和双方的约定收集、使用信息。"从上述规定可以看出，网络服务提供者收集、利用用户信息应当遵循合法、正当、必要的原则并经被收集者同意。

①互联网经营者不仅要合法获取用户信息，也应妥善保护并正当使用用户信息。用户信息不仅体现了互联网经营者重大的竞争利益，更是消费者个人合法权益的重要组成部分。用户有权在充分表达自由意志的情况下向他人提供自己的信息或不提供信息，也有权充分了解他人使用自己信息的方式、范围，并对不合理的用户信息使用行为予以拒绝。

②作为第三方应用软件经营者，也应当在尊重用户知情权的基础上合法使用用户信息。"互联网 +"大数据时代，用户数据安全与商业化利用是形影不离的两个问题，只有在充分尊重用户意愿，保护用户隐私权、知情权和选择权的前提下，才能更好地利用数据信息，促进网络经济的发展，进而实现增进消费者福祉，营造公平有序的互联网竞争环境。以上需要网络运营者、第三方应用开发者等各方主体的积极参与和共同努力。

③获取的用户信息应坚持最少够用原则，即网络运营者不得收集与其提

供的服务无关的个人信息，即收集信息限于为了应用程序运行及功能实现目的而必要的用户数据。

④在信息网络上开展各种专业化、社会化的应用，以利于人类谋求福利，才是其目的。然而，在新兴的信息网络社会中，建立良好的秩序，却远比信息技术规范的实施要复杂得多，仅仅依靠技术手段和自律规则，是不能完全胜任的，必要时应从法律的层面进行规范。

⑤法律鼓励技术创新，给予技术发展的空间，同时，法律亦应为技术的发展提供指引。

正如本案中法院明确，被上诉人淘友技术公司、淘友科技公司理应对其能否获得用户的职业信息和教育信息负有更高的注意义务，在获取用户职业信息和教育信息时明知或应知需要"高级接口（需要授权）"的情况下仍放任技术的抓取能力而获取相应信息，不仅破坏了基于《开发者协议》建立起来的 Open API 合作模式，还容易引发"技术霸权"的恶性竞争，即只要技术上能够获取的信息就可以任意取得，从而破坏了互联网的竞争秩序。法律对该种竞争行为未作出特别规定，但是，诚实遵守《开发者协议》的其他经营者及作为数据开放平台的微梦公司的合法权益确因该竞争行为而受到了实际损害，如果任由技术抓取能力获取信息的方式不加规范必将引发技术的恶性竞争。在这种情况下，法律一定要发挥其作用，引导和规范竞争的健康有序发展。这才符合我国《反不正当竞争法》的立法目的。

（4）网络运营者应遵循的管理义务。随着社交网络、网盘、位置服务等新型信息发布方式的出现，数据正以突飞猛进的速度增长和累计，数据从简单的信息开始转变为一种经济资源，管理并运用好数据资源关系着权利人个人信息的保护及企业自身竞争优势的提高，保障网络安全秩序，更关系到社会公共利益的维护及经济社会信息化的健康可持续发展。网络运营者是网络建设与运行的关键参与者，在保障网络安全中具有优势和基础性作用，应当遵循合法、正当、必要的原则，尽到网络运营者的管理义务。第三方应用开发者作为网络建设与运行的重要参与者，在收集、使用个人数据信息时，应当遵循诚实信用的原则及公认的商业道德，取得用户同意并经网络运营者授权后合法获取、使用数据信息。

本案中，审理法院特别指出，微梦公司作为新浪微博的网络运营者，拥有上亿用户的个人信息，庞大的用户群及数据信息成为新浪微博在社交软件中的竞争优势。但是，微梦公司在 Open API 的接口权限设置中存在重大漏洞，被侵权后无法提供相应的网络日志进行举证，对于涉及用户隐私信息数据的保护措施不到位，暴露出其作为网络运营者在管理、监测、记录网络运行状态，应用、管理、保护用户数据，应对网络安全事件方面的技术薄弱问题。为了保护新浪微博用户的个人信息及维护新浪微博的竞争优势，微梦公司应当积极履行网络运营者的管理义务，防止用户数据泄露或被窃取、篡改，保障网络免受干扰、破坏或者未经授权的访问。为此法院倡议网络运营者在采集运用用户数据时应履行如下管理义务：①制定内部数据信息安全管理制度和操作规程，确定网络安全负责人，落实网络数据信息安全保护责任；②采取防范计算机病毒和网络攻击、网络侵入等危害网络数据信息安全行为的技术措施；③采取监测、记录网络运行状态、网络安全事件的技术措施，并按照规定留存相关的网络日志；④采取数据分类、重要数据备份和加密等措施；⑤制定网络安全事件应急预案，及时处置系统漏洞、计算机病毒、网络攻击、网络侵入等安全风险。

2. 开放的应用程序接口（Open API）的发展。

Open API 即开放 API（Application Programming Interface，应用编程接口），是服务型网站常见的一种应用，网站的服务商将自己的网站服务封装成一系列 API 开放出去，供第三方开发者使用，这种行为称作开放网站的 API，所开放的 API 被称作 Open API[1]。OpenAPI 是互联网新的应用开发模式，能够更好地发挥数据资源价值，实现开放平台方和第三方应用方之间的合作共赢。互联网上 Open API 的形态主要分成两种：标准 REST 和类 REST（也可以叫做 RPC 形态）。一般来讲，OpenAPI 服务类型主要可以分成三种：数据型、应用型、资源型。

互联网应用最重要的就是创意和及时响应变更这两点。传统软件拼专业化和服务质量，但盗版，同质竞争，对用户个性化需求的服务支持，使得客户和软件生产商都没有得到满意结果。SAAS 模式[2] 的提出，其实部分也说明了市场和客户对于互联网应用的需求日趋增强，长尾理论[3] 更是让很多草根开发者看到了未来。互联网应用把传统软件搬上网是适应潮流还是改制创新，一直以来均无定论，但互联网软件运用从技术本身到商业化转变是不争的事

---

① 见北京知识产权法院（2016）京 73 民终 588 号《民事判决书》；

② SAAS 是 Software-as-a-service（软件即服务）。SAAS 提供商为企业搭建信息化所需要的所有网络基础设施及软件、硬件运作平台，并负责所有前期的实施、后期的维护等一系列服务，企业无需购买软硬件、建设机房、招聘 IT 人员，即可通过互联网使用信息系统。

③ 长尾理论根据维基百科，长尾（The Long Tail）这一概念是由"连线"杂志主编克里斯·安德森（Chris Anderson）在 2004 年十月的"长尾"一文中最早提出，用来描述诸如亚马逊和 Netflix 之类网站的商业和经济模式。也有网友认为，长尾理论是指只要产品的存储和流通的渠道足够大，需求不旺或销量不佳的产品所共同占据的市场份额可以和那些少数热销产品所占据的市场份额相匹敌，甚至更大，即众多小市场汇聚成可产生与主流相匹敌的市场能量。

实。在互联网运用软件的开发和运用过程中，互联网开放带来的模仿远比盗版可怕，软件的开发周期长，版本迭代周期长，让传统软件开发模式下的开发人员疲于满足用户需求。而最重要的创意，传统软件专注于专业化，而专业化带来的就是过去 SOA①需要解决的那些信息数据，只有将不同行业的信息串联打通，原有的数据资源才会体现出其更大的商业价值。因此 OpenAPI 出现了，起初 OpenAPI 仅仅是互联网企业内部的一种需求，因为企业规模日趋庞大，组织内部的协作也需要模块化和服务接口化。随着业务的梳理以及抽象，服务逐渐不仅仅可以满足内部交互，同时对外开放给一些商业合作伙伴，随之而来的就是数据资源价值的体现让开放服务的企业得到了回报。当越来越多的互联网企业将自己内部的业务作为服务提供给外部使用者的时候，服务的发布、流程的规范化也逐渐形成。REST 作为一种轻量级服务交互规范也得到了新一代互联网企业的认同，加上 RSS、JSON、XML②已经广泛使用的多种数据格式，让 OpenAPI 有了公共的基础，也为 OpenAPI 的开发者集成开发提供了最基本的保障。

当前，国外的 OpenAPI 不论是种类、提供商的服务质量，还是规范化和使用情况都有了很大的提升，已经由初期的发展转到了较为成熟的发展。国内企业借鉴国外的模式结合自身的需要，开放的企业，提供商的服务提供成熟度以及安全等方面的措施，也在不断完善。每一个新兴的行业都会衍生出很多种商业模式，每一种商业模式都能抵达成功，都有可能实现盈利，大数据作为一个新兴的行业，通过从事于这一行业的人不断探索，不断优化改进，不断创新挖掘出有价值的商业模式，OpenAPI 带来的商业价值逐渐体现出来，让更多的人加入到互联网这种新的应用开发模式中来，同时也会给很多开发者，特别是个人和小团队开发者带来机遇。互联网商业竞争一直在进行，从没有中断，将来也不会消失。在互联网飞速发展所带来的创新机遇之下，互联网运用软件开发商、运营商之间的网络商业竞争越演越烈，我国首例大数据不正当竞争纠纷案"脉脉非法抓取使用新浪微博用户信息"案应然而出。

【名词解释】

1. 诚实信用原则。

《反不正当竞争法》（1993 年）第二条规定，经营者在市场交易中，应当遵循自愿、平等、公平、诚实信用的原则，遵守公认的商业道德。

诚实信用原则是民法的基本原则，简称诚信原则，要求人们在民事活动

---

① 面向服务的架构（SOA）是一个组件模型，它将应用程序的不同功能单元（称为服务）通过这些服务之间定义良好的接口和契约联系起来。接口是采用中立的方式进行定义的，它应该独立于实现服务的硬件平台、操作系统和编程语言。这使得构建在各种各样的系统中的服务可以以一种统一和通用的方式进行交互。

② XML 是各种应用程序之间进行数据传输的最常用的工具。

中应当诚实、守信用，正当行使权利和履行义务。诚实信用原则作为市民社会必然的道德信条，必然关系着一个时代、一个国家、一个法律系统对人性的基本认识和基本态度。它在当代法律中的作用呈不断加强的趋势，成为整个民法领域的"帝王条款"。

诚实信用原则是市场经济活动的一项基本道德准则，要求市场参与者在追求自己利益的同时不损害他人和社会利益，要求民事主体在民事活动中维持双方的利益以及当事人利益与社会利益的平衡。正如本案中一审法院所述，互联网经营者应当遵循自愿、平等、公平、诚实信用的原则，遵守公认的商业道德，尊重消费者合法权益，才能获得正当合法的竞争优势和竞争利益。本案二审法院进一步指出，互联网中，对用户个人信息的采集和利用必须以取得用户的同意为前提，这是互联网企业在利用用户信息时应当遵守的一般商业道德。认定竞争行为是否违背诚信或者商业道德，往往需要综合考虑经营者、消费者和社会公众的利益，需要在各种利益之间进行平衡。商业上的诚信是最大的商业道德。在判断商业交易中的"诚信"时，需要综合考虑经营者、消费者和社会公众的不同利益，判断一种行为是否构成不正当竞争需要进行利益平衡。在认定一种行为是"正当"或者"不正当"时，对经营者、消费者和社会公众三者利益的不同强调将直接影响着对行为的定性。根据我国《反不正当竞争法》（1993 年）第一条规定的立法目的可知，反不正当竞争法是为了保障社会主义市场经济健康发展，鼓励和保护公平竞争，制止不正当竞争行为，保护经营者和消费者的合法权益。由此可见，在我国市场竞争行为中判断某一行为是否正当需要综合考虑经营者和消费者的合法权益。不正当性不仅仅只是针对竞争者，不当地侵犯消费者利益或者侵害了公众利益的行为都有可能被认定为行为不正当。在具体案件中认定不正当竞争行为，要从诚实信用标准出发，综合考虑涉案行为对竞争者、消费者和社会公众的影响。

诚实信用原则要求竞争主体在经营活动中要诚实，不弄虚作假，不欺诈，进行正当竞争，善意行使权利，不以损害他人和社会利益的方式来获取私利之外，还要求竞争主体信守诺言，不擅自毁约，严格按法律规定和当事人的约定履行义务，兼顾各方利益；在当事人约定不明确或者订约后客观情形发生重大改变时，应依诚实信用的要求确定当事人的权利义务和责任。二审法院认为，在 Open API 开发合作模式中，第三方通过 Open API 获取用户信息时应坚持"用户授权"+"平台授权"+"用户授权"的三重授权原则。本案中，被上诉人微梦公司通过 Open API 开放接口与上诉人淘友技术公司、淘友科技公司合作，虽然其对于 Open API 开放接口权限管理、检测、维护等方面存在技术及管理等问题，导致上诉人淘友技术公司、淘友科技公司可以通过技术手段获取用户的职业信息和教育信息，但是，上诉人淘友技术公司、淘友科技公司并没有基于《开发者协议》在取得用户同意的情况下读取非脉脉用户的新浪微博信息，其获取前述信息的行为没有充分尊重《开发者协议》的内容，未能尊重用户的知情权及自由选择权，一定程度上破坏了 Open API 合作开发模式。

2. RSS（Really Simple Syndication）。

RSS（Really Simple Syndication）是一种描述和同步网站内容的格式，是使用最广泛的 XML 应用。RSS 搭建了信息迅速传播的一个技术平台，使得每个人都成为潜在的信息提供者。发布一个 RSS 文件后，这个 RSS Feed 中包含的信息就能直接被其他站点调用，而且由于这些数据都是标准的 XML 格式，所以也能在其他的终端和服务中使用，是一种描述和同步网站内容的格式。使用 RSS 订阅能更快地获取信息，网站提供 RSS 输出，有利于让用户获取网站内容的最新更新。网络用户可以在客户端借助于支持 RSS 的聚合工具软件，在不打开网站内容页面的情况下阅读支持 RSS 输出的网站内容。

3. JSON（JavaScript Object Notation，JS 对象简谱）。

JSON（JavaScript Object Notation，JS 对象简谱）是一种轻量级的数据交换格式。它基于 ECMAScript（欧洲计算机协会制定的 js 规范）的一个子集，采用完全独立于编程语言的文本格式来存储和表示数据。简洁和清晰的层次结构使得 JSON 成为理想的数据交换语言。易于人阅读和编写，同时也易于机器解析和生成，并有效地提升网络传输效率。

【焦点评析】

1. 公开声明中商业诋毁的界限。

公开声明没有客观、完整地呈现双方终止合作的前因后果，披露方式显属不当，将会误导新浪微博用户及其他相关公众对竞争关系相对人产生泄露用户信息、非法获取用户信息的错误评价，损害竞争关系相对人的商业信誉，构成商业诋毁行为。

一审法院认为，根据本案认定的事实，淘友技术公司、淘友科技公司在经营脉脉软件过程中，存在非法抓取、使用新浪微博用户职业信息、教育信息以及通过技术手段非法获取、使用用户手机通讯录联系人与新浪微博用户对应关系的不正当竞争行为，故一审法院认为微梦公司提出淘友技术公司、淘友科技公司应删除脉脉软件中未经授权的新浪微博用户信息否则将终止合作，属合理要求。但微梦公司提出该要求的同时，还为关联企业要求淘友技术公司、淘友科技公司就微博用户的职业信息等与"微人脉"合作，以此作为终止合作的交换条件，存在较为明显的不当性。但是，淘友技术公司、淘友科技公司在相关声明中仅着重提及后者，在明确表态"用户隐私是底线，脉脉无法接受与用户数据有关的任何要求，我们选择关闭微博登录"的同时，对新浪微博标识添加禁止符号，突出微梦公司的不当行为，对自身不正当竞争行为有意回避、忽略，致使无法客观完整地展现双方终止合作事件本身，造成公众仅对微梦公司不保护用户隐私信息的片面认识，降低了公众对微梦公司信誉的评价。一审法院对微梦公司主张淘友技术公司、淘友科技公司的涉案行为构成商业诋毁，予以支持。

二审法院认为：《反不正当竞争法》（1993 年）第十四条规定，经营者不得捏造、散布虚伪事实，损害竞争对手的商业信誉、商品声誉。商业诋毁有三个构成要件：①主体是经营者；②行为是捏造、散布虚伪事实；③后果是损害竞争对手的商业信誉、商品声誉。

本案中，上诉人淘友技术公司、淘友科技公司与被上诉人微梦公司同为社交软件的经营者，软件的功能及用户群体存在重叠，符合商业诋毁行为的主体要件。关于被诉行为是否构成商业诋毁的行为要件，可以从以下四个方面进行判断：①披露原告负面信息时，存在虚构、歪曲、夸大等情形，误导相关公众对原告作出负面评价的；②披露原告负面信息时，虽能举证证明该信息属客观、真实，但披露方式显属不当，且足以误导相关公众从而产生错误评价的；③以言语、奖励积分、提供奖品或者优惠服务等方式，鼓励、诱导网络用户对原告作出负面评价的；④其他构成商业诋毁的情形。本案中，（2014）京长安内经证字第 23764 号公证书中《脉脉遭新浪微博封杀：创业者如何同巨头共舞》报道了上诉人淘友技术公司、淘友科技公司的法定代表人林凡的微博内容："我的人生面临过很多次纠结，但这一次选择，只用了 1 秒钟。理由很朴素：用户在脉脉的隐私资料，不可能在未经用户授权的情况下，以任何形式、任何理由，提供给任何第三方。脉脉决定：关闭微博登录……"此外，上诉人淘友技术公司、淘友科技公司在脉脉网站、脉脉软件及第三方网站上发表声明："因新浪微博今日要求交出用户数据才能继续合作，我们拒绝接受……用户隐私是底线，脉脉无法接受与用户数据有关的任何要求，我们选择关闭微博登录！"所用配图有新浪微博标识被加禁止符号。对此，法院认为，上诉人淘友技术公司、淘友科技公司披露双方终止合作的方式显属不当，上诉人淘友技术公司、淘友科技公司没有客观、完整地呈现双方终止合作的前因后果，上诉人淘友技术公司、淘友科技公司及其法定代表人的公开声明中的表达将会误导新浪微博用户及其他相关公众对被上诉人微梦公司产生泄露用户信息及以交换用户数据为合作条件的错误评价，故上诉人淘友技术公司、淘友科技公司的前述行为符合商业诋毁的行为要件。

大数据时代，用户数据安全是每一个网络用户关心的问题，也是整个互联网行业普遍关注的问题，互联网企业保护用户数据安全是企业的法律责任、社会责任也是用户选择其提供服务考虑的重要因素。自媒体时代网络的发达便捷使得互联网信息传播速度非常快，上诉人淘友技术公司、淘友科技公司公开发表的声明中称"新浪微博今日要求交出用户数据才能继续合作"等内容可能在短时间内就会广泛传播，进而可能误导相关公众认为被上诉人微梦公司泄露用户信息并试图不正当使用用户数据从而导致新浪微博的信用度降低，影响被上诉人微梦公司的商业信誉，故上诉人淘友技术公司、淘友科技公司的前述行为符合商业诋毁行为的后果要件。

（3）一、二审法院对本案商业诋毁的裁判规则。

本案一、二审法院对商业诋毁的认定及说理尽管各有千秋，但其本质是一致的，均明确在互联网环境中，一方披露另一方负面信息时，虽能举证证明该信息属客观、真实，但披露方式显属不当，且足以误导相关公众产生错误评价的行为构成商业诋毁。用户数据的安全是互联网企业的生命线，保护数据安全是互联网企业的法律责任和社会责任，也是市场竞争行为的底线。造成消费者误认为存在损害用户数据的错误评价的行为，足以导致企业的信誉受损，该行为构成商业诋毁。

2. 涉及互联网不正当竞争纠纷中的举证责任。

（1）举证责任的分配原则。

根据《民事诉讼法》第六十四条第一款规定："当事人对自己提出的主张，有责任提供证据。"该条款规定了举证责任分配的一般规则为"谁主张谁举证"。《最高人民法院关于民事诉讼证据的若干规定》第二条规定："当事人对自己提出的诉讼请求所依据的事实或者反驳对方诉讼请求所依据的事实有责任提供证据加以证明。没有证据或者证据不足以证明当事人的事实主张的，由负有举证责任的当事人承担不利后果。"该条款从行为及结果两方面规定了举证责任的分配问题。第七十三条规定："因证据的证明力无法判断导致争议事实难以认定的，人民法院应当依据举证责任分配的规则作出裁判。"

最高人民法院在审理（2009）民申字第1065号"山东省食品进出口公司等与青岛圣克达诚贸易有限公司等不正当竞争纠纷再审案"中认定："当事人对自己的诉讼请求所依据的事实有责任提供证据加以证明，这是我国民事诉讼法有关举证责任分配的一般规则，只有在法律有明文规定的特殊情况下才存在例外。如果当事人对其诉讼请求的举证达到了一定的证明程度，能够证明相关诉讼主张的成立，接下来应由对方当事人承担否定该主张的举证责任。我国相关法律或者司法解释对有关不正当竞争行为的民事诉讼并未规定特殊的举证责任规则，因此应适用一般规则。"最高人民法院在判决中明确不正当竞争案件中同样应适用举证的一般规则，即原告对其主张的被诉行为构成不正当竞争这一事实负有举证责任。

（2）本案中举证责任分配的异同。

一审法院认为，不排除因公证书取证时间在双方合作结束之后，淘友技术公司、淘友科技公司认可在双方合作后即无法获取新浪微博用户信息，从而无法更新此前获取信息所致，即使这些少量信息确实为淘友技术公司、淘友科技公司通过协同过滤算法获取，协同过滤算法计算出不准确信息的情况，不能当然推定其他信息系协同过滤算法计算出的准确信息，淘友技术公司、淘友科技公司也未提交证据证明其提出的有更多非脉脉用户信息与微博用户信息不同的情况。根据优势证据原则认定涉案非脉脉用户信息来自于新浪微博。

二审法院认为，被上诉人微梦公司主张上诉人淘友技术公司、淘友科技公司通过 Open API 以外的非法手段抓取新浪微博用户的职业信息和教育信息，对此应适用举证责任分配的一般规则，即"谁主张谁举证"，如双方专家辅助人所陈述，如果脉脉采用爬虫的方式抓取新浪微博中用户数据，新浪微博的服务器上会留下相关的日志。因此，如果脉脉绕开微博开放接口通过爬虫技术来抓取数据，被上诉人微梦公司是可以用其后台的相关日志来证明脉脉采用爬虫方式抓取新浪微博数据的行为。但是，本案一、二审期间，被上诉人微梦公司均未提交其后台被爬虫抓取的相关日志，亦未提交其他任何证据证明上诉人淘友技术公司、淘友科技公司通过爬虫抓取相关数据，且未就其不能提供前述日志给出合理解释。虽然被上诉人微梦公司主张了上诉人淘友技术公司、淘友科技公司可能通过建立大量微博账户，模拟正常用户行为在网页主站、无线客户端等进行信息抓取或者购买大量 IP 来伪造调用 IP 来源，通过伪造为正常用户的请求等手段实现信息抓取。但是，其并未就上诉主张提供任何证据加以证明，尚未达到一定的证明程度从而发生举证责任转移的情形。在上诉人淘友技术公司、淘友科技公司提供初步证据证明其通过接口获得相关数据的情况下，本院根据"谁主张谁举证"的举证责任分配的一般规则，被上诉人微梦公司由于缺乏证据证明上诉人淘友技术公司、淘友科技公司系绕过 Open API 接口非法抓取相关信息，故其应当承担举证不能的不利后果。因此，法院推定上诉人淘友技术公司、淘友科技公司是通过 Open API 方式获取新浪微博用户的职业信息、教育信息。一审法院就上诉人淘友技术公司、淘友科技公司如何获取职业信息、教育信息的技术手段没有查明，就直接认定"不论二被告采取何种技术措施，都能认定二被告在双方合作期间存在抓取涉案新浪微博用户职业信息、教育信息的行为"不妥，本院予以纠正。

（3）本案确定的举证裁判规则。

本案二审判决指出，对于技术问题的查明，法院应当充分运用举证规则，从证据优势的角度判断法律事实而不能直接基于常理进行推断。明确涉及互联网不正当竞争纠纷中被诉行为本身所采取的技术手段的举证责任为"谁主张谁举证"，在现阶段技术手段无法实现相应的技术效果的情况下，技术实施者有义务就其采取的具体技术手段进行举证。

3. 适用《反不正当竞争法》（1993 年）第二条认定构成不正当竞争的

限制。

我国《反不正当竞争法》第二条规定，经营者在市场交易中，应当遵循自愿、平等、公平、诚实信用的原则，遵守公认的商业道德。对《反不正当竞争法》的一般条款和专门条款的研究，各类观点比较多，主要集中在对于一般条款是否具有兜底功能和与专门条款的适用区别上。近年来具有逐步趋向于我国《反不正当竞争法》（1993 年）第二条作为一般条款属于专门条款以外对不正当竞争认定的概括性规范。司法实践中对于新型的不正当竞争行为没有专门条款制约的，大部分也是以第二条作为兜底条款予以适用。比如，这几年的 3Q 大战纠纷案件、3B 大战的纠纷案件多以第二条予以认定是否构成不正当竞争的。最高人民法院在《准确把握当前知识产权司法保护政策进一步加强知识产权司法保护》（2012 年 2 月 8 日）的报告中提出"凡属反不正当竞争法特别规定已作明文禁止的行为领域，只能依照特别规定规制同类不正当竞争行为，原则上不宜再适用原则规定扩张适用范围……"因此，适用《反不正当竞争》（1993 年）第二条需要严格进行限制：

（1）最高人民法院在（2009）民申字第 1065 号"山东省食品进出口公司等与青岛圣克达诚贸易有限公司等不正当竞争纠纷再审案"中提出，适用《反不正当竞争法》（1993 年）第二条认定构成不正当竞争应当同时具备以下条件：①法律对该种竞争行为未作出特别规定；②其他经营者的合法权益确因该竞争行为而受到了实际损害；③该种竞争行为因确属违反诚实信用原则和公认的商业道德而具有不正当性。本案中，二审法院提出，基于互联网行业中技术形态和市场竞争模式与传统行业存在显著差别，为保障新技术和市场竞争模式的发展空间，在互联网行业中适用《反不正当竞争法》（1993 年）第二条更应秉持谦抑的司法态度，在满足上述三个条件外还需满足以下三个条件才可适用：①该竞争行为所采用的技术手段确实损害了消费者的利益，如限制消费者的自主选择权、未保障消费者的知情权、损害消费者的隐私权等；②该竞争行为破坏了互联网环境中的公开、公平、公正的市场竞争秩序，从而引发恶性竞争或者具备这样的可能性；③对于互联网中利用新技术手段或新商业模式的竞争行为，应首先推定具有正当性，不正当性需要证据加以证明。

（2）在依据《反不正当竞争法》（1993 年）第二条认定不正当竞争行为时，应当将是否损害消费者利益作为重要判断标准。互联网时代，保护用户信息是衡量经营者行为正当性的重要依据，也是反不正当竞争法意义上尊重消费者权益的重要内容。反不正当竞争法的宗旨在鼓励和保护公平竞争的同时，亦明确有保护经营者和消费者的合法权益。在判断商业交易中的"诚信"时，需要综合考虑经营者、消费者和社会公众的不同利益，判断一种行为是否构成不正当竞争需要进行利益平衡。在认定一种行为是"正当"或者"不正当"时，对经营者、消费者和社会公众三者利益的不同强调将直接影响着对行为的定性。

根据我国《反不正当竞争法》（1993 年）第一条规定的立法目的可知，反不正当竞争法是为了保障社会主义市场经济健康发展，鼓励和保护公平竞争，制止不正当竞争行为，保护经营者和消费者的合法权益。由此可见，在我国市场竞争行为中判断某一行为是否正当需要综合考虑经营者和消费者的合法权益。不正当性不仅仅只是针对竞争者，不当地侵犯消费者利益或者侵害了公众利益的行为都有可能被认定为行为不正当。在具体案件中认定不正当竞争行为，要从诚实信用标准出发，综合考虑涉案行为对竞争者、消费者和社会公众的影响。尊重个体对个人信息权利的处分和对新技术的选择，是在个人信息保护和大数据利用的博弈中找到平衡点的重要因素。

【总体评价】

1. 事实部分。

本案事实部分比较清晰。

2. 法律适用。

（1）本案判决明确，互联网不正当竞争纠纷中举证责任仍应坚持"谁主张谁举证"的原则。

目前业内有部分学者、律师为顺应国家知识产权战略和保护需要提出了降低知识产权侵权诉讼证明标准和降低权利人证明要求的观点。本案判决明确，竞争与知识产权诉讼的举证责任仍应坚持民事诉讼中"谁主张谁举证"的原则，网络不正当竞争也不能例外。涉及互联网不正当竞争纠纷中，被控行为本身所采取的技术手段的举证责任为"谁主张谁举证"。在现阶段技术手段无法实现相应的技术效果的情况下，技术实施者有义务就其采取的具体技术手段进行举证。

（2）本案判决明确，适用《反不正当竞争法》（1993 年）第二条应受到严格的限制，不能任意扩大，不能将第二条作为兜底条款（具体见焦点评析和案例规则）。

3. 典型意义。

本案是全国首例社交网络平台不正当竞争纠纷案，也是首例大数据不正当竞争纠纷案，该案的审理和判决在一定程度上为网络运营商之间就该类纠纷案件的侵权与否做出指导作用。本案在事实认定和法律适用方面充分考虑社会、网络运营商、网络用户和信息使用者的权利和义务。

（1）本案判决明确了在互联网飞速发展的时代，网络用户信息形成的数据价值具有商业价值，成为企业的竞争优势，属于《反不正当竞争法》所保护的对象。采用不正当方式抓取网络用户信息构成不正当竞争。

正如判决书所述，随着互联网科技的高速发展，数据价值在信息社会中凸显得尤为重要。对企业而言，数据已经成为一种商业资本，一项重要的经济投入，科学运用数据可以创造新的经济利益。互联网络中，用户信息已成为今后数字经济中提升效率、支撑创新最重要的基本元素之一。因此，数据的获取和使用，不仅能成为企业竞争优势的来源，更能为企业创造更多的经济效益，是经营者重要的竞争优势与商业资源。在数据资源已经成为互联网企业重要的竞争优势及商业资源的情况下，互联网行业中，企业竞争力不仅体现在技术配备，还体现在其拥有的数据规模。大数据拥有者可以通过拥有的数据获得更多的数据从而将其转化为价值。本案中，上诉人淘友技术公司、淘友科技公司未经新浪微博用户的同意及新浪微博的授权，获取、使用脉脉用户手机通讯录中非脉脉用户联系人与新浪微博用户对应关系的行为，违反了诚实信用原则及公认的商业道德，破坏了 Open API 的运行规则，损害了互联网行业合理有序公平的市场竞争秩序，一定程度上损害了被上诉人微梦公司的竞争优势及商业资源，构成不正当竞争行为。

（2）本案判决明确，法律鼓励技术创新，给予技术发展的空间，同时，法律亦应为技术的发展提供指引。

在信息网络上开展各种专业化、社会化的应用，以利于人类谋求福利，才是其目的。然而，在新兴的信息网络社会中，建立良好的秩序，却远比信息技术规范的实施要复杂得多，仅仅依靠技术手段和自律规则，是不能完全胜任的，必要时应从法律的层面进行规范。

（3）本案判决指出，网络运营者应遵循必要的管理义务，为网络运营商在未来的经营者规范管理划定了必要的底线，具有划时代的意义。

针对目前网络运营管理的混乱状况，本案判决指出，网络运营者是网络建设与运行的关键参与者，在保障网络安全中具有优势和基础性作用，应当遵循合法、正当、必要的原则，尽到网络运营者的管理义务。第三方应用开发者作为网络建设与运行的重要参与者，在收集、使用个人数据信息时，应当遵循诚实信用的原则及公认的商业道德，取得用户同意并经网络运营者授权后合法获取、使用数据信息。本案中，审理法院特别指出，微梦公司在 Open API 的接口权限设置中存在重大漏洞，被侵权后无法提供相应的网络日志进行举证，对于涉及用户隐私信息数据的保护措施不到位，暴露出其作为网络运营者在管理、监测、记录网络运行状态，应用、管理、保护用户数据，应对网络安全事件方面的技术薄弱问题。为了保护网络用户的个人信息及维护运营商的竞争优势，网络运营商应当积极履行网络运营者的管理义务，防止用户数据泄露或被窃取、篡改，保障网络免受干扰、破坏或者未经授权的访问。倡议网络运营者在采集运用用户数据时应履行管理义务。

【案例规则】

1. 在互联网环境中，披露他方的负面信息虽然客观、真实，但披露方式显属不当，且足以误导相关公众产生错误评价的行为，构成商业诋毁。

2. 互联网不正当竞争纠纷中举证责任仍应坚持"谁主张谁举证"的原则。在现阶段技术手段无法实现相应的技术效果的情况下，技术实施者有义务就其采取的具体技术手段进行举证。

3. 适用《反不正当竞争法》（1993年）第二条应受到以下条件的限制：

（1）法律对该种竞争行为未作出特别规定；（2）其他经营者的合法权益确因该竞争行为而受到了实际损害；（3）该竞争行为因确属违反诚实信用原则和公认的商业道德而具有不正当性；（4）该竞争行为所采用的技术手段确实损害了消费者的利益；（5）该竞争行为破坏了互联网环境中的公开、公平、公正的市场竞争秩序，从而引发恶性竞争或者具备这样的可能性；（6）对于互联网中利用新技术手段或新商业模式的竞争行为，应首先推定具有正当性，不正当性需要证据加以证明。

百度网讯科技有限公司和百度在线网络技术有限公司诉北京搜狗信息服务有限公司、北京搜狗科技发展有限公司网络不正当竞争纠纷案[①]

姚克枫[②]

一、案例基本信息

案例类型	不正当竞争　民事案件
案例名称	百度网讯科技有限公司和百度在线网络技术有限公司诉北京搜狗信息服务有限公司和北京搜狗科技发展有限公司网络不正当竞争纠纷案
裁判文书	一审：北京市海淀区人民法院（2014）海民初字第 15008 号《民事判决书》 二审：北京市知识产权法院（2015）京知民终字第 557 号《民事判决书》
合议庭成员	二审：审判长陈锦川、审判员芮松艳、审判员张晰昕
一审原告	百度网讯科技有限公司（本文简称"百度网讯公司"）和百度在线网络技术有限公司（本文简称"百度在线公司"）
一审被告	北京搜狗信息服务有限公司（本文简称"搜狗信息公司"）和北京搜狗科技发展有限公司（本文简称"搜狗科技公司"）
二审上诉人	百度网讯公司、百度在线公司、搜狗信息公司、搜狗科技公司
二审被上诉人	双方一并上诉
受理日期	二审：2015 年 3 月 26 日
裁判日期	二审：2016 年 7 月 15 日

---

① 本案为 2018 年海淀法院网络不正当竞争纠纷十大典型案例之一

② 姚克枫，北京国标律师事务所，主任律师。

续表

审理程序	一审、二审
一审判决结果	支持部分主张，构成不正当竞争，搜狗科技和搜狗信息在搜狗网刊登声明，消除影响，赔偿二十万元给原告
二审判决结果	驳回上诉，维持原判
涉案法律、法规和司法解释	一审： 《反不正当竞争法》（1993 年）第二条^①、第五条第一项^②
裁判要点	1. 当用户在搜狗手机浏览器中选定百度搜索引擎，且顶部栏左侧一直显示百度图标的情况下，浏览建议页面对于垂直结果和搜索推荐词两部分内容的设置方式是否会引起相关公众的混淆。如果这种行为足以引起相关公众混淆，应适用《反不正当竞争法》第二条还是第五条的规定； 2. 搜狗信息公司、搜狗科技公司在搜狗手机浏览器的浏览建议中设置垂直结果，且垂直结果导向自营网站的行为是否构成流量劫持行为，从而违反了《反不正当竞争法》第二条规定； 3. 一审判决有关民事责任的认定是否正确
案例规则	1. 用户预设其他搜索引擎，浏览器经营者提供垂直结果不视为流量劫持行为。 2. 在提供垂直结果时，浏览器经营者需要采用相关做法使网络用户足以认识到垂直结果的提供与竞争对手无关，避免相关公众产生混淆误认，否则将构成不正当竞争行为

二、案例综述

【主要诉请】

一审：

百度网讯公司、百度在线公司请求判令两被告：1. 立即停止不正当竞争行为；2. 刊登声明，消除影响；3. 赔偿经济损失 100 万元以及诉讼合理支出 11.7 万元。

---

① 《反不正当竞争法》（1993 年）第二条：经营者在市场交易中，应当遵循自愿、平等、公平、诚实信用的原则，遵守公认的商业道德。本法所称的不正当竞争，是指经营者违反本法规定，损害其他经营者的合法权益，扰乱社会经济秩序的行为。本法所称的经营者，是指从事商品经营或者营利性服务（以下所称商品包括服务）的法人、其他经济组织和个人。

② 《反不正当竞争法》（1993 年）第五条第一项：经营者不得采用下列不正当手段从事市场交易，损害竞争对手：（一）假冒他人的注册商标。……

二审：

上诉人：百度网讯公司、百度在线公司不服一审判决，向本院提起上诉，请求依法撤销一审判决，并改判支持上诉人一审全部诉讼请求。

上诉人：搜狗信息公司、搜狗科技公司不服一审判决，向本院提起上诉，请求撤销一审判决第一至三项并改判驳回百度网讯公司、百度在线公司在一审诉讼中提出的全部诉讼请求。

【基本事实】

百度网讯公司是百度网的经营单位，向用户提供搜索引擎服务是百度网的主要业务。百度在线公司是第5916519号"百度及图"商标的商标权人，百度网上使用了第5916519号"百度及图"商标，百度在线公司向百度网提供技术支持。作为中文搜索引擎网站，百度网具有一定的知名度和影响力。

搜狗信息公司是搜狗网的经营者。搜狗网业务包括向用户提供搜索引擎服务、搜狗视频、搜狗小说、搜狗手机助手等方面。搜狗科技公司为搜狗手机浏览器开发者及软件著作权人。搜狗信息公司和搜狗科技公司均认可搜狗手机浏览器由二者共同经营。

二原告诉称：当用户在使用"搜狗手机浏览器"软件，将搜索栏的搜索引擎设置为百度，再输入关键词时，二被告在下拉提示框显著位置放置多条指向搜狗网的下拉提示词，引导用户使用搜狗网经营的信息服务。同时二被告借助上述信息服务页面提供付费推广信息和广告内容而获取经济利益。二被告的上述行为将本属于百度网的搜索服务流量强制导向搜狗网，属于典型的流量劫持行为。同时，二被告的行为使用户误认为该下拉提示词信息服务为百度网提供或与百度网存在某种关联关系，从而混淆服务来源。

二被告辩称：在用户设定预设搜索引擎、输入关键词后，点击搜索之前，搜索行为尚未开始，预设搜索引擎随时可以更改，二原告没有证据证明预设搜索引擎之后的点击下拉提示词必然是百度网的流量。对百度搜索引擎来说，搜狗手机浏览器带来的任何流量，均是新增、额外的流量。搜狗手机浏览器的设置不会引起混淆误认。搜狗手机浏览器在浏览建议中，以不同图标分组标示向用户说明、提示浏览建议中包含的垂直结果并非来源于百度搜索引擎，在技术上已经尽量避免混淆、误认。因此搜狗浏览器既不存在劫持流量的行为，其设置也不会引起混淆误认。

一审法院认为：百度网讯公司、百度在线公司主张的"本属于百度网的搜索服务流量"并非必然是其应该获得的商业机会。搜狗手机浏览器在浏览建议中同时设置垂直结果和搜索推荐词，将垂直结果导向自营网站的做法，是在利用用户使用自己浏览器的商业机会而吸引用户使用、体验自己所经营的其他服务，旨在争取更多商业机会，百度网讯公司、百度在线公司有关搜狗信息公司、搜狗科技公司恶意劫持其流量的主张，不予支持。

在顶部栏左侧为百度图标的前提下，却显示搜狗信息公司、搜狗科技公司提供的垂直结果和搜索推荐词的设置方式会引起相关公众的混淆，构成不正当竞争行为。

一审判决：一审法院依照《反不正当竞争法》（1993年）第二条、第二十条之规定，判决：（1）自本判决生效之日起，搜狗信息公司、搜狗科技公司立即停止涉案不正当竞争行为；（2）自本判决生效之日起30日内，搜狗信息公司、搜狗科技公司共同在搜狗网（http://www.sogou.com）首页连续24小时刊登声明，就本案不正当竞争行为为百度网讯公司、百度在线公司消除影响；（3）自本判决生效之日起10日内，搜狗信息公司、搜狗科技公司共同向百度网讯公司、百度在线公司赔偿经济损失及合理开支共计20万元；（4）驳回百度网讯公司、百度在线公司的其他诉讼请求。

双方不服一审判决分别上诉，二审法院对一审法律适用进行纠正，最后驳回上诉，维持原判。

三、案例评析

【案例背景】

1. 技术背景。[①]

近年来，随着互联网的发展、信息量的扩大，以及4G网络技术的成熟和5G的兴起，信息环境和用户需求都发生了巨大的变化。从2012年到2016年，中国网页数翻了一番。中国出版物从2012年的79亿册，增长到2016年的513亿册。此外，随着智能手机的普及，搜索逐渐从PC端转移到移动端，而移动端的搜索场景更加多元化、个性化。

（1）当下搜索技术及其问题。诚然，在全新的移动互联网环境下，人们需要"更懂我"的搜索引擎。主要表现在以下几个方面：

第一，人们对信息搜索的即时性要求更高。比如，看到兵马俑，就想立马知道兵马俑的详细信息。如果用户想要搜索附近的川菜馆，LBS技术就要快速帮他找到合适的菜馆。

第二，用户需要的不是点状的信息，而是面状的、更系统的信息。也就是说用户需要的是解构化的知识图谱，而不是一个干巴巴的词条，因此知识的呈现方式应该更容易理解和消化，这样人和信息的交互才能更加高效。

第三，网络内容多元化，搜索入口不应仅限于搜索引擎，要打通多个维度。随着互联网对人们生活渗透的加深，Twitter、Facebook、微博、微信等

---

① 王咏东，北京富盟律师事务所律师 https://mp.weixin.qq.com/s?src=3&timestamp=1530602571&ver=1&signature=ePgCMpw42cEoJ51aa5rp6RNP9*mqWm8d8-cBecXlKV2LaPH8HyQvwbStIIY89UTELoU6WZJGt0jsdKsJ3QUWkW6aBaoQHCtQOjMk7AWT8sGKbcHGnP5u8U022LxHtSFLXJEfNr5ji2hwtTCev6XsTA==。

社交媒体的出现给搜索领域带来了一次新的颠覆。社交是用户的刚需，社交平台上保留着用户的大量生活数据，包括视频、图片、语言、社交内容等。用户对这些内容也有巨大的搜索需求，未来社会化搜索会成为主流的发展方向。

第四，现有搜索内容的呈现形式过于单一，文字和图片虽然是人们阅读内容的主要方式，但是随着新科技的进步和 5G 网络的建设和发展，VR、AR 等新颖的技术可以为用户带来更加新颖的使用体验。

第五，搜索方式单一，需要满足多种使用场景的搜索需求。小孩和老人输入文字不方便，但是他们也有搜索需求。再比如，想搜索一张图片里的文字，如果一个字一个字地敲出来再搜索，实在是太费事了，所以移动端的搜索输入方式需要更加多元化。

显然，如何打捞用户想要的信息、拉近人与信息的距离是对当下搜索技术的核心考验，而用户的"所思即所得"则是搜索技术的终极目标。

（2）搜索功能的实现过程。搜索的功能，是用户利用搜索引擎在互联网海量的信息中找到自己最需要的信息。输入法的功能，是用户在电脑上输入自己想输入的信息，并显示在电脑上，就像在纸上书写一样。搜索引擎，是互联网背景下使用计算机的一种应用。在用户使用搜索引擎的情况下，输入法是工具，没有输入法，用户无法利用计算机使用搜索引擎，因此，一般情况下，输入法只是辅助用户使用搜索引擎的工具。而在互联网下，输入法借互联网具有海量信息的功能，在海量的信息里，快速找到使用者最需要的信息，使输入法的结果，更快速、更准确。

在使用某搜索的条件下，如果输入法在互联网背景下，输入用户想找的信息，可能有四种情况，第一种情况是，用户找信息，输入法只显示输入的结果，如果要找到该信息，还需要进入该搜索引擎的搜索结果界面；第二种情况是，输入法不仅显示输入的结果，还有几种搜索引擎的选择；第三种情况是，输入法不仅显示输入的结果，有一种且只有一种搜索引擎的选择，而且该搜索引擎并非是用户原来使用的搜索引擎；第四种情况是，输入法不仅有输入的结果，而且直接显示用户搜索信息的结果页面，如用户搜索歌曲、电视剧、电影等比较明确的信息时，输入法显示的结果直接就是该歌曲、电视、电影等结果，而不需要再进入任何搜索引擎，包括用户原来使用的搜索引擎。

第一种情况比较常见，应该说，用户使用某一搜索引擎时，已经做出了选择，他认为该搜索引擎能够带给自己最需要的结果，才会使用该搜索引擎；第二种情况虽然与第一种情况略有不同，但是，用户还可以选择使用其原来使用的搜索引擎，或者选择自己认为更好的搜索引擎；第三种情况，用户只能使用一种搜索引擎且该搜索引擎并非自己原本使用的搜索引擎。这可能剥夺了用户自己的选择，给了一个非用户自己的选择（当然，在该搜索引擎是否能够给用户提供比他选择的搜索引擎更好的结果，又是另一个问题，应该在所不问）；第四种情况，用户能够直接获得自己想要的结果，而不需要再去通过进入搜索引擎的搜索结果界面。搜索引擎的出现，是在互联网海量信息的背景下，方便用户快速、准确地找到其想找的信息。在第四种情况下，首先，用户还是使用了某种自己想用的搜索引擎，只是在使用输入法时，输入法直接显示了用户需要的结果。用户不需要再进入任何搜索引擎的搜索结果界面进行进一步地选择，即可欣赏到自己需要的结果。这大大节约了用户的时间成本，是一种创新，符合搜索引擎方便、快捷的应有之义；且这种情况一般只是在用户搜索歌曲、影视作品等特殊信息的情况下才出现，而用户还是使用了某搜索引擎，只是不需要再去搜索界面做再次的选择。因此，这种创新方便了用户，又没有剥夺用户对某种搜索引擎的使用机会。

2. 经济背景。

在"流量为王"的时代，流量已经成为互联网企业的核心竞争力。目前，在竞争日趋激烈的市场环境下，因流量之争引发的不正当竞争纠纷逐渐增多，企业的维权方式也逐渐从行业自律、联合抵制上升到诉诸法庭的局面。

流量是衡量网站和网页经济效益的核心指标，某种程度上已成为投资者衡量商业网站表现的重要尺度之一。由于流量较高的商业价值或潜在可能带来的商业利益，使得流量必然成为各大网络服务提供商争夺的对象。在新兴的移动互联网领域，各种搜索引擎、手机浏览器均通过不同方式在吸引用户、争夺流量，市场竞争的结果必然会导致不同竞争者流量的增加或减少。正当的对流量的争夺是正常的商业行为，其实质是对潜在商业机会、商业利益的争夺。竞争结果必然涉及不同经营者之间市场机会或者市场利益的得失。

近年来，因流量之争引发的知识产权纠纷并不鲜见。2017年1月，因拦截腾讯旗下第三方应用平台"应用宝"用户，并引流至VIVO应用商店，涉嫌构成不正当竞争行为，VIVO被江苏省南京市中级人民法院作出了诉前禁令裁定；同年6月，因干扰、阻碍用户正常下载腾讯手机管家，并导流到OPPO应用商店，OPPO同样被湖北省武汉市中级人民法院作出了诉前禁令裁定。

据艾媒咨询数据显示，截至2017年第四季度，我国第三方移动应用商店活跃用户达4.64亿人，影响力越来越大。为了切实保护用户的权益和安全，营造良好市场竞争环境，2017年11月，中国互联网协会正式对外发布了《移动智能终端应用软件分发服务自律公约》（下称《公约》）。腾讯、华为、阿里、小米、百度、vivo、联想、360、天翼空间、魅族、安智、搜狗、应用汇、金立、酷派、OPPO等国内首批16家成员单位在北京共同签署了《公约》。

　　3. 法律背景。

　　互联网不正当竞争大多以互联网为平台、通道或依托互联网技术实施，大致可分为两类：一类为传统不正当竞争线上化，此类行为将互联网作为不正当竞争行为的平台或通道，如混淆行为、虚假宣传、侵犯商业秘密、有奖销售、商业诋毁等，大多可以直接适用《反不正当竞争法》第六条、第八条至第十一条予以规制。另一类为新型不正当竞争，此类行为大多依赖互联网技术施行，如流量劫持、诱导卸载、恶意篡改或不兼容、歧视性对待、屏蔽广告、违反行业公共准则等，对其的规制需要解释《反不正当竞争法》一般条款。

　　法院在审判不正当竞争纠纷案时，对于非《反不正当竞争法》具体列举的行为，虽可以适用第二条这一原则性条款进行调整，但原则性条款高度抽象，对其适用存在不确定性和扩张性，这一特点导致对法律没有明确规定的竞争行为是否具有正当性的判断，困难重重。

　　《反不正当竞争法》（1993年）第二条规定，经营者在市场交易中应当遵循自愿、平等、公平、诚实信用的原则，遵守公认的商业道德，通常称作一般规定。《反不正当竞争法》（1993年）第二章明确规定了不正当竞争行为的具体类型和表现，通称特别规定。一般规定属于法律原则范畴，为司法提供一般性价值指引。特别规定是具体的法律规则，有明确的适用条件和标准。法律原则抽象度高，缺乏具体判定标准，因此对法律原则的适用应采取限制适用的态度和取向。

　　自由和公平是市场竞争的基本价值，《反不正当竞争法》既要维护市场竞争的自由，又要维护公平。但归根结底竞争是市场经济的内在要求和重要动力。鼓励竞争、保护竞争自由是原则，以不正当竞争为由对竞争予以限制是例外。凡属反不正当竞争法特别规定已作明文禁止的行为领域，只能依照特别规定规制同类不正当竞争行为，原则上不宜再适用原则规定扩张适用范围。《反不正当竞争法》未作特别规定予以禁止的行为，如果给其他经营者的合法权益造成损害，确属违反诚实信用原则和公认的商业道德而具有不正当性，不制止不足以维护公平竞争秩序的，可以适用原则规定予以规制。①

　　最高人民法院在其审理马达庆与山东省食品公司等不正当竞争纠纷案中，对《反不正当竞争法》（1993年）第二条中的诚实信用原则和商业道德的关系进行了阐述，"诚实信用原则是市场经济活动中道德规则的法律化……在规范市场竞争的反不正当竞争法中，诚实信用原则更多的是以公认的商业道德的形式体现出来的。……公认的商业道德应指特定商业领域普遍接受的行为标

---

① 北京市朝阳区人民法院（2015）朝民（知）初字第34628号《民事判决书》。

准，具有公认性和一般性，因而表现出某种客观性。"① 由此，法院对《反不正当竞争法》（1993 年）第二条的适用应持十分慎重的态度，以防止因不适当扩大不正当竞争范围而妨碍自由、公平竞争。一般而言，只有在该行为违反公认的商业道德时，才可以认定为不正当竞争行为。

该原则虽然在互联网领域同样适用，但互联网领域的竞争与传统环境下的商业竞争有所不同，互联网领域处在高速发展之中，新的商业模式或经营方式层出不穷，相对于不断出现又快速变化的商业模式或经营方式，公认的商业道德的形成和发展需要一定的时间。因此，经常出现某些在行业内尚未形成普遍认识的较难定性的竞争行为。公认商业道德的缺失恰恰更加容易引发纠纷的出现。而互联网产业的细化以及互联网不同细化行业间的高度交叉性，使得此类行为正当性判断具有相当难度。当纠纷诉至法院时，法院显然不可能仅仅因尚无公认的商业道德便认定该行为具有正当性，完全将其留待市场解决，而只能尽可能寻求相对合理的方法对其正当性进行判断。虽然存在个案差异，但参考相关领域相对成熟的做法及商业规则，属可行方式之一。互联网领域处在高速发展之中，新的商业模式或经营方式层出不穷，因此经常出现某些在行业内尚未形成普遍认识的较难定性的竞争行为。对于此类行为，有必要区分被诉行为正当或不正当两种情况下对各方利益可能产生的影响进行分析对比，以是否对社会整体利益最为有利作为验证标准。

4. 企业背景。

互联网时代搜索引擎竞相迸发。百度搜索是号称全球最大的中文搜索引擎，2000 年 1 月由李彦宏、徐勇两人创立，"简单，可依赖"的信息获取方式是创始人不懈的追求。辛弃疾的《青玉案》诗句："众里寻他千百度"是"百度"取名的典故，这象征着百度对中文信息检索技术的执著追求。搜狗搜索引擎虽然晚于百度搜索引擎，但是作为后起之秀，搜狗引擎一直致力于后台技术研发和数据积累，仅仅两年时间，网页收录量就飙升 100 亿，实力不容小觑。手机浏览器中的搜索市场也是两者各个搜索引擎必争之地。

根据易观智库的统计，2015 年第二季度中国搜索引擎运营商市场收入百度居首，市场份额超过 85%，而搜狗只占 7.14%，后面还有谷歌、宜搜、神马等穷追不舍。在移动端，搜狗仅占手机搜索市场份额的 2.5%，而百度仍然保持近 80% 的份额。如果说建立庞大 O2O 服务生态系统的百度是集团军，那么固守信息搜索传统的搜狗更像是一名孤将。易观智库评价百度以搜索孵化 O2O 业务，通过构建信息流、资金流、物流的生态进行内部资源高效整合，以搜索和地图贯通信息流，以百度钱包打通线上线下资金流，以百度外卖为

---

① 最高人民法院（2009）民终字第 1065 号《民事裁定书》。

基点构建同城物流体系。我们也可以说，O2O 闭合循环生态又反哺百度搜索这项基本业务，为百度用户提供更为精准个性化的信息，从而优化了搜索体验，提升用户粘度，这是搜狗不具备的。

【名词解释】[①]

1. 顶部栏。

顶部栏为兼具搜索栏、地址栏等功能的位于浏览器界面顶部的长条形框。

2. 浏览建议。

浏览建议为输入关键词后，在浏览器区域以全屏模式自动出现的一列内容。

3. 垂直结果。

垂直结果为直接指向手机浏览器自营网站视频、电子书等资源的浏览建议。

4. 搜索推荐词。

搜索推荐词为指向预设搜索引擎搜索结果页面的浏览建议。

5. 流量。

流量是网络信息技术名词，指在一定时间内打开网站地址的人气访问量或者是手机移动数据的通俗意思。

6. 流量劫持。[②]

流量劫持是指通过技术手段劫持本应属于竞争对手的用户流量，诱导用户使用被告的产品或服务，并对消费者产生实质影响，属于对被告自身权益正向的增加，它是通过技术手段对其他经营者的产品和服务进行的定向加害和妨碍破坏的行为。

7. O2O 模式。

O2O，即 Online To Offline（在线离线／线上到线下），是指将线下的商务机会与互联网结合，让互联网成为线下交易的平台。

8. O2O 闭环。

闭环是指两个 O 之间要实现对接和循环。线上的营销、宣传、推广，要将客流引到线下去消费体验，实现交易。

9. 用户黏度。

用户黏度是指用户对于品牌或产品的忠诚、信任与良性体验等结合起来形成的依赖程度和再消费期望程度。

【焦点评析】

第一，当用户在搜狗手机浏览器中选定百度搜索引擎，且顶部栏左侧一

---

① 北京市知识产权法院（2015）京知民终字第 557 号《民事判决书》。

② 该定义由中国法学会消法研究会副会长何山于 2018 年 4 月 1 日在"手机流量劫持不正当竞争研讨会"上提出。

直显示百度图标的情况下，浏览建议页面对于垂直结果和搜索推荐词两部分内容的设置方式是否会引起相关公众的混淆。如果这种行为足以引起相关公众混淆，应适用《反不正当竞争法》（1993 年）第二条还是第五条的规定。

第二，搜狗信息公司、搜狗科技公司在搜狗手机浏览器的浏览建议中设置垂直结果，且垂直结果导向自营网站的行为是否构成流量劫持行为，从而违反了《反不正当竞争法》（1993 年）第二条的规定。

第三，一审判决有关民事责任的认定是否正确。

针对焦点一：二审法院一致认为二被告在用户预设为百度搜索引擎，输入关键词，自动弹出垂直结果和搜索推荐词时，垂直结果没有显著的表明该垂直结果不是百度提供，而是搜狗浏览器提供，而顶部栏却显示百度的注册商标。这一行为会使用户误认为该垂直结果是百度搜索引擎提供，造成了混淆，构成了假冒他人注册商标的行为，即违反了《反不正当竞争法》（1993年）第五条第（一）项法律规定。

针对焦点二：二审法院从多个角度阐述手机搜狗浏览器设置垂直结构不构成流量劫持，即违反了《反不正当竞争法》（1993 年）第二条的规定。二审法院分析了商业机会和服务内容之间的关系，还分析用户选择垂直结果不是因为百度图标而是基于用户上网搜索目的使然，这样分析垂直结果的设置并使搜狗网流量增加，从而再次验证了被告没有流量劫持的行为。最后，二审法院创造性地从《反不正当竞争法》（1993 年）第二条所指的"公认的商业道德"出发，权衡了用户利益、手机浏览器经营者利益、搜索引擎利益，最终判断不认定劫持流量最有利于社会整体利益。

针对焦点三：二审法院通过以上分析，有理有据肯定一审对于民事责任的认定。

【总体评价】

1. 事实部分。

本案的事实部分认定主要集中焦点一和焦点二事实认定。焦点一中，用户预设了百度搜索引擎的情况下，浏览建议页面对于垂直结果和搜索推荐词两部分内容的设置方式不明晰服务提供来源，确实会造成用户的混淆。一审和二审法院对这一点的认定都是一致的。

本案的焦点二事实认定部分彰显了二审法院的智慧。搜狗信息公司、搜狗科技公司在搜狗手机浏览器的浏览建议中设置垂直结果，且垂直结果导向自营网站的行为并不构成流量劫持行为。二审法院并没有因为互联网领域公认的商业道德尚未形成就肯定了该行为的正当性，而是在平衡涉案各方的利益，包括用户、手机浏览器、搜索引擎以及社会整体利益，最后肯定其正当性会带来更大的社会整体利益，从而肯定了其行为正当性。这样的审判思路不仅仅使案件柳暗花明，也给其他审判带来启发，更带来良好的社会效果，促进互联网行业自由竞争，并启发互联网行业尚未形成的商业道德朝着社会整体利益的角度良性发展。

2. 法律适用。

本案一审和二审法院在法律适用上有所不同。一审法院援引了《反不正当竞争》不正当竞争行为的一般性条款即第二条，而二审法院纠正了这一错误援引，适用了《反不正当竞争》（1993 年）第五条第一项"假冒他人注册商标"的不正当竞争行为条款。用户预设了百度搜索引擎的情况下，顶部栏显示百度注册商标，浏览建议页面对于垂直结果和搜索推荐词两部分内容的设置方式不明晰服务提供来源，会造成用户误认为是百度搜索引擎提供了该垂直结果和搜索推荐词，而实际上垂直结果是搜狗提供的。这种情况下，搜狗浏览器有假冒百度注册商标的行为，正是《反不正当竞争法》（1993 年）第五条第一项之规定。在有具体反不正当竞争行为条款时，法院采用一般性条款，违反了"特别法优先于一般法"的原则，属于法律适用错误。

3. 对于手机浏览器显示方式设计的运营模式具有指导性意义。

通过本案一审、二审法院的反复斟酌，最后给手机浏览器行业产生了指导性意义。一般而言，手机浏览器均会设置顶部栏，来方便用户进行文字或者网址搜索，顶部栏设计已经是手机浏览器行业习惯。本案中搜狗手机浏览器在用户预设其他搜索引擎的情况下，设置了垂直结果和搜索推荐词，考虑到商业机会和服务内容、用户上网的目的，以及社会整体利益，这种设置不是劫持流量的行为。但是，在预设其他浏览器情况下，垂直结果和搜索推荐词的服务来源应该明晰，不可造成用户对服务来源的混淆，不然就会造成假冒他人注册商标的可能。因此，本案对于手机浏览器显示方式设计具有指导性意义。

【案例规则】

1. 用户预设其他搜索引擎，浏览器经营者提供垂直结果不视为流量劫持行为。

2. 在提供垂直结果时，浏览器经营者需要采用相关做法使网络用户足以认识到垂直结果的提供与竞争对手无关，避免相关公众产生混淆误认，否则将构成不正当竞争行为。

北京一笑科技发展有限公司诉乐鱼互动（北京）文化传播有限公司网络不正当竞争纠纷案 [①]

姚克枫 [②]

一、案例基本信息

案例类型	不正当竞争　民事案件
案例名称	北京一笑科技发展有限公司诉乐鱼互动（北京）文化传播有限公司网络不正当竞争纠纷案
裁判文书	一审：北京市海淀区人民法院（2016）京 0108 民初 35369 号《民事判决书》
合议庭成员	一审：审判长杨德嘉、审判员曹丽萍、审判员周元卿
一审原告	北京一笑科技发展有限公司（简称"一笑公司"）
一审被告	乐鱼互动（北京）文化传播有限公司（简称"乐鱼公司"）
二审上诉人	无
二审被上诉人	无
受理日期	一审：未查到
裁判日期	一审：2017 年 9 月 18 日
审理程序	一审
一审判决结果	驳回原告北京一笑科技发展有限公司的全部诉讼请求
二审判决结果	未上诉

---

① 本案为 2017 年海淀法院网络不正当竞争纠纷十大典型案例之一。

② 姚克枫，北京国标律师事务所，主任律师。

续表

涉案法律、法规和司法解释	《中华人民共和国反不正当竞争法》（1993年）第二条①
裁判要点②	一般而言，以图文形式呈现的软件操作界面可以有体现相关实用性功能的层级菜单、工具按钮、供用户选择操作的素材等设计，还可以有部分起到美化、标示经营者身份的独特设计，只有相关独特的界面设计或界面设计的组合形成了相对稳定的指向性表现形式，达到可区分商品或服务来源的作用，经营者才能制止他人对相关界面进行恶意模仿
案例规则	工具类软件功能的界面设计或界面设计的组合只有在形成了相对稳定的指向性表现形式，且达到可区分商品或服务来源的作用的情况下，经营者才能制止他人对相关界面进行恶意模仿。仅仅是为了实现必要功能、操作便利和用户需要的界面设计，经营者无权要求他人禁止使用

二、案例综述

【主要诉请】

一笑公司向法院提出诉讼请求：1. 乐鱼公司立即停止不正当竞争行为；2. 赔偿一笑公司经济损失及合理费用共计100万元，合理费用包括律师费15万元及公证费16500元。

【基本事实】

一笑公司开发经营的快手软件是国内具代表性的短视频制作软件，该软件在各大应用市场下载量名列前茅。乐鱼公司开发经营的小看软件也是短视频制作软件。

一笑公司诉称：乐鱼公司构成不正当竞争的事实和理由有：1. 乐鱼公司的小看软件模仿、抄袭一笑公司的快手软件短视频操作流程完整18个步骤及各步骤对应的页面设计；2. 模仿、抄袭快手软件部分编辑元素；3. 还在热门栏目下提供使用快手软件制作的视频，使用快手软件制作视频特有的装饰图片。

---

① 《反不正当竞争法》（1993年）第二条：经营者在生产经营活动中，应当遵循自愿、平等、公平、诚信的原则，遵守法律和商业道德。本法所称的不正当竞争行为，是指经营者在生产经营活动中，违反本法规定，扰乱市场竞争秩序，损害其他经营者或者消费者的合法权益的行为。本法所称的经营者，是指从事商品生产、经营或者提供服务（以下所称商品包括服务）的自然人、法人和非法人组织。

② 摘自一审判决：北京市海淀区人民法院（2016）京0108民初35369号《民事裁判书》。

乐鱼公司辩称：1. 小看软件在发布时存在上述 18 个步骤及操作界面，用户可以跳过某些步骤，只有拍摄页面和分享页面是必要步骤页面；2. 原告主张的 18 个步骤及操作界面因移动端软件界面大小、要素布局、功能展示的有限性，许多界面设计都属于通用设计，其他软件已有相关设计在先，不构成不正当竞争；3. 乐鱼公司并没有主动在小看软件上上传快手制作的视频；一笑公司并无证据证明一笑对快手视频的著作权，也没有证据证明是乐鱼公司上传的视频。

法院判决：法院认为一笑公司主张乐鱼公司构成不正当竞争行为的三项主张缺乏充分的事实和法律依据，驳回原告北京一笑科技发展有限公司的全部诉讼请求。

三、案例评析

【案例背景】

1. 社会背景。

在自娱乐、自媒体的时代潮流中，短视频 APP 火爆登场。过去一年无疑是移动短视频元年，即便从未下载过诸如快手、秒拍、梨视频等短视频类 App，也一定在其他地方看到过它的身影。QuestMobile 发布的数据显示，截至 2017 年 9 月，中国短视频的用户规模突破 3 亿，同比增长 94.1%；高达 4.1% 的使用时长渗透率以及惊人的渗透增速更是印证了这支新兴力量的异军突起。

短视频呈现出草根化的发展，随着智能手机的广泛应用以及编辑软件的普及，人人都可以成为短视频的制作者。比如，发展很快的快手、抖音这些大众类的短视频社交平台，上面聚集的人群就非常多。平台内容和生产主体的草根化促使短视频内容生产的门槛降低，内容具有易模仿化和社交属性，普通用户参与的信息高，难度小，易于上手，所以发展的就非常快。针对这种现状，主流媒体及时跟进。人民网、腾讯和歌华有限视频达成了战略合作，三家宣布成立视频合作公司，共同发力直播和短视频领域。

短视频行业的快速发展一方面有赖于政策环境的培育，随着国务院办公厅《关于加快高速宽带网络建设推进网络提速降费的指导意见》的发布，致使 4G 用户数量以及移动互联网流量不断增长，移动终端的使用时长占比超 PC 端 2 倍，说明我国移动互联网的发展趋近成熟；另一方面，网络环境建设的日益完善，外部传播渠道的技术革新为短视频的普及提供了优良的土壤，以内容制作、综合平台 / 社区为主的短视频行业投资成为热门方向。

在数以百计的短视频 APP 蓬勃发展过程中，难免存在相互模仿的问题，从而摩擦出一些如著作权纠纷和不正当竞争等法律问题。

2. 技术背景。

为什么短视频能够走上新的风口？

首先，智能手机的渗透率趋于饱和，为移动短视频的发展创造了不可多得的先决条件。三大运营商纷纷响应"网络提速降费"政策下调网费，而公共免费 WiFi，尤其是地铁 WiFi 的普及，有效覆盖了 4G 网络盲区，也让短视频的观看成本大大降低。短视频 App 自带的特效层出不穷且操作简便，让技术对创意的限制最小化，大大降低短视频的创作门槛；而随着大量资本涌入短视频行业，各家平台推出了内容扶持计划，对于内容创作者而言，降低了创作成本。

其次，"社交分发＋算法分发"的互联网营销推广模式打破了短视频 App 内容交流的壁垒，更以精准的受众定位降低了内容传播成本。以聚合型短视频内容发布平台"今日头条"为例，通过与二更、papi 酱等短视频内容提供方合作，凭借其大数据算法的优势和强大的内容聚合能力，让内容被更多人看到，为短视频带来更多流量。而其社交平台分享功能，也为短视频带来了更好的留存率。

再次，现代社会的场景多元化和娱乐多样性，致使大众的时间碎片化与内容碎片化的现象越发普遍。而短视频的出现成功满足了当代受众的需求，成为互联网流量的新入口。今日头条 2016 年 12 月的数据显示，用户对短视频的消耗时长是图文的 1.3 倍。一是长则十几分钟，短则数秒的短视频让用户在碎片化的场景下也能轻松观看，不必担心像看电视剧、电影一样时常被打断；二是视频形式普遍比图文的娱乐性更强、更讨喜。

最后，与一般的长视频不同，短视频时长的局限性迫使内容创作者必须保证内容的质量才能持续吸引受众的注意力，此时的受众处于"高唤醒"状态，短视频充分利用了视频的长尾效应（参见【名词解释】长尾效应），凭借其"短小精悍"的优势，成为网络流量的宠儿。

为什么短视频软件竞相模仿成风？

基于互联网产业的特性，互联网产业离不开网络技术，网络产业的形成和发展本身就是计算机技术、通信技术、光纤技术等多种技术发展的结果。因此，技术始终是网络产业发展的基石，技术创新则是网络经济繁荣发展的生命力。由于网络技术是一种需要不断创新发展的技术，信息产品只有不断创新才有生命力。

然而，创新本来就是件很难的事情，而产品迭代的压力下，产品经理往往都是顶着快速出成果的压力，这容易导致产品战略方向模糊，而产品经理要做的就是已有产品的不断迭代来对抗同行的压力，这时候更容易出现盯着别人产品或者垂直领域（参见【名词解释】垂直领域）玩家的产品进行模仿。

3. 经济背景。

（1）互联网经济下的模仿与创新。互联网经济（参见【名词解释】互联网经济）已经成为当前国民经济中十分重要的一部分，而且其比重还会不断扩大。事实上，互联网技术的发展，改变了全人类的生活，也改变着商业市场的竞争模式，传统商业与互联网的结合，是互联网与商业市场发展的必然结果，是市场做出的选择。虽然互联网市场与传统的市场有许多相似之处，但是，互联网市场基于互联网的特性，也有许多不同于传统市场的特征，这导致在互联网市场的竞争规制上，需要求同存异。互联网行业是一个不断学习、模仿、创新的行业，而在学习、模仿的过程中，既是对现有技术的升华，同时也可能涉及对原有权益的侵害。互联网市场，没有创新就没有出路，而建立在违法途径上的创新又必然破坏市场竞争环境。因而，在保护创新与行为规制之间需寻求平衡，以达到效益最大化。

互联网行业的发展需要不断地创新，而互联网的创新主要有两种方式：一种是自主创新，即企业通过资金、人员等的投入，进行新产品、新技术等研究和探索，研发出全新的技术或产品，在此基础上实现新产品商业化运作的过程。自主创新的核心是从无到有，重点在于摆脱对原有技术的引进以及模仿的依赖，企业自主独立开发。这种创新，基本与在先权利无关联，因而一般不会产生纠纷。另一种是模仿式创新，所谓模仿创新是在率先创新的示范影响及利益诱导下，企业通过模仿率先创新者的创新思路与创新行为，研究掌握创新者的核心技术，在此基础上结合企业自身的技术水平加以改进和完善，在工艺技术、成本质量、管理营销、售后服务等中后期阶段投入创新成本，形成自己的产品并进行批量生产，与率先创新者在同一领域，并且在同一市场产生竞争关系的技术创新战略。

模仿是不可抗拒的：社会是模仿（society is imitation），而且根据"逻辑模仿律"，与先进技术越接近的发明越容易成为模仿的对象。模仿创新的前提是模仿，一个良好的经济市场，应该是公平、自由、有序的运行，自由是健康市场元素之一。而模仿则是市场自由的体现之一，模仿是学习和创新的基础，模仿自由（参见【名词解释】模仿自由）是自由竞争（参见【名词解释】自由竞争）的基本方面。在模仿的基础上，再进行创新，所以模仿创新，从经济学的角度分析，确实有利于降低成本、提高效率，提高整个社会福利。

在互联网领域的模仿，除了简单的域名、页面内容、版式设计等一目了然的模仿，更多的是技术、商业模式的模仿，这种模仿对于一般的消费者来说，无法简单地从外观来发现，一般亦不会造成外观的混淆，甚至用户能够从品牌、企业等简单、明确识别不同的主体，此种情况下的模仿行为是否构成不正当竞争呢？

（2）短视频行业的市场巨大潜力。如果说在 2018 年之前，外界提到短视频的时候，还觉得这只是一个打发时间，针对娱乐内容的行业。那么当越来越多的企业带着自己的资源入局短视频细分这个市场的 2.0 时代，真正的行业崛起才刚宣告正式开启。

这个行业浮现的巨大潜力依旧是资本追逐的目标。艾媒咨询集团 CEO 张毅在接受采访时说出这样一个数字：短视频社交是未来的一个趋势，这是一个蓝海。我们笼统计了一下，围绕着短视频概念做的布局，整个融资额超过 300 亿元。300 亿元这块蛋糕还只是预估的数值，而这个预估，业内人士仅仅认为还是短视频的发展初期。下面一组数据可以清晰地看到行业的潜力：快手从 2012 年的天使轮到如今的 E 轮融资，总共获得近 14 亿美元投资；抖音背后的今日头条，5 年来获得的投资额近 12 亿美元；一下科技（秒拍母公司）截至 2016 年，共获得近 8 亿美元投资。

4. 法律背景。

在数以百计的短视频 APP 蓬勃发展过程中，难免存在相互模仿的问题，从而摩擦出一些如著作权纠纷和不正当竞争等法律问题。

软件著作权人是否能够对短视频 APP 软件功能操作界面设计享有合法权益？如果可以，如何才能享受合法权益？何种模仿是构成不正当竞争？何种模仿又属于正当模仿呢？《著作权法》和《反不正当竞争法》并没有给出明确的答案。这些走在司法实践前沿的法律问题，在本案中终于得到司法判例的答复。

在知识产权领域，权利保护始终是例外，模仿自由仍然是重要的原则。商业模仿是被肯定的。知识进入公共领域（参见【名词解释】公共领域）是必然，知识的垄断保护其目的也是为了鼓励创造，推动社会进步；给予知识产权保护只是为了平衡权利人的利益，作为将其知识贡献到公共领域的一种价值回馈。因此，在垄断保护期间，其权利保护范围也应受到严格限定，不能任意扩张，否则即有侵犯公共领域、损害公共利益之嫌。

"模仿自由"无论是在市场竞争还是在知识产权保护领域，都是一项重要原则。对于已进入公用领域的知识或技术，商业标识中不具有独特显著性的通用部分，专利产品中没有被列入权利要求书保护的技术部分，都属于公共领域的知识成果，为任何人所使用、借鉴、复制、模仿，如腾讯虽然注册了"微信及图案"商标，但其商标专有权保护并未延伸至对"微信"汉字的垄断，其他任何人都可使用微信，也可将微信汉字通过字体、颜色、图案等其他要素进行其他独创性的排列组合，依然可以申请注册商标并适于商业应用。

同时，我们也必须清晰认识到，模仿自由是自由竞争的一种体现，但自由与公平是市场竞争的两个天平，即自由不能突破公平，模仿也不能违背公认的商业道德，损害他人合法权益，不正当攀附他人商誉牟取利益，否则即构成不正当竞争或知产侵权。

【名词解释】

1. 互联网经济。

互联网经济是基于互联网所产生的经济活动的总和，在当今发展阶段主要包括电子商务、互联网金融（ITFIN）、即时通讯、搜索引擎和网络游戏五大类型。

2. 垂直领域。

垂直领域，也叫垂直细分领域。垂直指纵向延伸，细分则是在水平行业板块里挑选主要的业务深度发展，即相对综合性而言的特定领域，只专注于某一方面的领域。

3. 长尾效应。

正态曲线中间的突起部分叫"头"，两边相对平缓的部分叫"尾"。新竞争力从人们需求的角度来看，大多数的需求会集中在头部，而这部分我们可以称之为流行，而分布在尾部的需求是个性化的，零散的小量的需求。而这部分差异化的、少量的需求会在需求曲线上面形成一条长长的"尾巴"，而所谓长尾效应就在于它的数量上，将所有非流行的市场累加起来就会形成一个比流行市场还大的市场。

4. 在先设计。

在一个行业领域内，某设计并不是原创设计，有其他人先于该设计时间已经早已使用并公之于众。如果在软件设计中仅仅采用在先设计，那么该部分设计是不具有独创性的。

5. 公共领域。

"公共领域"或者说"公有领域"是在知识产权法理论中被广泛使用的概念。知识产权法保护的知识产权是一种专有权，在这种专有权之外的知识产品则处于公有领域。通常是没有纳入知识产权法中的知识创造成果、保护期限已经届满的知识创造成果以及权利人放弃知识产权的成果。

6. 自由竞争。

自由竞争（Free Contention）或称完全竞争、纯粹竞争，是指没有任何垄断成分，企业经营者可以自由地进行资本投入、转移和商品买卖的竞争的市场结构。

7. 模仿自由。

模仿自由作为判断模仿行为正当性的基本准则，是知识产权法与反不正当竞争法必须达成的一个平衡，并且早已被确立为反不正当竞争法上的一项基本原则，其边界则由各国根据自身的经济文化发展水平而进行因地制宜的划定。①

8. 不正当竞争行为。

《反不正当竞争法》（1993年）第二条第二款规定，不正当竞争行为指经营者在生产经营活动中，违反本法规定，扰乱市场竞争秩序，损害其他经营者或者消费者的合法权益的行为。

【焦点评析】

乐鱼公司经营的小看软件是否实施了一笑公司主张的三项不正当竞争行为：一是模仿、抄袭一笑公司的快手软件短视频操作流程完整18个步骤及各步骤对应的页面设计；二是模仿、抄袭一笑公司的快手软件部分编辑元素；三是在小看软件热门栏目中提供使用快手软件特有的装饰图片制作的视频。

焦点一：乐鱼公司经营的小看软件是否实施了模仿、抄袭一笑公司的快手软件短视频操作流程完整18个步骤及各步骤对应的页面设计。

首先，一笑公司承认18个步骤其中只有"分帧编辑"是自己原创，其他是借鉴其他软件的步骤。而对于"分帧编辑"界面与其他步骤并无本质区别，未能形成可将快手软件产品与相关服务与一笑公司建立稳定的指向性联系的独特设计。最重要的是，分帧编辑步骤的相关功能以及可操作编辑的对象，才是其区别于普通的编辑步骤的根本差异，非体现在界面设计本身。同时，18个操作步骤对应界面设计整体不属于独特的设计组合，也未形成与一笑公司之间相对稳定的指向性联系，更没有达到可区分商品或服务来源的作用。

焦点二：乐鱼公司是否实施了模仿、抄袭一笑公司的快手软件部分编辑元素。

对于编剧元素的问题，乐鱼公司的小看视频虽然有与一笑公司快看视频相似的编辑元素，但此类编辑元素过于简单，主要体现功能性作用，一笑公司无权阻止其他经营者在同类软件中使用相同或近似的编辑元素。

焦点三：在小看软件热门栏目中提供使用快手软件特有的装饰图片制作的视频问题。

首先，一笑公司不能以注册用户时著作权格式条款获得快手软件中用户制作的短时视频的著作权，因此，在该焦点上其诉求主体地位存疑。其次，一笑公司并不能举证是乐鱼公司直接上传的使用快手软件特有的装饰图片制作的视频。

【总体评价】

1. 事实部分。

本案的事实认定比较简单。主要有两大事实。事实一，乐鱼公司的小看

---

① 陈学宇：《全球视野下的反不正当竞争法修订——基于模仿自由原则的探讨》，载《苏州大学学报（法学版）》2018年5月，第115-124页。

软件是否模仿了一笑公司的快手软件短视频操作流程完整 18 个步骤及各步骤对应的页面设计、部分编辑元素。事实二，乐鱼公司是否在小看软件热门栏目下提供使用快手软件制作的视频，使用快手软件制作视频特有的装饰图片。

针对事实一，乐鱼公司自认采用了一笑公司的快手软件短视频操作流程完整 18 个步骤及各步骤对应的页面设计，并有证据表明乐鱼公司采用了与快看相似的编辑元素。针对事实二，一笑公司并无直接证据证明乐鱼公司实施了直接上传的使用快手软件特有的装饰图片制作的视频。

2. 法律适用。

本案在法律适用上除《反正当中竞争法》第二条原则性规定和对不正当竞争行为的概念性规定，并没有其他具体的明确的法律规定。可见，在工具类软件功能设计和操作页面的设计模仿边界相类似的情况并没有相关的法律规制。这也是互联网经济迅速发展导致法律修订根不上司法实践的表现。

法律规则并没有在本案中发挥较大的作用，反而是世界各国普遍确立的一项反不正当竞争的一项基本原则——模仿自由原则发挥了关键性作用。我国《反不正当竞争法》并没有明确模仿自由原则，但是用禁止性条款贯彻了部分模仿自由原则的部分内涵。本案明确了正当模仿和不正当竞争的界限在于模仿不能造成相关公众对产品或服务来源的混淆。如果经营者不仅借鉴了他人产品功能层面的设计，对他人产品或服务的模仿，还造成了相关公众对商品来源的混淆，就有可能构成不正当竞争。

我国应该在《反不正当竞争法》中具体明确模仿自由原则，规制模仿行为，尤其要立法明确模仿的客体范围、正当模仿和不正当竞争的边界，推进法律体系的完善。

3. 对于网络工具类软件的功能操作界面设计模仿问题具有典型意义。

本案涉及的是社交娱乐类网络工具类软件功能、界面设计的保护问题，但是对于其他网络工具类软件的功能和界面设计模仿问题具有典型意义。

首先，法律保护软件的著作权，但是并不保护软件所体现的功能。而为该功能的实现设计的步骤也并不必然是法律保护的对象。例如，类似本案涉及短视频编辑软件为实现功能所必备的界面有：作品拍摄页、编辑页和分享页面等。这些界面与小影、秒拍、微录客等多款图片或视频编辑软件的对应功能界面设计相同或近似，都是为了体现便利实用的功能性特点。软件经营者不断完善软件的具体操作步骤，这都是为了功能性需要。我国虽然没有明确模仿自由原则，但是自由竞争就是肯定模仿自由。自由模仿的对象包括向公众提供相同功能的软件，而为了实现相同的功能，其对应的操作步骤是模仿的必要范围。因此不可阻止其他经营者开发制作出为实现同样功能而模仿借鉴相同或近似操作步骤的软件。

其次，软件的界面设计或界面设计的组合只有在形成了相对稳定的指向性表现形式，且达到可区分商品或服务来源的作用的情况下，软件的著作权人才可阻止他人对其界面设计或者界面设计组合的恶意模仿。这表明软件的界面设计或界面设计的组合若想得到法律的保护，不可能是简单的通用设计和在先设计，应该体现自身的独创性，最终形成相对稳定的指向性表现形式，并达到可区分商品或服务来源的作用。

【案例规则】

笔者认为，本案的典型性意义在于确定了工具类软件功能和操作界面的模仿边界规则：体现相关实用性功能的界面设计或界面设计的组合只有在形成了相对稳定的指向性表现形式，且达到可区分商品或服务来源的作用时，经营者才能制止他人对相关界面进行恶意模仿。

【对于法律修订的思考和建议】

尽管模仿创新成为当下互联网市场的常态，互联网的模仿创新发展，使互联网领域得以持续高速更新发展，但是，模仿创新在为互联网经济带来新鲜活力的同时，也可能破坏市场公平竞争秩序、抑制自主创新，侵害其他市场主体及消费者的利益。互联网的模仿创新，要在保障发展的同时进行管制，既要促进发展，又要有序管理，不能过于放纵，亦不能矫枉过正，要在保障和促进发展中有序管理互联网行业的市场竞争，互联网的健康发展需要有序的市场环境和明确的市场竞争规则作为保障。

坚持以允许模仿创新为原则、禁止模仿为例外。互联网市场虽然与传统市场有许多共性，但是互联网市场的特性决定创新是其生命线，而且未来的互联网市场只会进一步加强、市场比例越来越大，创新的重要性更加显现。为了顺应世界发展趋势，在互联网市场的管理上，无论是立法部门、司法部门还是执法部门，在面对模仿创新时都要始终坚持允许为原则、禁止为例外。创新者创造了一些东西，可能是竞争优势，也可能是财富，但这样做也会破坏其他一些东西，通常是对方的竞争优势。因此，创新同时产生着创造和破坏，但幸运的是，创造的价值要超过破坏的价值。面对互联网模仿创新问题，立法者应当抓住当前我国反不正当竞争法修改时机，对非法模仿具体化，增加到类型化条款中，而在模仿创新的法律纠纷中，面对指控，作为司法机构或执法机构人员，在处理相关案件时，应当审慎对待，在不会构成混淆、不会降低社会福利，纵使给竞争对手带来影响甚至是损失，都一般不能轻易认定模仿行为违法。

哈药集团三精制药有限公司诉北京三精日化 有限公司、哈尔滨市香坊区精彩染发店 侵害商标权及不正当竞争纠纷案[①]

甄庆贵[②]

一、案例基本信息

案例类型	商标权　仿冒行为　不正当竞争　民事案件
案例名称	哈药集团三精制药有限公司诉北京三精日化有限公司、哈尔滨市香坊区精彩染发店侵害商标权及不正当竞争纠纷案
裁判文书	一审：黑龙江省哈尔滨市中级人民法院（2015）哈知初字第 155 号《民事判决书》
合议庭成员	一审：审判长杨欣、审判员毛保森、人民陪审员王爱萍
一审原告	哈药集团三精制药有限公司（本文简称"哈药三精公司"）
一审被告	北京三精日化有限公司（本文简称"北京三精公司"） 哈尔滨市香坊区精彩染发店（本文简称"精彩染发店"）
二审上诉人	无
二审被上诉人	无
受理日期	无
裁判日期	2016 年 12 月 12 日
审理程序	一审
一审判决结果	一、被告北京三精日化有限公司于判决生效之日起停止使用以三精作为字号的企业名称； 二、被告北京三精日化有限公司于判决生效之日起停止生产、销售侵害原告哈药集团三精制药有限公司第 3396525 号三精、第 4267806 号三精、第 4423277 号注册商标专用权的涉案商品；

[①] 本案为 2016 年中国法院 50 件典型知识产权案例之一。

[②] 甄庆贵，北京市中伦文德律师事务所，高级合伙律师。

续表

一审判决结果	三、被告哈尔滨市香坊区精彩染发店于判决生效之日起停止销售侵害原告哈药集团三精制药有限公司第 3396525 号三精、第 4267806 号三精、第 4423277 号注册商标专用权的涉案商品； 四、被告北京三精日化有限公司赔偿原告哈药集团三精制药有限公司经济损失及合理费用支出合计 50 万元，于判决生效之日起十日内付清； 五、驳回原告哈药集团三精制药有限公司的其他诉讼请求
二审判决结果	无
涉案法律、法规和司法解释	一审： 《中华人民共和国商标法》（2013 年）第四十八条①、第五十七条第一项、第二项和第三项②、第五十八条③、第六十三条第一款和第三款④、第六十四条第二款⑤

---

① 《商标法》（2013 年）第四十八条：本法所称商标的使用，是指将商标用于商品、商品包装或者容器以及商品交易文书上，或者将商标用于广告宣传、展览以及其他商业活动中，用于识别商品来源的行为。

② 《商标法》（2013 年）第五十七条：有下列行为之一的，均属侵犯注册商标专用权：（一）未经商标注册人的许可，在同一种商品上使用与其注册商标相同的商标的；（二）未经商标注册人的许可，在同一种商品上使用与其注册商标近似的商标，或者在类似商品上使用与其注册商标相同或者近似的商标，容易导致混淆的；（三）销售侵犯注册商标专用权的商品的；……

③ 《商标法》（2013 年）第五十八条：将他人注册商标、未注册的驰名商标作为企业名称中的字号使用，误导公众，构成不正当竞争行为的，依照《中华人民共和国反不正当竞争法》处理。

④ 《商标法》（2013 年）第六十三条：侵犯商标专用权的赔偿数额，按照权利人因被侵权所受到的实际损失确定；实际损失难以确定的，可以按照侵权人因侵权所获得的利益确定；权利人的损失或者侵权人获得的利益难以确定的，参照该商标许可使用费的倍数合理确定。对恶意侵犯商标专用权，情节严重的，可以在按照上述方法确定数额的一倍以上三倍以下确定赔偿数额。赔偿数额应当包括权利人为制止侵权行为所支付的合理开支。

……

权利人因被侵权所受到的实际损失、侵权人因侵权所获得的利益、注册商标许可使用费难以确定的，由人民法院根据侵权行为的情节判决给予三百万元以下的赔偿。

⑤ 《商标法》（2013 年）第六十四条：注册商标专用权人请求赔偿，被控侵权人以注册商标专用权人未使用注册商标提出抗辩的，人民法院可以要求注册商标专用权人提供此前三年内实际使用该注册商标的证据。注册商标专用权人不能证明此前三年内实际使用过该注册商标，也不能证明因侵权行为受到其他损失的，被控侵权人不承担赔偿责任。

销售不知道是侵犯注册商标专用权的商品，能证明该商品是自己合法取得并说明提供者的，不承担赔偿责任。

续表

涉案法律、法规和司法解释	《中华人民共和国反不正当竞争法》（1993 年）第二条第一款、第五条第三项、第九条第一款 《中华人民共和国合同法》第六十条、第一百二十二条 《中华人民共和国侵权责任法》第十五条第一款第一项和第六项 《中华人民共和国商标法实施条例》第七十九条 《最高人民法院关于审理注册商标、企业名称与在先权利冲突的民事纠纷案件若干问题的规定》第四条 《最高人民法院关于审理商标民事纠纷案件适用法律若干问题的解释》第十六条、第十七条、第二十一条第一款 《最高人民法院关于审理不正当竞争民事案件应用法律若干问题的解释》第十七条 [①]
裁判要点 [②]	在《品牌使用协议》到期后，违反授权许可中的承诺，使用与涉案注册商标相同或者近似的标识，生产与涉案注册商标核定使用商品相同或者类似的被诉侵权商品，既构成违约，亦构成侵权。
案例规则	若当事人之间存在关于知识产权违约责任的约定，权利人有权选择追究该合同义务方的违约责任或侵权责任。若选择追究侵权责任，则知识产权违约赔偿的约定可以用来确定侵权赔偿数额。

二、案例综述

【主要诉请】

原告以侵害商标及不正当竞争为由，请求法院判令：1. 被告北京三精公司在其企业名称中停止使用三精字号；2. 被告北京三精公司停止生产、销售生产日期在 2013 年 1 月 31 日以后或者使用期限在 2015 年 12 月 31 日以后、带有三精文字商标和图形商标及含有三精字号的企业名称的染发剂类、洗发液类、护发素类、焗油类以及清洁制剂类商品；3. 被告精彩染发店停止销售上述商品；4. 被告北京三精公司、被告精彩染发店连带赔偿原告哈药三精公司经济损失 2304296 元。

【基本事实】

1. 关于商标的事实。

第 3396525 号三精注册商标于 2004 年 9 月 7 日获准注册，核定使用商品为第 3 类：洗发液、去污剂、上光剂、磨光粉、化妆品用香料、牙膏、香、

---

① 《民事诉讼法》第一百七十条第一款第一项：第二审人民法院对上诉案件，经过审理，按照下列情形，分别处理：（一）原判决、裁定认定事实清楚，适用法律正确的，以判决、裁定方式驳回上诉，维持原判决、裁定……

② 摘自二审判决：最高人民法院（2015）民三终字第 8 号《民事判决书》。

动物用化妆品、干洗剂、浴液，注册有效期至 2014 年 9 月 6 日，注册人为哈药三精公司。该商标于 2006 年 7 月 7 日经中华人民共和国工商行政管理总局商标局（以下简称国家商标局）核准转让，受让人为哈药三精股份公司；于 2014 年 4 月 8 日经国家商标局核准，续展有效期至 2024 年 9 月 6 日。

第 4267806 号三精注册商标于 2007 年 9 月 28 日获准注册，核定使用商品为第 3 类：洗发液、护发素、宠物用香波、清洁制剂、上光蜡、香、喷发胶、化妆品用香料、化妆品、焗油、牙膏、染发剂、摩丝、生发油、烫发剂，注册有效期至 2017 年 9 月 27 日，注册人为哈药三精股份公司。

第 4423277 号注册商标于 2008 年 4 月 28 日获准注册，核定使用商品为第 3 类：洗发液、护发素、清洁制剂、地板蜡、磨光制剂、香精油、染发剂、牙膏、香木、动物用化妆品，注册有效期至 2018 年 4 月 27 日，注册人为哈药三精股份公司。

2. 关于《品牌使用协议》、《〈品牌使用协议〉履行终止确认书》、《〈品牌使用协议〉之终止及后续义务协议书》的事实。

2007 年 1 月 1 日，哈药集团三精制药股份有限公司与北京三精国药日化有限公司签订《品牌使用协议》，由哈药三精股份公司将第 3396525 号三精商标及正在申请注册的核定使用在第 3 类染发剂、护发素、烫发剂、焗油膏等商品上的三精商标、图形商标许可给北京三精国药日化有限公司在中国非独占性使用，并许可北京三精国药日化有限公司使用三精字号，期限为 2007 年 1 月 1 日至 2012 年 12 月 31 日；前三年使用费为每年 50 万元，后三年使用费为每年 75 万元。许可期限届满后，哈药三精股份公司与北京三精国药日化有限公司签订了《〈品牌使用协议〉履行终止确认书》、《〈品牌使用协议〉之终止及后续义务协议书》，终止北京三精国药日化有限公司对三精系列商标及三精字号的使用。

3. 关于侵权的事实。

2013 年 7 月 8 日，北京三精国药日化有限公司更名为北京中科精彩日用品有限公司（以下简称北京中科精彩公司）。2015 年 2 月 16 日，哈药集团股份有限公司与哈药三精股份公司签订了《重大资产置换协议》，将哈药三精股份公司的全部医药工业类资产及负债置出，置出资产由哈药三精公司承接，涉案商标权及其所涉权利义务均由哈药三精公司承继。后哈药三精公司发现北京中科精彩公司于 2015 年 5 月 6 日将企业名称变更为北京三精公司，使用三精字号。精彩染发店销售了北京三精公司生产的被诉侵权商品。同时，北京三精公司在其网站的企业简介中称："北京三精公司（原名北京三精国药日化有限公司）是集科研、生产、销售于一体的现代化企业。作为三精制药向日化领域扩展的平台，我公司以'制药'的严谨态度……本公司不仅拥有三精医药研发的深厚实力……"

三、案例评析

【案例背景】

1. 企业背景。

2002 年春天,三精已经有很多产品在投播广告,但是面对当时钙市场的群雄崛起,"三精葡萄糖酸钙"这个产品在销售上出现了瓶颈,产品老化,一直坚持名人代言,做全人群的三精葡萄糖酸钙显得力不从心。2002 年 4 月,三精制药总经理姜林奎在三精办公室与几个来自北京的年轻人进行了一次 5 个小时的长谈,这次聚首促成了三精与合众至今长达 10 年的合作。针对问题,合众传播指出需要在传播领域进行一次外科手术般的改造,集中目标人群,适时把人群定位在儿童,这对三精制药来说是有战略意义的转折点。2003 年的冬天,以儿童为主要定位人群,以妈妈为主要诉求对象的三精葡萄糖酸钙广告初战告捷,《聪明的妈妈篇》、《夏季运动篇》、《妈妈篇》等电视广告片跃然各大电视媒体之上。说起三精小蓝瓶恐怕无人不知,尤其是"00后"的妈妈们。具有标志性的小蓝瓶在 2004 年、2005 年前后通过与葡萄糖酸钙、葡萄糖酸锌口服液的小蓝瓶包装装潢之间的关联性广告,使得三精制药年销售额从 1 个亿增长到近 3 个亿。确立了三精葡萄糖酸钙在儿童补钙产品中的领军地位,年销售额一度达到 6 亿。三精制药秉承的是"精益求精再求精"的三精精神。[①]

随后,哈药三精公司于 2004 年、2007 年、2008 年相继注册了第 3 类商标,逐步扩大了使用商品范围。

图片来源:http://sanjing.cn/home.asp

2. 法律背景。

根据 2013 年修订的《商标法》(2014 年 5 月 1 日起施行)第五十八条的规定,"将他人注册商标、未注册的驰名商标作为企业名称中的字号使用,误导公众,构成不正当竞争行为的,依照《中华人民共和国反不正当竞争法》处理",而修订前的《商标法》并没有该规定。

同时,修订前的《反不正当竞争法》(1993 年)第五条规定经营者不得采用下列不正当手段从事市场交易,损害竞争对手:擅自使用他人的企业名称或者姓名,引人误认为是他人的商品。而 2017 年修订的《反不正当竞争法》第六条规定,经营者不得实施下列混淆行为,引人误认为是他人商品或者与他人存在特定联系:擅自使用他人有一定影响的企业名称(包括简称、字号等)、社会组织名称(包括简称等)、姓名(包括笔名、艺名、译名等)。

---

① 参见:http://www.baobei360.com/subject/Brand/sanjing/。

与旧法相比，2017 年修订的《反不正当竞争法》限定企业名称需要具有一定影响力，同时增加社会组织名称、姓名等权利客体。

另外，《合同法》第六十条对合同履行的要求及违反的相应后果进行了规定，当事人应当按照约定全面履行自己的义务。当事人应当遵循诚实信用原则，根据合同的性质、目的和交易习惯履行通知、协助、保密等义务；第一百二十二条规定，因当事人一方的违约行为，侵害对方人身、财产权益的，受损害方有权选择依照本法要求其承担违约责任或者依照其他法律要求其承担侵权责任。

本案是依据 2013 年修订的《商标法》及 1993 年《反不正当竞争法》进行判决的。

【焦点评析】

1. 关于北京三精公司、精彩染发店是否构成商标侵权？

关于北京三精公司在其网站上宣传其植物染发、植物清凉柔顺洗发液等美发护发商品时使用三精标识的行为性质，法院分别基于《合同法》和《商标法》的规定，认定北京三精公司的行为既构成合同违约，也构成商标侵权。具体理由分别如下：

（1）北京三精公司在《品牌使用协议》到期后，违反哈药三精公司的授权许可及其承诺，使用与涉案注册商标相同或者近似的标识，生产与涉案注册商标核定使用商品同种或者类似的被诉侵权商品，既构成违约，亦构成侵权；

（2）根据哈药三精股份公司与北京三精国药日化有限公司于 2013 年 2 月 20 日签订的《〈品牌使用协议〉之终止及后续义务协议书》约定，北京三精公司自 2013 年 7 月 1 日起，在生产经营和商业服务中，不再使用涉案注册商标，包括但不限于广告宣传、媒体广播、销售策划和服务推广等各类形式，北京三精公司违反约定，超过许可期限，在宣传其生产经营的与涉案注册商标核定使用商品同种或者类似的商品时，使用与涉案注册商标相同或者近似的三精标识，既构成违约，亦构成商标侵权。

至于销售商精彩染发店的行为性质，法院简单认定精彩染发店销售北京三精公司生产的侵犯涉案注册商标专用权的被诉侵权商品，侵害了涉案注册商标专用权，构成商标侵权。

2. 关于北京三精公司是否构成不正当竞争？

北京三精公司在其企业名称中使用三精字号的行为性质，法院认为，北京三精公司的上述行为构成了违约和不正当竞争的竞合。具体理由为：北京三精公司曾经涉案商标原权利人哈药三精股份公司许可，在其企业名称中使用三精字号，许可有效期至 2012 年 12 月 31 日。许可期限届满后，北京三精公司与哈药三精签订《品牌使用协议》履行终止确认书》、《《品牌使用协议〉之终止及后续义务协议书》，并作出在 2013 年 6 月末前全面终止使用三精字号的书面承诺，于 2013 年 6 月 18 日将企业名称变更为北京中科精彩公司。后北京三精公司违反约定和承诺，于 2015 年 5 月 6 日又再次更名，将其企业名称中的字号变更为三精，再次更名后的三精字号与涉案第 3396525 号、第 4267806 号注册商标相同，其再次更名使用该字号的时间晚于涉案第 3396525 号三精注册商标获准注册日 2004 年 9 月 7 日及第 4267806 号三精注册商标获准注册日——2007 年 9 月 28 日。北京三精公司是在明知《品牌使用协议》到期后其无权使用三精字号，且已经为履行终止协议相关约定而终止使用三精字号，并将字号变更为中科精彩的情况下，又再次变更企业名称为北京三精公司，其再次更名使用三精字号，既构成违约，亦构成不正当竞争。另外，关于北京三精公司在其网站企业简介中宣称与三精有关的行为性质，法院认为北京三精公司故意混淆北京三精公司与哈药三精公司的关系。

综上，法院认为，北京三精公司再次更名使用三精字号的行为，主观上具有攀附哈药三精公司的恶意，客观上使相关公众误认为其与哈药三精公司仍然具有特定联系，造成混淆误认，哈药三精公司主张北京三精公司构成不正当竞争成立。

3. 关于如何判定北京三精公司的责任？

关于北京三精公司需要承担的法律责任，除了停止侵权行为外，法院着重论述了赔偿数额的确定方法。法院认为，在本案中，北京三精公司因侵权所获得的利益和哈药三精公司因被侵权所受到的损失虽然均难以确定，但是依据北京三精公司与哈药三精股份公司签订的《〈品牌使用协议〉之终止及后续义务协议书》，北京三精公司违反协议擅自使用三精等注册商标以及三精字号或保证在终止使用企业字号日期后发生误导公众或造成市场混淆的损害哈药三精股份有限公司合法权益的行为的，应向哈药三精股份公司支付违约金共 50 万元整。法院基于该约定，认为北京三精公司、哈药三精股份公司在订立《〈品牌使用协议〉之终止及后续义务协议书》时，对侵权赔偿数额等事宜已有充分的预见，并且该约定符合《最高人民法院关于审理商标民事纠纷案件适用法律若干问题的解释》第十六条第三款关于当事人按照本条第一款的规定，就赔偿数额达成协议的，应当准许等法律规定。哈药三精公司承继了哈药三精股份有限公司就涉案注册商标所享有的权利义务，并且北京三精公司和哈药三精公司均没有对该约定提出异议，没有主张该赔偿数额明显过高、过低或显失公平。因此，该协议就赔偿数额的约定对北京三精公司和哈药三精公司均有约束力。

4. 关于如何判定精彩染发店的责任？

关于精彩染发店需要承担的法律责任，法院分别从主观和客观两个方面进行了论述。在主观方面，哈药三精公司没有举证证明精彩染发店明知被诉侵权商品系侵犯涉案注册商标专用权的商品而销售。而精彩染发店举证证明被诉侵权商品上所标注的生产者，表明其对被诉侵权商品的生产者及商品质量等进行了必要的审查，主观上不具有明知侵权而销售的故意。在客观方面，精彩染发店系被诉侵权商品的零售商，性质为个体工商户，根据目前我国商品流通市场实际状况和日常交易习惯以及被诉侵权商品的性质，如果要求精彩染发店举证证明正规购销合同以及记载商品批号、生产日期等完整信息并经合法签章的供货票据，方可证明其销售被诉侵权商品有合法来源，则使其承担过于严苛的举证责任，与现实交易情况不符，不符合本案实际。因此，对精彩染发店举证证明的合理证据，证明其销售的被诉侵权商品系合法取得的事实应予认定，并判决精彩染发店不承担赔偿责任，但承担停止销售涉案侵权商品责任。

【总体评价】

1. 事实部分。

本案绝大多数事实清楚，事实认定具有相应的证据证明。虽然在认定精彩染发店所销售的被诉侵权商品是否合法取得这一点时，精彩染发店并未能提供正规购销合同以及记载商品批号、生产日期等完整信息并经合法签章的供货票据，但是法院还是考虑到个体工商户的实际情况，对该事实予以了认定，是基本符合当前社会实际的。

2. 法律适用。

本案法律适用基本正确。值得注意的是，虽然哈药三精公司仅依据《商标法》和《反不正当竞争法》的规定，追究北京三精公司、精彩染发店的侵权责任，而未追究违约责任。但是，法院还是在判决书中对北京三精公司的违约行为进行了论述，且赔偿数额采用了合同约定。但是，从法理角度，违约与侵权竞合，当事人只能择一，在法院判决时亦如此。既然哈药三精选择的是侵权，则确定在赔偿时，法院应依照商标法规定进行判决，而不应该适用合同约定进行判决。在权利人实际损失难以确定时，法官可以根据法律规定，在法定赔偿范围内，参照合同约定酌定。

【案例规则】

若当事人之间存在关于知识产权违约责任的约定，权利人有权选择追究该合同义务方的违约责任或侵权责任。若选择追究侵权责任，则知识产权违约赔偿的约定在权利人实际损失数额难以确定时，可以用来确定侵权赔偿数额。

北京庆丰包子铺诉山东庆丰餐饮管理有限公司侵害商标权与不正当竞争纠纷案①

于　鹏②

一、案例基本信息

案例类型	侵害注册商标专用权　企业字号　仿冒行为　不正当竞争　民事案件
案例名称	北京庆丰包子铺诉山东庆丰餐饮管理有限公司侵害商标权与不正当竞争纠纷案
裁判文书	一审：山东省济南市中级人民法院（2013）济民三初字第716号《民事判决书》 二审：山东省高级人民法院（2014）鲁民三终字第43号《民事判决书》 再审：最高人民法院（2016）最高法民再238号《民事判决书》
合议庭成员	再审：审判长骆电、代理审判员李嵘、代理审判员马秀荣
一审原告	北京庆丰包子铺（本文简称"庆丰包子铺"）
一审被告	济南庆丰餐饮管理有限公司③（本文简称"庆丰餐饮公司"）
二审上诉人	庆丰包子铺
二审被上诉人	庆丰餐饮公司
再审申请人	庆丰包子铺
被申请人	庆丰餐饮公司
受理日期	再审：2015年12月28日
裁判日期	再审：2016年5月29日
审理程序	一审、二审、再审
一审判决结果	驳回庆丰包子铺的诉讼请求

---

① 本案为最高人民法院公布2016年十大知识产权案件之一。
② 于鹏，山东众成清泰（济南）律师事务所，高级律师。
③ 2014年9月3日，济南庆丰餐饮管理有限公司更名为山东庆丰餐饮管理有限公司。

二审判决结果	驳回上诉，维持原判
再审判决结果	一、撤销山东省高级人民法院（2014）鲁民三终字第 43 号民事判决； 二、撤销山东省济南市中级人民法院（2013）济民三初字第 716 号民事判决； 三、山东庆丰餐饮管理有限公司于本判决生效之日起立即停止使用"庆丰"标识的侵害北京庆丰包子铺注册商标专用权的行为； 四、山东庆丰餐饮管理有限公司于本判决生效之日起立即停止在其企业名称中使用"庆丰"字号的不正当竞争行为； 五、自本判决生效之日起十日内，山东庆丰餐饮管理有限公司赔偿北京庆丰包子铺经济损失及合理费用 5 万元； 六、驳回北京庆丰包子铺的其他诉讼请求
涉案法律、法规和司法解释	一审： 《商标法》第五十一条① 《最高人民法院关于民事诉讼证据若干规定》第二条② 《企业名称登记管理规定》第三条③ 二审： 《商标法》第五十二条第（一）项④ 《最高人民法院关于审理商标民事纠纷案件适用法律若干问题的解释》第九条第二款⑤、第十条⑥

---

① 《商标法》（2001 年）第五十一条：注册商标的专用权，以核准注册的商标和核定使用的商品为限。从案件本身事实情况看，本案判决应当适用的是 2001 年的《商标法》。

② 《最高人民法院关于民事诉讼证据若干规定》第二条：当事人对自己提出的诉讼请求所依据的事实或者反驳对方诉讼请求所依据的事实有责任提供证据加以证明。

③ 《企业名称登记管理规定》第三条：企业名称在企业申请登记时，由企业名称的登记主管机关核定。企业名称经核准登记注册后方可使用，在规定的范围内享有专用权。

④ 《商标法》（2001 年）第五十二条第（一）项：有下列行为之一的，均属侵犯注册商标专用权：（一）未经商标注册人许可，在同一种商品或者类似商品上使用与其注册商标相同或者近似的商标；

⑤ 《最高人民法院关于审理商标民事纠纷案件适用法律若干问题的解释》第九条第二款：商标法第五十二条第（一）项规定的商标近似，是指被控侵权的商标与原告的注册商标相比较，其文字的字形、读音、含义或者图形的构图及颜色，或者其各要素组合后的整体结构相似，或者其立体形状、颜色组合近似，易使相关公众对商品的来源产生误认或者认为其来源与原告注册商标的商品有特定的联系。

⑥ 《最高人民法院关于审理商标民事纠纷案件适用法律若干问题的解释》第十条：人民法院依据商标法第五十二条第（一）项的规定，认定商标相同或者近似按照以下原则进行：（一）以相关公众的一般注意力为标准；（二）既要进行对商标的整体比对，又要进行对商标主要部分的比对，比对应当在比对对象隔离的状态下分别进行；（三）判断商标是否近似，应当考虑请求保护注册商标的显著性和知名度。

续表

涉案法律、法规和司法解释	《反不正当竞争法》（1993年）第二条第一款^① 再审： 《商标法》（2001年）第五十二条第（一）项 《最高人民法院关于审理商标民事纠纷案件适用法律若干问题的解释》第一条第一款^② 《反不正当竞争法》（1993年）第五条第（三）项^③ 《最高人民法院关于审理不正当竞争民事案件应用法院若干问题的解释》第六条^④
裁判要点^⑤	1.关于庆丰餐饮公司在其网站、经营场所使用"庆丰"文字的行为是否侵害庆丰包子铺涉案注册商标专用权的问题。 首先，关于庆丰餐饮公司对"庆丰"文字的使用状况。庆丰餐饮公司在其公司网站上开设"走进庆丰"、"庆丰文化"、"庆丰精彩"、"庆丰新闻"等栏目，在经营场所挂出"庆丰餐饮全体员工欢迎您"的横幅，相关公众会将"庆丰"文字作为区别商品或者服务来源的标识，庆丰餐饮公司的使用行为属于对"庆丰"商标标识的突出使用，其行为构成商标性使用。 其次，关于庆丰包子铺涉案注册商标的知名度情况。根据一审、二审法院查明的事实，庆丰包子铺的"慶豐"商标自1998年1月28日核准注册至庆丰餐饮公司2009年6月24日成立，已经十多年的时间；庆丰包子铺的"老庆丰+laoqingfeng"商标的核准注册时间也比庆丰餐饮公司成立时间早近六年。庆丰包子铺的连锁店于2007年被北京市商务局认定为"中国风味特色餐厅"。庆丰包子铺于2007年在北京广播电台、电视台投入的广告费用为131万余元，2008年至庆丰餐饮公司成立之前，其在上述媒体上投入的广告费用为322万余元。庆丰包子铺采用全国性连锁经营的模式，经过多年诚信经营和广告宣传，取得了较高的显著性和知名度。

---

① 《反不正当竞争法》（2001年）第二条第一款：经营者在市场交易中，应当遵循自愿、平等、公平、诚实信用的原则，遵守公认的商业道德。

② 《最高人民法院关于审理商标民事纠纷案件适用法律若干问题的解释》第一条第一款：将与他人注册商标相同或者相近似的文字作为企业的字号在相同或者类似商品上突出使用，容易使相关公众产生误认的，属于商标法第五十二条第（五）项规定的给他人注册商标专用权造成其他损害的行为。

③ 《反不正当竞争法》（1993年）第五条第（三）项：擅自使用他人的企业名称或者姓名，引人误以为是他人的商品的行为属于不正当竞争行为。

④ 《最高人民法院关于审理不正当竞争民事案件应用法院若干问题的解释》第六条：……具有一定的市场知名度、为相关公众所知悉的企业名称中的字号，可以认定为反不正当竞争法第五条第（三）项规定的"企业名称"。

⑤ 摘自再审判决：（2016）最高法民再238号《民事判决书》。

| 裁判要点⑤ | 再次，关于庆丰餐饮公司使用的"庆丰"文字与涉案注册商标的近似性判断。庆丰包子铺在餐馆服务上注册的"慶豐"商标及在方便面、糕点、包子等商品上注册的"老庆丰+laoqingfeng"商标，在全国具有较高的知名度和影响力。"慶豐"与"庆丰"是汉字繁体与简体的一一对应关系，其呼叫相同；"老庆丰+laoqingfeng"完全包含了"庆丰"文字。庆丰餐饮公司将"庆丰"文字商标性使用在与庆丰包子铺的上述两注册商标核定使用的商品或服务类似的餐馆服务上，容易使相关公众对商品或服务的来源产生误认或者认为其来源庆丰餐饮公司与庆丰包子铺之间存在某种特定的联系，可能导致相关公众的混淆和误认。

最后，关于庆丰餐饮公司使用"庆丰"文字的合理性判断。庆丰餐饮公司主张其对"庆丰"文字的使用属于合理使用其企业字号，且系对其公司法定代表人徐庆丰名字的合理使用。对此，法院认为，庆丰餐饮公司的法定代表人为徐庆丰，其姓名中含有"庆丰"二字，徐庆丰享有合法的姓名权，当然可以合理使用自己的姓名。但是，徐庆丰将其姓名作为商标或企业字号进行商业使用时，不得违反诚实信用原则，不得侵害他人的在先权利。徐庆丰曾在北京餐饮行业工作，应当知道庆丰包子铺商标的知名度和影响力，却仍在其网站、经营场所突出使用与庆丰包子铺注册商标相同或相近似的商标，明显具有攀附庆丰包子铺注册商标知名度的恶意，容易使相关公众产生误认，属于前述司法解释规定的给他人注册商标专用权造成其他损害的行为，其行为不属于对该公司法定代表人姓名的合理使用。因此，庆丰餐饮公司的被诉侵权行为构成对庆丰包子铺涉案注册商标专用权的侵犯，一审、二审法院关于庆丰餐饮公司的被诉行为属于合理使用、不构成侵权的认定错误，本院予以纠正。

2. 关于庆丰餐饮公司将"庆丰"文字作为其企业字号注册并使用的行为是否构成不正当竞争的问题。

根据一审、二审法院查明的事实，庆丰包子铺自1956年开业，1982年1月5日起开始使用"庆丰"企业字号，至庆丰餐饮公司注册之日止已逾二十七年，属于具有较高的市场知名度、为相关公众所知悉的企业名称中的字号，庆丰餐饮公司擅自将庆丰包子铺的字号作为其字号注册使用，经营相同的商品或服务，具有攀附庆丰包子铺企业名称知名度的恶意，其行为构成不正当竞争。二审法院认定庆丰餐饮公司的行为不构成不正当竞争错误，本院予以纠正。

3. 关于庆丰餐饮公司民事责任的承担问题。

庆丰餐饮公司的被诉侵权行为构成侵害庆丰包子铺注册商标专用权的行为和不正当竞争，应当承担停止上述行为并赔偿损失的民事责任。因庆丰包子铺未提供因庆丰餐饮公司上述侵权行为所遭受的损失 |

续表

裁判要点⑤	或庆丰餐饮公司所获利润的证据，故法院结合侵权行为的性质、程度及庆丰餐饮公司上述侵权行为的主观心理状态等因素，酌定庆丰餐饮公司赔偿庆丰包子铺经济损失及合理费用人民币 5 万元。因庆丰包子铺未举证证明其商标商誉及企业信誉因庆丰餐饮公司的侵权和不正当竞争行为受到的损害，法院对其要求庆丰餐饮公司在《济南日报》上发表声明消除影响的诉讼请求不予支持
案例规则	1. 对于文字商标来讲，汉字的繁体与简体商标应认定为相同商标。 2. 字号不仅可以指向企业名称，而且可以干涉他人商标权，具有双重性。 3. 权利的合理使用应以不侵犯他人合法在先权利为限

二、案例综述

【主要诉请】

原告请求法院判令：1. 立即停止侵害商标权的行为，包括拆除销毁含有"庆丰"标识的牌匾、招牌、价格单、名片等材料及删除网上"庆丰"标识的宣传；2. 立即停止使用含有"庆丰"字号的企业名称；3. 在《济南日报》上发表声明，消除影响；4. 赔偿庆丰包子铺经济损失 50 万元、律师费、公证费及调查取证费 9 万元。

再审申请人请求法院判令：1. 撤销一审、二审判决；2. 庆丰餐饮公司立即停止侵权行为，包括且不限于销毁任何带有"庆丰"标识的门头招牌、牌匾、价格单、名片、海报等广告，删除网页上"庆丰"标识等；3. 庆丰餐饮公司立即停止使用含有"庆丰"文字的企业名称，并责令限期变更企业名称；4. 庆丰餐饮公司在《济南日报》上刊登声明，消除影响；5. 庆丰餐饮公司赔偿庆丰包子铺经济损失及合理开支 50 万元；6. 庆丰餐饮公司负担一审、二审诉讼费。

【基本事实】

庆丰包子铺最初设立于 1956 年，企业性质为全民所有制，主要经营面食、包子、炒肝等北京传统小吃。1998 年 1 月 28 日，庆丰包子铺在第 43 类"餐饮"服务注册第 1171838 号"慶豐"商标；2003 年 7 月 21，庆丰包子铺在第 30 类商品上注册第 3201612 号"老庆丰 +laoqingfeng"商标。庆丰包子铺通过采用全国性连锁经营的模式，经过多年经营和广告宣传，"庆丰"作为庆丰包子铺的字号取得了较高的显著性和知名度。庆丰餐饮公司成立于 2009 年 6 月 24 日，经营范围为餐饮管理及咨询。

庆丰包子铺认为庆丰餐饮公司明知庆丰包子铺商标及字号的知名度，仍使用"庆丰"字号成立餐饮公司，并在其官网、店面门头、菜单、广告宣传上显著使用"庆丰"或"庆丰餐饮"标识，严重侵犯其注册商标专用权及构成不正当竞争，向济南市中级人民法院提起诉讼。

济南市中级人民法院经审理认为，庆丰餐饮公司使用"庆丰"二字时，并未从字体、大小和颜色等方面突出使用，是对企业简称或字号的合理使用，且庆丰餐饮公司注册企业名称具有地域性，不会导致消费者混淆误认。济南市中级人民法院判决驳回庆丰包子铺的全部诉讼请求。庆丰包子铺不服该一审判决，遂向山东省高级人民法院提起上诉。

山东省高级人民法院经审理认为，庆丰餐饮公司并未突出使用"庆丰"二字，系合理使用；对比"庆丰"与庆丰包子铺核准注册的两个商标，差别较大，不构成相同商标；庆丰包子铺的知名度主要在北京，存在地域性，庆丰餐饮公司主要在山东，并不会导致消费者混淆误认。山东高级人民法院判决驳回庆丰包子铺的上诉。庆丰包子铺不服该二审判决，遂向最高人民法院申请再审。

最高人民法院审理认为，庆丰餐饮公司在网站、经营场所使用的"庆丰"二字，已经构成商标性使用，相关公众会将"庆丰"作为区别商品或服务来源的标识；庆丰包子铺的两个商标在全国具有较高的知名度和影响力，"慶豐"是"庆丰"的繁体，二者呼叫相同，"老庆丰 +laoqingfeng"完全包含了"庆丰"二字，可能导致相关公众的混淆和误认；庆丰餐饮公司主张使用"庆丰"二字系对法定代表人徐庆丰名字的合理使用，但将姓名作为商标或企业字号进行商业使用时，不得违反诚实信用原则，不得侵害他人的在先权利；庆丰餐饮公司使用"庆丰"作为其字号使用，与庆丰包子铺经营相同的商品或服务，具有攀附庆丰包子铺知名度的恶意。最终，最高人民法院全部推翻了一、二审判决，认定庆丰餐饮公司构成商标侵权及不正当竞争，并判令立即停止在其企业名称中使用"庆丰"标识及字号，赔偿庆丰包子铺经济损失及合理费用 5 万元。

三、案例评析

【案例背景】

近年来，中华老字号商标被仿冒、域名被侵权的事件频发，被"李鬼"冒名顶替，被相似的商标打"擦边球"，已成为许多老字号企业的切肤之痛。老字号企业经过多年的经营积淀，都拥有较高的知名度及稳定的消费群，而有的老字号企业并未进行商标注册，很多企业瞄准这点，积极进行商标抢注。除此之外，企业使用与老字号企业近似商标进行经营、宣传的行为也时有发生。然而，有些老字号品牌企业遭到侵权时表现出的却是"不作为"，"忙不过来"、"维权成本高"等无奈行径导致侵权大行其道。

本案庆丰包子铺在面对侵权行为时积极维权，以庆丰餐饮公司侵害其商标权及构成不正当竞争为由向济南市中级人民法院提起诉讼。济南中级人民法院一审判决驳回庆丰包子铺的全部诉讼请求，山东高级人民法院二审维持一审判决。而伴随着最高人民法院的再审改判，老字号维权难、维权成本高的问题再一次引起了社会公众的关注。

【名词解释】

1. 商标相同。

商标相同是指两商标在视觉上基本无差别，使用在同一种或者类似商品或者服务上易使相关公众对商品或者服务的来源产生误认。

2. 商标近似。

商标近似是指商标文字的字形、读音、含义近似，商标图形的构图、着色、外观近似，或者文字和图形组合的整体排列组合方式和外观近似，立体商标的三维标志的形状和外观近似，颜色商标的颜色或者颜色组合近似，使用在同一种或者类似商品或者服务上易使相关公众对商品或者服务的来源产生误认。

3. 姓名权。

姓名权是公民依法享有的决定、使用、改变自己姓名的权利。

在本案中，庆丰餐饮公司主张其对"庆丰"文字的使用属于合理使用其企业字号，且系对其公司法定代表人徐庆丰名字的合理使用。对此，最高人民法院认为，庆丰餐饮公司的法定代表人为徐庆丰，其姓名中含有"庆丰"二字，徐庆丰亨有合法的姓名权，当然可以合理使用自己的姓名。但是，徐庆丰将其姓名作为商标或企业字号进行商业使用时，不得违反诚实信用原则，不得侵害他人的在先权利。

【焦点评析】

1. 关于"慶豐"、"庆丰"是否构成相同商标的问题。

《商标审查及审理标准》第三部分第三条第一项关于认定相同文字商标规定，因字体、字母大小写或者文字排列方式有横排与竖排之分使两商标存在细微差别的，仍判定为相同商标。"慶豐"与"庆丰"是繁体汉字与简体汉字的一一对应，二者文字相同，仅仅是写法的不同，笔者认为可以认定为二者字体的不同。汉字作为我国通用文字，大陆通用简体字，港澳台等地区则主要使用繁体字，汉字的简繁体系浑然天成的，不能像比对图案一样比对汉字外形的区别。最高人民法院在本案中与笔者观点一致，即"慶豐"与"庆丰"是汉字繁体与简体的一一对应关系，其呼叫相同。故对于文字的繁体与简体商标应认定为相同商标。

2. 关于是否构成突出使用的问题。

济南市中级人民法院认为，庆丰餐饮公司使用"庆丰"二字时与其使用环境一致，并未从字体、大小和颜色等方面突出使用，是对企业名称简称或字号的合理使用。山东高级人民法院认定，"庆丰餐饮公司使用'庆丰'二字时并未从字体、大小和颜色等方面突出使用，是对企业名称简称或字号的合理使用。"实际上，庆丰餐饮公司在公司网站上使用"走进庆丰"、"庆丰文化"、"庆丰精彩"、"庆丰新闻"等字样，其本身即是对"庆丰"二字的突出使用。最高院认为庆丰餐饮公司使用上述字样时，"相关公众会将'庆丰'文字作为区别商品或者服务来源的标识，属于对'庆丰'商标标识的突出使用，其行为构成商标性使用。"笔者同意最高院的观点，即认定是否构成突出使用并不能仅以字体、大小和颜色等标准判断是否突出，还应考虑是否会被相关公众作为区别商品或者服务来源的标识。

3. 关于姓名权的合理使用问题。

本案中，庆丰餐饮公司主张其对"庆丰"文字的使用系对公司法定代表人徐庆丰名字的合理使用，徐庆丰享有合法姓名权，可以合理使用自己的姓名。最高院认为，"将姓名作为商标或企业字号进行商业使用时，不得违反诚实信用原则，不得侵害他人的在先权利。"笔者非常赞同最高院的这一观点，任何权利的使用都应遵循限度原则，应以不侵犯他人合法在先权利为限。

【总体评价】

1. 事实部分。

一审济南中级人民法院经审理认为，第一，庆丰餐饮公司在公司网站上使用"庆丰"二字时与其使用环境一致，并未从字体、大小和颜色等方面突出使用，是对企业名称简称或字号的合理使用，并未侵犯庆丰包子铺的商标权。第二，庆丰餐饮公司于2009年注册并使用"济南庆丰餐饮管理有限公司"作为企业名称，经营地为济南，庆丰包子铺无证据证明在庆丰餐饮公司注册并使用被诉企业名称时，其经营地域和商誉已经涉及或影响到济南和山东。故庆丰餐饮公司注册并使用"济南庆丰餐饮管理有限公司"企业名称具有合理性，并未侵害庆丰包子铺的注册商标专用权。

二审山东高级人民法院经审理认为，第一，关于庆丰餐饮公司是否侵犯庆丰包子铺商标权的问题。首先，庆丰餐饮公司使用"庆丰"二字时并未从字体、大小和颜色等方面突出使用，是对企业名称简称或字号的合理使用。其次，将被诉侵权标识"庆丰"与繁体庆丰文字商标比对来看，二者差别较大，不构成相同商标；将被诉侵权标识"庆丰"与简体老庆丰文字拼音商标比对来看，被诉侵权标识仅与涉案商标文字部分的"庆丰"二字相同，与其他的文字拼音部分也不相同。最后，从庆丰包子铺提交的证据来看，涉案商标知名度主要限于北京地区，其未能证明涉案商标在被诉侵权行为发生时在山东及济南地区具有较高的知名度。综上，被诉侵权标识与涉案商标不构成相同或近似，不会使相关公众对商品的来源产生误认或者认为其来源与涉案注册商标的商品有特定的联系，庆丰餐饮公司的被诉侵权行为不侵害庆丰包子铺的涉案商标权。第二，关于庆丰餐饮公司的被诉侵权行为是否构成不正当竞争的问题：首先，涉案商标为繁体庆丰文字商标及简体老庆丰文字拼音商标，庆丰餐饮公司的企业字号"庆丰"与涉案商标并不相同。其次，庆丰包子铺未能提供证据证明其涉案商标在庆丰餐饮公司使用庆丰作为企业字号时在山东及济南具有较高的知名度。所以，庆丰餐饮公司在主观上没有攀附庆丰包子铺商标商誉的意图，客观上不会造成相关公众的混淆误认，不违反诚实信用等原则，不构成不正当竞争。

再审最高人民法院经审理认为，首先，庆丰餐饮公司在公司网站使用"庆丰"的行为，属于对"庆丰"商标标识的突出使用，相关公众会将"庆丰"文字作为区别商品或者服务来源的标识，构成商标性使用。其次，庆丰包子铺采用全国性连锁经营的模式，经过多年诚信经营和广告宣传，已经取得了较高的显著性和知名度。"慶豐"与"庆丰"是汉字繁体与简体的一一对应关系，其呼叫相同；"老庆丰 +laoqingfeng"完全包含了"庆丰"文字。庆丰餐饮公司将"庆丰"文字商标使用在与庆丰包子铺的上述两注册商标核定使用的商品或服务类似的餐馆服务上，容易使相关公众对商品或服务的来源产生误认或者认为其来源庆丰餐饮公司与庆丰包子铺之间存在某种特定的联系，可能导致相关公众的混淆和误认。最后，庆丰餐饮公司的法定代表人为徐庆丰，其姓名中含有"庆丰"二字，徐庆丰享有合法的姓名权，当然可以合理使用自己的姓名。但是，徐庆丰将其姓名作为商标或企业字号进行商业使用时，不得违反诚实信用原则，不得侵害他人的在先权利。徐庆丰曾在北京餐饮行业工作，应当知道庆丰包子铺商标的知名度和影响力，却仍在其网站、经营场所突出使用与庆丰包子铺注册商标相同或相近似的商标，明显具有攀附庆丰包子铺注册商标知名度的恶意，容易使相关公众产生误认，属于前述司法解释规定的给他人注册商标专用权造成其他损害的行为，其行为不属于对该公司法定代表人姓名的合理使用。因此，庆丰餐饮公司的被诉侵权行为构成对庆丰包子铺涉案注册商标专用权的侵犯。其次，庆丰包子铺自1956 年开业，1982 年 1 月 5 日起开始使用"庆丰"企业字号，至庆丰餐饮公司注册之日止已逾二十七年，属于具有较高的市场知名度、为相关公众所知悉的企业名称中的字号，庆丰餐饮公司擅自将庆丰包子铺的字号作为其字号注册使用，经营相同的商品或服务，具有攀附庆丰包子铺企业名称知名度的恶意，其行为构成不正当竞争。

一审、二审法院均从字体、大小和颜色等方面来认定是否构成突出使用，忽略了这种使用是否会让相关公众将其作为区别商品或者服务来源的标识。一审法院审理重点放在了字号、企业名称的合理使用上，忽略了字号也会干涉他人商标权，且未对是否构成不正当竞争进行审理。二审法院在"庆丰"

标识与涉案商标相似度的认定上存在偏差，由此错误地认定了庆丰餐饮公司使用"庆丰"的行为不侵犯庆丰包子铺的商标权并不构成不正当竞争。再审法院在认定是否构成突出使用上考量全面，在"庆丰"标识与涉案商标相似度的认定上认定清楚，并对姓名权的合理使用进行了界定。综上，再审法院认定事实清楚。

2. 法律适用。

一审法院在判决时仅依据《商标法》、《企业名称登记管理规定》认定庆丰餐饮公司未侵犯庆丰包子铺商标权，且未适用《反不正当竞争法》进行审查，属适用法律错误。二审法院因事实认定错误，错误适用了《最高人民法院关于审理商标民事纠纷案件适用法律若干问题的解释》第九条、《反不正当竞争法》（1993 年）第二条，属适用法律错误。再审法院认定事实清楚、正确，对擅自使用他人的企业名称，引起误认的行为作出了认定。综上，再审法院适用法律正确。

3. 对自然人享有的姓名权的商业化使用可能侵犯他人合法在先权利的解决具有指导性或者典型意义。

本案主要涉及的是商标权行使与他人姓名权发生冲突的问题。姓名权是公民依法享有的基本权利，公民有权合法合理地使用自己的姓名，但是应以不违反诚实信用原则、不侵犯他人合法在先权利为限。本案中，最高人民法法明确指出，庆丰餐饮公司明知庆丰包子铺的注册商标、字号具有较高的知名度和影响力，却仍以合理使用姓名权为由在同类商品或服务上注册与他人字号相同的企业字号，具有搭便车的主观恶意，容易使相关公众产生误认，这种行为不仅不属于对姓名权的合理使用，反而侵犯他人商标权并构成不正当竞争，这为今后法院、律师在处理类似案件中提出了案例指引。

【案例规则】

1. 对于文字商标来讲，汉字的繁体与简体商标应认定为相同商标。

2. 字号不仅可以指向企业名称，而且可以干涉他人商标权，具有双重性。

3. 权利的合理使用应以不侵犯他人合法在先权利为限。

菲维亚珠宝有限两合公司诉众华堂工艺品公司、众华堂珐琅首饰研发中心侵害著作权及不正当竞争纠纷案①

张　旺②

一、案例基本信息

案例类型	实用艺术品　著作权　包装装潢　不正当竞争　民事案件
案例名称	菲维亚珠宝有限两合公司诉中山众华堂工艺品公司、珠海众华堂珐琅首饰研发中心侵害著作权纠纷案
裁判文书	一审：广东省中山市第一人民法院（2015）中一法知民初字第 173 号《民事判决书》 二审：广东省中山市中级人民法院（2016）粤 20 民终 1574 号《民事判决书》
合议庭成员	一审：审判长冯穗波、代理审判员谢劲东、人民陪审员黄丹民 二审：审判长徐红妮、审判员焦凤迎、审判员马燕
一审原告	菲维亚珠宝有限两合公司（本文简称"菲维亚公司"）
一审被告	中山众华堂工艺品公司（本文简称"众华堂公司"）、珠海众华堂珐琅首饰研发中心（本文简称"众华堂中心"）
二审上诉人	众华堂公司、众华堂中心
二审被上诉人	菲维亚公司
受理日期	一审：2015 年 7 月 30 日 二审：2016 年 5 月 3 日
裁判日期	一审：2015 年 12 月 30 日 二审：2016 年 9 月 8 日
审理程序	一审、二审

---

① 本案为 2017 年广东省十大涉外知识产权案例之一。
② 张旺，山东诚功律师事务所，执业律师。

续表

一审判决结果	一、众华堂公司、众华堂中心于本判决发生法律效力之日起七日内，撤除在官方网站、阿里巴巴网店及淘宝网店上的侵害菲维亚公司《向白水（生命螺旋）致敬》作品（著作权登记号：2010-F-023699）的著作权及构成不正当竞争行为的侵权图片； 二、众华堂公司、众华堂中心于本判决发生法律效力之日起立即停止生产、销售侵害菲维亚公司《向白水（生命螺旋）致敬》作品（著作权登记号：2010-F-023699）著作权的产品； 三、众华堂公司、众华堂中心向菲维亚公司赔偿经济损失（含制止侵权的合理费用）8万元； 四、驳回菲维亚公司的其他诉讼请求
二审判决结果	一、维持广东省中山市第一人民法院（2015）中一法知民初字第176号民事判决第二、三项； 二、撤销广东省中山市第一人民法院（2015）中一法知民初字第176号民事判决第一、四项； 三、中山众华堂工艺品有限公司、珠海众华堂珐琅首饰研发中心于本判决发生法律效力之日起七日内，撤除在其官方网站上侵害菲维亚珠宝有限两合公司著作权登记号为2010-F-023699、名称为《向白水（生命螺旋）致敬》作品著作权的图片； 四、驳回菲维亚珠宝有限两合公司的其他诉讼请求
涉案法律、法规和司法解释	一审： 《中华人民共和国民法通则》第一百一十八条① 《中华人民共和国著作权法》第十条第一款第（五）项②、第十一条③、第二十一条④第二款、第四十七条第（七）项⑤，第四十八

① 《民法通则》第一百一十八条：公民、法人的著作权（版权）、专利权、商标专用权、发现权、发明权和其他科技成果权受到剽窃、篡改、假冒等侵害的，有权要求停止侵害，消除影响，赔偿损失。

② 《著作权法》第十条第一款第（五）项：著作权包括下列人身权和财产权：（五）复制权，即以印刷、复印、拓印、录音、录像、翻录、翻拍等方式将作品制作一份或者多份的权利；

③ 《著作权法》第十一条：著作权属于作者，本法另有规定的除外。创作作品的公民是作者。由法人或者其他组织主持，代表法人或者其他组织意志创作，并由法人或者其他组织承担责任的作品，法人或者其他组织视为作者。如无相反证明，在作品上署名的公民、法人或者其他组织为作者。

④ 《著作权法》第二十一条第二款：法人或者其他组织的作品、著作权（署名权除外）由法人或者其他组织享有的职务作品，其发表权、本法第十条第一款第（五）项至第（十七）项规定的权利的保护期为五十年，截止于作品首次发表后第五十年的12月31日，但作品自创作完成后五十年内未发表的，本法不再保护。

⑤ 《著作权法》第四十七条第（七）项：有下列侵权行为的，应当根据情况，承担停止侵害、消除影响、赔礼道歉、赔偿损失等民事责任：（七）使用他人作品，应当支付报酬而未支付的；……

续表

涉案法律、法规和司法解释	条第（一）项[①]、第四十九条[②] 《中华人民共和国反不正当竞争法》（1993 年）第五条[③]第（二）项、第二十条第一款 《最高人民法院关于审理著作权民事纠纷案件适用法律若干问题的解释》第二十五条[④]、第二十六条[⑤]、第二十八条[⑥] 《中华人民共和国民事诉讼法》第六十四条[⑦]第一款

---

① 《著作权法》第四十八条第（一）项：有下列侵权行为的，应当根据情况，承担停止侵害、消除影响、赔礼道歉、赔偿损失等民事责任；同时损害公共利益的，可以由著作权行政管理部门责令停止侵权行为，没收违法所得，没收、销毁侵权复制品，并可处以罚款；情节严重的，著作权行政管理部门还可以没收主要用于制作侵权复制品的材料、工具、设备等；构成犯罪的，依法追究刑事责任：（一）未经著作权人许可，复制、发行、表演、放映、广播、汇编、通过信息网络向公众传播其作品的，本法另有规定的除外；

② 《著作权法》第四十九条：侵犯著作权或者与著作权有关的权利的，侵权人应当按照权利人的实际损失给予赔偿；实际损失难以计算的，可以按照侵权人的违法所得给予赔偿。赔偿数额还应当包括权利人为制止侵权行为所支付的合理开支。权利人的实际损失或者侵权人的违法所得不能确定的，由人民法院根据侵权行为的情节，判决给予五十万元以下的赔偿。

③ 《反不正当竞争法》第五条：经营者不得采用下列不正当手段从事市场交易，损害竞争对手：（一）假冒他人的注册商标；（二）擅自使用知名商品特有的名称、包装、装潢，或者使用与知名商品近似的名称、包装、装潢，造成和他人的知名商品相混淆，使购买者误认为是该知名商品；（三）擅自使用他人的企业名称或者姓名，引人误认为是他人的商品；（四）在商品上伪造或者冒用认证标志、名优标志等质量标志，伪造产地，对商品质量作引人误解的虚假表示。

④ 《最高人民法院关于审理著作权民事纠纷案件适用法律若干问题的解释》第二十五条：权利人的实际损失或者侵权人的违法所得无法确定的，人民法院根据当事人的请求或者依职权适用著作权法第四十八条第二款的规定确定赔偿数额。人民法院在确定赔偿数额时，应当考虑作品类型、合理使用费、侵权行为性质、后果等情节综合确定。

⑤ 《最高人民法院关于审理著作权民事纠纷案件适用法律若干问题的解释》第二十六条：著作权法第四十八条第一款规定的制止侵权行为所支付的合理开支，包括权利人或者委托代理人对侵权行为进行调查、取证的合理费用。人民法院根据当事人的诉讼请求和具体案情，可以将符合国家有关部门规定的律师费用计算在赔偿范围内。

⑥ 《最高人民法院关于审理著作权民事纠纷案件适用法律若干问题的解释》第二十八条：侵犯著作权的诉讼时效为两年，自著作权人知道或者应当知道侵权行为之日起计算。权利人超过两年起诉的，如果侵权行为在起诉时仍在持续，在该著作权保护期内，人民法院应当判决被告停止侵权行为；侵权损害赔偿数额应当自权利人向人民法院起诉之日起向前推算两年计算。

⑦ 《民事诉讼法》第六十四条：当事人对自己提出的主张，有责任提供证据。当事人及其诉讼代理人因客观原因不能自行收集的证据，或者人民法院认为审理案件需要的证据，人民法院应当调查收集。

涉案法律、法规和司法解释	二审： 《中华人民共和国民法通则》第一百一十八条 《中华人民共和国著作权法》第十条第一款第（五）项、第十一条、第二十一条第二款、第四十七条第（七）项，第四十八条第（一）项、第四十九条 《最高人民法院关于审理著作权民事纠纷案件适用法律若干问题的解释》第二十五条第一、二款、第二十六条、第二十八条 《中华人民共和国民事诉讼法》第六十四条第一款、第一百七十条第一款第（二）项①
裁判要点②	1. 著作权侵权认定应遵循"接触＋实质性相似"的判断原则，即如果被诉侵权图案的创作者曾接触过涉案作品，同时该被诉侵权图案又与涉案作品存在内容上的实质性相似，则除非有合理使用等法定抗辩理由，否则即可认定其为侵权。 2. 图案上是否具备螺旋形图案、周围小点的具体排布位置，以及在色彩使用上的差异虽然存在，但考虑到二者均由密致的色段构成反复的色彩排列，每一条色段的颜色均为单一纯色，色环包括深色环以形成间隔，色环不均匀间隔散布有面积较小的色块形成点缀，主色调包含有红、黄、绿，并以深色形成边框，而以上相同的表达形式在涉案作品中因占比作品面积大带来的视觉效果冲击力也更多，同样属于作品独创性的主要组成部分，故法院认定上述差异虽然存在但属于细微差异，且被诉侵权的图案与涉案作品中特有的大部分组合表达方式相同，不足以影响两者构成实质性相似的认定。同时，由于众华堂公司、众华堂中心并没有任何证据证明其属于合理使用，故法院认定被诉侵权图案构成了对涉案作品著作权的侵害。 3. 由于侵权图案外观设计专利权的申请日为2012年9月10日，而涉案作品的创作完成日为2009年1月1日，在维也纳首次发表于2009年4月1日，因外观设计专利权相对于涉案作品的著作权属于在后权利，故关于使用被诉侵权图案的饰品因享有在后外观设计专利权而不侵害涉案在先的著作权的上诉意见，明显不能成立，法院不予采纳。 4. 因被诉侵权行为只侵害了菲维亚公司的著作财产权，不符合适用赔礼道歉民事责任的条件，故对于菲维亚公司赔礼道歉的上诉请求，本院不予支持。

---

① 《民事诉讼法》第一百七十条第一款第（二）项：第二审人民法院对上诉案件，经过审理，按照下列情形，分别处理：（二）原判决、裁定认定事实错误或者适用法律错误的，以判决、裁定方式依法改判、撤销或者变更；

② 摘自二审判决：中山市中级人民法院（2016）粤20民终1574号《民事判决书》。

裁判要点②	5. 由于菲维亚公司未能提供证据证实其实际损失的情况以及众华堂公司、众华堂中心因侵权而获利的情况，并结合菲维亚公司以及涉案作品的具体情况，根据菲维亚公司提交的关于含有涉案作品的产品广告，可以认定涉案饰品的知名度较高，在此情形下，一审法院特别考虑涉案作品作为实用艺术品的知名度，并结合众华堂公司、众华堂中心侵权行为的方式包括有复制、发行等，特别是从 2013 年已在其官网上传推销"亚马逊"系列产品，侵权持续时间较长、主观过错程度大，酌定众华堂公司、众华堂中心应向菲维亚公司赔偿经济损失（含制止侵权的合理费用）8 万元是合法、适当的。而菲维亚公司在二审中提交的关于其支出的合理费用的票据因属于域外证据，没有经过公证认证，故本院对此不予认可
案例规则	1. 当著作权侵权与不正当竞争行为产生法律责任竞合时，法院应向权利人释明择其一来保护其权利。 2. 著作权必须以某种形式予以表现，美术作品虽附着于首饰形状上，但进行相似性比对时其可以脱离于附着物，独立进行侵权比对。 3. 艺术首饰作品的赔偿数额，应当充分考虑市场占有率、公众认知度及销售范围，根据侵权规模、持续时间长及主观恶意程度等因素予以认定

二、案例综述

【主要诉请】

原告请求判令众华堂公司、众华堂中心停止侵权及不正当竞争行为，消除影响、赔礼道歉，支付赔偿款 18 万元及合理费用 2 万元。

【基本事实】

1. 菲维亚公司主张著作权的权利依据及被诉侵权的对象分别是什么？

权利依据为与第 2010-F-023699 号著作权登记证书登记的美术作品相对应的吊坠实物的著作权，即实用艺术品的著作权。只要实用艺术品中的美感能够与实用功能在物理或观念上分离，从而可以独立存在，就可以作为美术作品受到著作权法的保护。公证实物上的装饰图案即为被诉侵权的图案与涉案美术作品。同个系列不同首饰所共同使用的装饰图案独立于首饰的外形惯常设计，故被诉侵权对象仅为首饰上的美术图案，不包括首饰外形设计。

法院审查确认的事实：

镶嵌于吊坠实物之上的装饰图案在物理上可以与其用来佩戴的实用功能

部分实现分离，因此可以对该艺术成分即装饰图案作为实用艺术品的一部分以美术作品来保护。菲维亚公司可以直接以涉案著作权登记证书上的装饰图案即该美术作品进行比对。

虽然用以比对的载有被诉侵权图案的公证实物仅为型号系 bracelet-20-009 的 15cm 宽手镯产品，但菲维亚公司明确其指控的系与该公证实物使用相同或相似装饰图案的系列产品，故使用被诉侵权图案的产品不仅包括公证实物，还包括其在网站上上传的手镯、耳环、戒指、耳钉、吊坠等使用相同或相似装饰图案的同系列首饰。与上同理，使用同一被诉侵权图案的首饰系列虽然首饰的具体外形存在不同，但由于菲维亚公司指控的是该同个系列不同首饰所共同使用的装饰图案，且首饰的外形属于惯常设计，故在具体比对时，首饰的具体外形无需纳入本案比对的范围，仅以公证实物上的装饰图案作为被诉侵权的图案与涉案美术作品进行比对即可，而无需再将除公证实物以外的其他同系列首饰与涉案作品进行重复比对。

2. 菲维亚公司涉案饰品图案是否具有独创性？

菲维亚公司的涉案饰品是实用艺术品，实用艺术作品应归属于美术作品范畴，其体现了作者的创作技术，凝聚了作者的创作灵感，具备区别与其他产品的独特性。因此涉案饰品图案具有独创性，应当受我国著作权法保护。

法院审查确认的事实：

菲维亚公司涉案饰品的图案主要体现在饰片上，包括以下特征：（1）包含螺旋中心及围绕螺旋中心环绕的色环的部分或全部；（2）每一条色环的颜色均是单一纯色；（3）色环包括深色环以形成间隔；（4）色环偏中位置不均匀间隔散布有面积较小的色块形成点缀；（5）除背景色外，主色调以红色、黄色、绿色、淡紫为主；（6）饰片以深蓝色形成边框。以上特征体现了设计师对线条、色彩和具体画面设计的个性化的智力选择和判断，具有一定的智力创作性，应受到著作权法的保护。

3. 众华堂公司、众华堂中心是否侵害了涉案作品的著作权？

根据"接触＋实质性相似"原则，众华堂公司、众华堂中心曾接触过菲维亚公司的涉案饰品，同时被诉侵权图案又与涉案作品存在内容上的实质性相似，故可以认定被诉侵权图案侵害了涉案作品的著作权。

法院审查确认的事实：

（1）涉案作品于 2009 年 1 月 1 日创作完成，于 2009 年 4 月 1 日在维也纳首次发表，并在我国各相关杂志、网站进行广泛的宣传报道。而众华堂中心成立于 2012 年 7 月 25 日，众华堂公司成立于 2012 年 10 月 29 日，众华堂公司、众华堂中心提交的公证网页上显示被诉饰品的销售时间以及产品实物视图的标注时间，均晚于涉案作品的创作和发表时间，故涉案作品的创作时间较众华堂公司、众华堂中心早。

（2）众华堂公司、众华堂中心同为珐琅首饰的设计、制造和销售单位，基于菲维亚公司的品牌知名度及其对其饰品的广泛宣传报道，可以认定众华堂公司、众华堂中心与菲维亚公司的涉案作品曾有接触。

（3）将使用被诉侵权图案的饰品与涉案作品进行比对，一审法院认为，使用被诉侵权图案的饰品虽然涉及多种不同形状，但饰品的形状应作为饰品设计行业中的惯常设计，至于部分缺少螺旋中心及小色块分布位置稍有不同均属细微差别，不是产品的最实质部分。被诉侵权图案的设计、色彩的选择等与涉案饰品相应部分相似，而该相似部分恰恰是涉案作品中最具独创性、最主要或者最实质性的部分，故二者构成实质性相似。

4. 众华堂公司、众华堂中心是否构成不正当竞争行为？

菲维亚公司系于1951年在奥地利创建的公司，目前在全球拥有多家销售店，在中国大陆和香港每年的销售额均在10万欧元以上，曾被多家知名网站及时尚杂志报道，在公众心目中具有一定的知名度。被告擅自使用了与知名商品特有的装潢相近似的装潢而构成不正当竞争行为。

法院审查确认的事实：

菲维亚公司的涉案饰品在中国境内已具有一定的市场知名度，为相关公众所知悉，应当认定为知名商品。经比对，被诉侵权的图案作为饰品装潢与菲维亚公司涉案饰品的装潢视觉上基本无差别，构成近似，故被诉侵权饰品中擅自使用与涉案知名饰品近似的装潢，使相关公众将被诉侵权饰品误认为是菲维亚公司的该知名商品或认为其与菲维亚公司有特定关联，已构成不正当竞争行为。

5. 赔偿数额如何认定？

菲维亚公司认为众华堂公司、众华堂中心侵权规模大、范围广、持续时间长，侵权情节极其严重，自2013年以来，其通过官方网站、阿里巴巴网店及淘宝网店多个平台进行宣传和销售，影响非常广泛，且一直是紧跟其新产品的发布进行长期持续跟踪抄袭，具有明显恶意，故一审判赔额过低。

法院审查认定的事实：

由于菲维亚公司未能提供证据证明其因被诉的著作权侵权及不正当竞争行为而遭受的实际损失的情况以及众华堂公司、众华堂中心因此而获利的情况，综合考虑涉案作品的独创性程度，众华堂公司、众华堂中心实施的侵权及不正当竞争行为的性质、情节、主观过错程度以及菲维亚公司因制止侵权行为所支付的合理开支等因素，酌定众华堂公司、众华堂中心应向菲维亚公司赔偿经济损失（含制止侵权的合理费用）8万元。

【案例背景】

1. 关于奥地利建筑师、画家百水先生（FriedensreichHundertwasser，1928 年 –2000 年）。

FriedensreichHundertwasser（又译"百水"）奥地利艺术家、建筑设计师，1928 年 12 月 15 日出生在维也纳。6 岁开始创作绘画，并展露出对色彩和形状非凡的领悟力。 少年时期，他进入维也纳艺术学院学习，并于 1948 年自己改名为弗里登斯莱布·百水。青年时期曾在法国巴黎学习绘画，风格深受德国表现主义的影响。1958 年，百水荣获巴西圣保罗艺术双年展大奖，堪称奥地利最为古怪的艺术家之一，其名与其作一样与众不同。综合维也纳青春风格，瑞士艺术家保罗克莱以及东方微型艺术之特点，百水创造了别具一格的平面抽象的既具装饰性，又色彩艳丽的绘画风格。其螺旋状、圆圈式曲折迂回、迷宫一样的形状和线条以及隐藏其间的千变万化的动植物形象，令观者一眼就能够识别出这便是百水的作品。作为奥地利最古怪的艺术家之一，百水先生拒绝理论，相信感官领域，一生排斥直线和刻板，厌恶对称和规则。创造了别具一格的装饰艺术风格：抽象的如梦境一般的画面、明亮艳丽的色彩，令观者仿佛进入了童年记忆里的童话世界，有时近乎天真幼稚，有时又给人离经叛道的疯狂之感。[①]

原告诉称本案涉案作品的创作灵感来源于奥地利建筑师、画家白水先生（FriedensreichHundertwasser，1928 年 –2000 年）的画作《螺旋》（Spiral），作品以神秘主义色彩，体现了作者对生命的尊重和敬畏。作品图案主要具有以下特征：（1）包含螺旋中心及沿环绕在螺旋中心的色环，其中螺旋是生与死的象征，弯曲的线条和华美的画面象征了不同的生活驿站；（2）色带包括一种深色形成的矩形边框；（3）每一条色环的颜色均是纯色；（4）色环包括深色环以形成间隔；（5）不同色带交界位置不均匀散布有面积较小的色块形成点缀，象征生活驿站；（6）除背景色外，主色调以红色、黄色、绿色、淡紫为主。

2. 关于"白马藏舞"。

每 年 农 历 正 月 初 三 至 初 六、四 月 十 八 和 十 月 十 五，白 马 藏 族 都 要 跳 舞。意 为 吉 祥 面 具 舞，汉 语 俗 称"十 二 相 舞"。它 源 于 白 马 人 崇 尚"万 物 有 灵"的 原 始 时 期，是 氐 羌 文 化 与 藏 文

---

① 来源：https://baike.so.com/doc/6808640-7025593.html。

化的融合体，带有一定的祭祀性。他们头戴木雕面具，以鼓钹和铜号为主要伴奏乐器，载歌载舞，这是白马人最重要的群众性娱乐活动。旨在祭祀神灵、祈求平安、驱鬼避邪，其拟兽舞蹈的特征说明它应是远古"百兽率舞"的遗存之一，也代表了白马藏族希望与自然界的野兽和谐相处，天人合一的思想。表演者在浑厚有力的鼓号声中，以碎步沿逆时针方向转圈而舞，舞姿多模拟各种禽兽的动作。每当逢年过节，各个部落在戴上他们本部落的标志性面具后，驱邪祈福的歌舞表演就开始了。实际上，这既是森林里动物真实生活状态的一种翻版，也是人与动物和谐相处的一种表现形式。在这种氛围中，孩子们不知不觉就度过了他们美丽的童年时光，长大后，心领神会的他们又不约而同地成了舞者中新的一员。①

被告诉称本案被诉侵权图案的创作灵感和构思来源于中国藏族分支白马藏族妇女们穿着具有鲜明民族特色的五彩条纹袍裙围着篝火跳舞的场景，他们妇女的服饰，是以各种彩色布条镶缝而成的，彩条颜色主要有黑、红、蓝、绿、黄，看上去艳丽夺目。被诉侵权图案中的黑、红、蓝、绿、黄这五彩条纹，即指白马藏人妇女跳舞时服饰上的黑、红、蓝、绿、黄五彩条纹，金黄色点状图形即指白马藏人跳舞时篝火中飞舞的火星。

3. 关于菲维亚公司和众华堂公司、众华堂中心的经营范围。

（1）菲维亚珠宝有限两合公司。菲维亚珠宝有限两合公司（"FREYWILLE" GmbH&CO.KG）系由维也纳著名的珐琅艺术家 MichaelaFrey 于 1951 年始创，住所地奥地利维也纳 1060Gumpendorfer 大街 81 号。公司经过超过 60 年的发展，如今"FREYWILLE"品牌首饰已经成为和施华洛世奇水晶齐名的奥地利国宝级品牌，是全球知名奢侈品公司之一。在全世界各重要城市有多家销售店，2011 年 11 月 4 日《嘉人 MarieClaire》介绍菲维亚公司"所设计出品的艺术首饰，因坚决与纯粹的艺术结合，不但成为奥地利国宝级品牌，更是成为闻名全世界的珐琅饰品制造商"。FREYWILLE"GmbH&CO.KG 自 2004 年即进入中国并在北京开设第一家以"FREYWILLE"命名的专卖店，迄今为止，该专卖店已扩展至 14 家，分布在北京、哈尔滨、长春、南京、沈阳、西安、太原等地，其品牌及产品在包括《中国工商报》在内的报刊上进行宣传，被包括《MarieClaire》、《时尚 COSMO》、《优品 tradingup》及《百代风流》在内的著名时尚杂志报道，并被中国工商报社编制的《中外著名企业商标维权识别手册》（2012）及《中国工商行政管理年鉴》（2013）收录在册，在中国（包括港澳台地区）均具有很高的知名度。②

---

① 来源：https://baike.so.com/doc/9948006-10295500.html。

② 来源：http://www.freywille.com。

（2）众华堂工艺品有限公司。众华堂工艺品有限公司于 2012 年 10 月 29 日在中山市工商行政管理局注册成立，投资者为杨奇和杨仲华，注册资本为 10 万元人民币，公司性质属于有限责任公司，自 2012 年 10 月 29 日成立，至今已经 7 年。公司主要经营生产、加工、销售：工艺美术品、首饰。[①]

（3）珠海众华堂珐琅首饰研发中心。中国现代意义上的珐琅彩饰品是由珠海众华堂杨家兄弟于 20 世纪末 21 世际初，经过许多年不懈努力、艰苦研究，吸取广东传统画珐琅与欧洲现代画珐琅的各自优点，终于在 2006 年在中国首创研发成功。此种现代意义上的珐琅饰品与欧洲奢侈品牌"FREY WILLE"及"爱马仕"的珐琅饰品工艺几乎相同。杨家兄弟研发成功之后，于 2006 年在珠海成立众华堂珐琅饰品工艺坊，将珐琅饰品付诸生产，并将产品推向市场，后发展至今拥有众华堂珐琅首饰研发中心和众华堂工艺品有限公司两个经珠海和中山政府注册的分公司，珠海研发中心专门负责原材料的配方调制、研究、择优去劣及新产品的开发，中山生产工厂专门负责生产加工出货。产品主要有：珐琅项坠、珐琅手镯、珐琅戒指、珐琅耳环、珐琅袖扣、珐琅皮带扣、珐琅表盘、珐琅表链、珐琅钢笔及其他珐琅制品。[②]

4. "接触+实质性相似"原则（参见【名词解释】"接触+实质性相似"原则）。

（1）两件作品或技术经鉴定构成实质性相似，即创造在后的作品或技术与创造在先的作品或技术在思想表达形式或思想内容方面构成同一。在这里，"实质性相似"在于说明被控侵权作品或技术复制了或来源于享有知识产权的在先作品或技术，前者不构成具有创造性的新作品、新技术。

（2）被控侵权作品或技术的行为人接触了享有知识产权的在先作品或技术。关于"接触"事实的证明，是指享有知识产权的作品或技术在被控侵权作品或技术之前公之于众；在下列情形下，也可推定行为人有接触权利人作品或技术的事实：在后作品或技术与在先作品或技术明显相似，足以排除在后作品的独立创造的可能性；在后作品或技术包含与在先作品或技术相同的特征、技术或风格，其相同之处难以用巧合作出解释。

在著作权领域，对侵权行为与合法利用行为的界分，一般采取"思想内容—思想表现形式"二分法和"抽象观察法"。"思想表现形式"是著作权理论中的基本逻辑概念，在文学、艺术、科学等创作领域具象为作品。各国著作权立法遵循相同的基本原则，即保护思想表现形式，而不保护思想内容本身。尽管目前理论界对思想内容与表现形式的构成尚有争议，但是可以肯定的是，对作品的保护不延及任何思想、程序、方法、体系、操作方法、概念、

---

① 来源：http://wbgjgyp.cn.biz72.com。

② 来源：http://www.enameljewelry.cn。

原理和发现，而不论上述内容在作品中以什么形式描述和说明。①

　　本案涉案作品于 2009 年 1 月 1 日创作完成，于 2009 年 4 月 1 日在维也纳首次发表，并在我国各相关杂志、网站进行了广泛的宣传报道。而众华堂中心成立于 2012 年 7 月 25 日，众华堂公司成立于 2012 年 10 月 29 日，众华堂公司、众华堂中心提交的公证网页上显示被诉饰品的销售时间以及产品实物视图的标注时间，均晚于涉案作品的创作和发表时间，可以判断涉案作品的创作时间在先。基于菲维亚公司的品牌知名度及其对其饰品的广泛宣传报道，可以认定众华堂公司、众华堂中心对涉案作品熟知并曾有接触。根据产品比对，两者的不同点有：（1）饰品的形状不同；（2）部分被诉侵权图案没有明显的螺旋中心；（3）色环上点缀的小色块位置不同。两者的相同点有：（1）均由致密的色环（或色段）构成繁复的色彩排列；（2）每一条色环的颜色均是单一纯色；（3）色环包括深色环以形成间隔；（4）色环上不均匀间隔散布有面积较小的色块形成点缀；（5）颜色以红色、黄色、淡紫为主色调；（6）饰片以深色形成边框。侵权作品的表现形式与涉案作品除螺旋漩涡部分外的其余部分实质相似。

三、案例评析

【名词解释】

1. "接触 + 实质性相似"原则。

"接触 + 实质性相似性"原则就是指人民法院在审理侵犯商业秘密案件中，如果被告所使用的商业信息（包括技术信息和经营信息）与权利人的商业秘密相同或实质性相似，同时权利人又有证据表明被告在此前具备了掌握该商业秘密的条件，那么就必须由被告来证明其所使用的商业信息的合法来源，否则即应承担侵权赔偿责任。在"接触 + 实质性相似"中，接触是指被告有机会看到、了解到或感受到原告享有版权的作品。一般说来，原告作品的广泛传播，或者说公众有机会通过书店、图书馆、广播、电视等方式接触到作品，都可以推定被告接触了原告的作品。此外，即使作品没有公开传播，但如果是由原告专门提供给被告的（如雇佣关系、出版发行关系），也可以推定被告接触了原告的作品。

　　接触作品必须是由证据证明的一种可能性，而不能仅仅是一种猜测或推测。接触作品，可以是直接接触，也可以是间接接触。相似性是指被告的作品与原告的作品相似到这样一种程度，除了解释为复制，不可能有其他解释。这里所说的"复制"，英文是"copy"或"copying"，而非"reproduction"。尽管这两个词在汉语里都可以译为"复制"，但只有"reproduction"相当于

---

① 　参见：《美国版权法》第 102b 条。

我国《著作权法》所说的复制，即以印刷、复印、拓印、录音、录像、翻录、翻拍等方式将作品制作一份或多份的行为。至于"copy"，在含义上则更为广泛，不仅包括复制，还包括抄袭、改编、翻译等。①

2. 惯常设计。

我国《专利法》及现行司法解释引入了"惯常设计"的规定，但对其定义语焉不详。《专利审查指南》中认为，惯常设计是指现有设计中一般消费者所熟知的、只要提到产品名称就能想到的相应设计，并认为当产品上某些设计被证明是该类产品的惯常设计（如易拉罐产品的圆柱形状设计）时，其余设计的变化通常对整体视觉效果更具有显著的影响。因我国对外观设计采取"整体保护主义"而非"部分保护主义"故在侵权判定与专利确权中，准确地界定"惯常设计"与"特有设计"往往影响案件的最终走向。从举证责任看，惯常设计的主张，应当严格贯彻谁主张、谁举证的原则。

本案中饰品的形状应作为饰品设计行业中的惯常设计，不具有独创性，如手镯、戒指的圆形设计，判断产品区别最实质的部分是饰品上的图案设计和色彩搭配，在图案设计和色彩搭配中的细微差别不足以影响二者构成实质性相似。

3. 两合公司。

两合公司是由无限责任股东和有限责任股东所组成的公司。其中无限责任股东对公司债务负连带无限的清偿责任，而有限责任股东则以其出资额为限对公司债务负有限清偿责任。前者类似于无限公司股东（见"无限公司"），对公司负有很大责任，因而享有对公司的直接经营管理权，对外可代表公司，后者则无权管理公司业务，对外不能代表公司。两合公司是无限公司的发展，兼有无限公司信用高和有限公司集资快的优点。法、日等国承认它是法人，英美等国则视其为是有限合伙。

两合公司是在大陆法国家公司法中规定的公司形式。在英美法国家，一般视其为有限合伙，以有限合伙来进行规范。此外，还有一种特殊的两合公司，即股份两合公司，它是两合公司的一种特殊形式，普通的两合公司兼有无限公司和有限公司的特点，而股份两合公司则兼有无限公司和股份有限公司的特点。股份两合公司与一般两合公司的不同在于，其有限责任股东是以认购股份即购买公司股票的形式进行出资。从而使得其在对外吸收社会投资上比一般两合公司更容易。

当代经济活动的日益复杂，使得上述公司形式中无限公司及两合公司股东的投资风险更加突出，采用这两种公司形式的国家已经不多，而股份两合公司因其有限责任股东无权参与公司经营管理，其地位不如股份有限公司股

---

① 来源：https://baike.so.com/doc/9159863-9493041.html。

东，对投资人吸引力日渐减弱，采用该形式的国家更少，有的国家如日本甚至在立法中将其废除。[①]

4. 珐琅。

珐琅，英文名"enamel"，在广东俗称"烧青"，在北京俗称"烧蓝"，是指一种将彩釉和金属胎通过高温窑炉烧结于一体的复合工艺品。与"艺术搪瓷"属同类，主要分画珐琅、掐丝珐琅、内填珐琅三大种。[②]珐琅是以矿物质的硅、铅丹、硼砂、长石、石英等原料按照适当的比例混

图片来源：**http：//www.freywille.com**

和，分别加入各种呈色的金属氧化物，经焙烧磨碎制成粉末状的彩料后，再依其珐琅工艺的不同做法，填嵌或绘制于以金属做胎的器体上，经烘烧而成为珐琅制品。珐琅的基本成分为石英、长石、硼砂和氟化物，与陶瓷釉、琉璃、玻璃（料）同属硅酸盐类物质。中国古代习惯将附着在陶或瓷胎表面的称"釉"；附着在建筑瓦件上的称"琉璃"；而附着在金属表面上的则称为"珐琅"。[③]

5. 画珐琅。

画珐琅，画珐琅又称"洋瓷"，是指直接在金属胎上用珐琅颜料绘制图案后入炉烧制而成的珐琅工艺。画珐琅起源于西欧法国里摩日小镇，于清代康熙年间经粤海关传入中国广东，并由清政府在广东设厂制造，多带西洋风格，因此画珐琅也叫"广珐琅"或"广东珐琅"，是广东省首批非物质文化遗产。作为广东一大特色工艺，历史上就是广东省主要的出口商品，从清代到民国，再到当代，已行销海内外三百年余年。[④]据清代蓝滨南在其《景德镇陶录》中记载，画珐琅是以金属铜做器骨（胎），用五颜六色的瓷粉（珐琅釉）经烧制而成。简单地说，就是先于红铜胎上涂施白色珐琅釉，入窑烧结后，使其表面平滑，然后以各种颜色的珐琅釉料绘饰图案，再经焙烧而成。画珐琅富有绘画趣味，故又称"珐琅画"。[⑤]

【焦点评析】

1. 被诉侵权图案与涉案作品在内容上实质性相似的认定。

美国版权法将实质性相似的判断方法归纳为三种：整体观感法、抽象分离法和三段论侵权认定法。整体观感法，是指以普通观察者对作品整体上的

① 邹瑜：《法学大辞典》，中国政法大学出版社 1991 年版。

② 来源：http：//www.enameljewelry.cn。

③ 来源：https：//baike.so.com/doc/5223301-5455744.html。

④ 来源：http：//www.enameljewelry.cn。

⑤ 来源：https：//baike.so.com/doc/5767376-5980146.html。

感受来确定两部作品之间是否构成实质性相似；抽象分离法，是指通过抽象的手段，将作品中的思想、事实或通用元素等不受保护部分予以分离，以作品中受保护的部分予以比对，从而判定两部作品是否构成实质性相似。[①] 我国法院通常运用这两种不同的方法来判断实质性相似。本案的涉案作品属于艺术首饰，具有独特的设计感，大胆夸张的图案、绚烂夺目的颜色、富想象力的花式、变幻各异的风格等，艺术首饰主要强调其设计，而非所用材质。被诉侵权图案模仿了涉案作品，仅对珠宝首饰图案中的非实质部分稍作修改，整体与原设计非常相似，仅改变了色环上点缀的小色块的位置，这种细微的色彩使用上的差异隐蔽性强，且在珠宝行业内十分普遍，但在实际操作中对于侵权行为的认定较困难。法院运用抽象分离法，采取了对比的方式，对经过分离和排除的两个相似的珠宝首饰设计的实质性部分在组成元素、结构、图案、色彩等方面逐一进行比较，最终根据实质性部分的相似程度作出认定。

法院首先认定首饰的形状属于惯常设计，不属于涉案作品独创性的部分，将不受保护部分予以分离，再以作品中受保护的部分予以比对，从而判定两部作品是否构成实质性相似。二审法院认为：关于首饰形状的区别，因其不属于涉案作品独创性的部分，无需纳入比对范围。至于图案上是否具备螺旋形图案、周围小点的具体排布位置，以及在色彩使用上的差异虽然存在，但考虑到二者均由密致的色段构成反复的色彩排列，每一条色段的颜色均为单一纯色，色环包括深色环以形成间隔，色环不均匀间隔散布有面积较小的色块形成点缀，主色调包含有红、黄、绿，并以深色形成边框，而以上相同的表达形式在涉案作品中因占比作品面积大带来的视觉效果冲击力也更多，同样属于作品独创性的主要组成部分，故法院认定上述差异虽然存在但属于细微差异，且被诉侵权的图案与涉案作品中特有的大部分组合表达方式相同，不足以影响两者构成实质性相似的认定。一、二审法院对于被诉侵权图案与涉案作品在内容上实质性相似的认定结论，比对方式基本一致，二审法院最终驳回众华堂公司、众华堂中心被诉侵权图案与涉案作品并不构成实质相似的上诉理由是完全正确的。

2. 外观设计专利权与实用艺术品著作权之间的关系。

（1）定义。实用艺术品著作权在世界知识产权组织编写的《版权与邻接权法律词汇》中被定义为："具有实际用途的艺术作品，无论这件作品是手工艺品还是工业制品。"外观设计专利权是与实用艺术品著作权极为相似的权利，是指对产品的形状、图案或者其结合以及色彩与形状、图案的结合所作

[①] 许波：《著作权保护范围的确定及实质性相似的判断》，载《知识产权》2012 年第 2 期，第 33–34 页。

出的富有美感并适用于工业应用的新设计。它不仅与工业生产紧密相关，又强调产品外观的美学效果。外观设计专利权不能脱离产品而单独存在，并且能够通过生产过程大量复制生产，适用于工业应用，利用其外观的美感为产品销售带来良好的经济效益。[①]

著作权和外观设计专利权权利保护客体都包括与图案、设计相关的、有视觉直观感受的内容，权利所有者一方面需要通过广泛的传播获得利益，另一方面也希望避免或禁止他人模仿、剽窃、搭便车等行为，因此容易产生交叉和冲突，尤其是出现在实用艺术作品方面。世界知识产权组织《伯尔尼保护文学和艺术作品公约指南》对实用艺术作品定义为："公约使用这个综合词（实用艺术作品）来泛指小装饰物品、珠宝饰物、金银器具、家具、墙纸、装饰物、服装等制作者的艺术贡献。"只有同时具备了实用性和艺术性两方面特征的作品，才构成实用艺术作品，实用性和艺术性是实用艺术作品的两个最基本特征。本案涉案饰品就符合实用艺术品的基本特征，菲维亚公司主张的就是其依法享有的实用艺术品著作权，而众华堂公司、众华堂中心抗辩的就是其对侵权饰品依法享有的外观设计专利权。

（2）竞合与冲突。外观设计和实用艺术作品竞合与冲突主要表现在装饰品、纺织品、建筑等既能构成外观设计又能构成实用艺术作品的情况。外观设计专利权提供的是禁止他人擅自制造外观设计产品的权利，实用艺术作品著作权提供的是禁止他人擅自复制实用艺术作品的权利。但是，因为著作权法原则上对于实用艺术作品可以提供"从平面到立体的复制"的保护，上述保护与外观设计专利权的保护具有一定差别。由于著作权是创作完成时自动获得，因此一般著作权获得在先，外观设计专利权获得在后。另外，外观设计保护期相对较短，在外观设计保护期届满时通常著作权尚未到期。到期外观设计即进入公有领域，社会公众具有自由使用该设计的信赖利益，如果同一设计还存在尚未到期的实用艺术作品著作权，那么显然破坏了社会公众的这一信赖利益。当著作权与外观设计专利权归于不同民事主体时，著作权与外观设计专利权产生冲突，主要包括外观设计内容全部或主要部分都是他人享有著作权的内容、外观设计内容只有少部分是他人享有著作权的内容、外观设计内容和他人享有著作权的内容相近似三种情形。[②]此时，尤其是外观设计内容全部或主要部分都是他人享有著作权的内容的情况下，两种不同权利的行使过程中通常会产生冲突。

本案众华堂公司、众华堂中心外观设计专利权的申请日为 2012 年 9 月 10

---

① 冉崇高、赵克：《著作权与外观设计专利权的竞合与冲突——以实用艺术作品的保护为视角》，载《人民司法》2011 年第 21 期，第 90-92 页。

② 摘自二审判决：中山市中级人民法院（2016）粤 20 民终 1574 号《民事判决书》。

日，而涉案作品的创作完成日为 2009 年 1 月 1 日，在维也纳首次发表于 2009 年 4 月 1 日，所以外观设计专利权相对于涉案作品的著作权属于在后权利，因此外观设计专利权不能对抗在先的著作权。如果外观设计的全部或主要内容相同或类似于著作权，那么在后申请的外观设计专利就涉嫌侵犯了实用艺术品著作权人的著作权。二审法院对众华堂公司、众华堂中心这一上诉意见的认定是完全正确的。

3. 如何认定与知名商品特有的包装装潢相混淆？

（1）知名商品。《关于禁止仿冒知名商品特有的名称、包装、装潢的不正当竞争行为的若干规定》第三条第一款规定："知名商品是指在市场上有一定知名度，为相关公众所知悉的商品。"通常认为凡是商品长久并广泛行销、使用，在相关领域已广为人知并有较好信誉，树立独特、良好形象的，即为知名商品。知名商品可以理解为商业外观具有来源识别性的商品。知名商品一般都具有一定的品牌效应，品牌效应是知名商品的核心体现，知名商品在一定程度上等同于"名牌商品"。

（2）特有包装装潢。包装是为了便于携带商品而使用的辅助物或者容器，而装潢是为美化商品而在商品或包装上附加的文字、图案、色彩或者这些东西的排列组合。[①] 从上述定义来看，包装装潢兼具限定性与概括性双重特征。以包装为例，如果仅依据"辅助物和容器"，包装的具体范围似乎漫无边际，但中间又增加包装的"方便携带及储运"等功能限定，从而使得其范围不至于无所不包。这种特有性是指商品包装装潢所具有的"创造性与显著特点"。但此定义并未完全准确揭示特有性之含意。从"特有"与"通用"的区别出发，通用的包装装潢是指某一领域内已被特定行业普遍使用的包装装潢，而特有包装装潢则是在市场行销中以显著的区别性特征而成为与其他商品区别的标志。

知名商品特有包装装潢的特有性相当于商标法所规定的商标的显著性，主要是指区别商品来源的显著特性。特有性的关键在于其"具有显著区别性"，但其深层次也包含了"非通用性"，而这实际上类似于美国关于商业外观"非功能性"要求。[②] 换言之，某些包装装潢原本不具有特有性，但是经过使用之后获得了"显著性"特征或者说是"第二含义"，那么相应的包装装潢可以认定为"特有包装装潢"。概括而言，所谓包装装潢的"特有性"或者说

---

① 王晓晔著：《竞争法学》，社会科学文献出版社 2007 年版，第 78 页。

② 美国商业外观法将具有功能性的因素排除在保护之外，一方面能够确保没有任何生产商能够长期垄断商品的设计或者说构造，另一方面也能防止其较之其他竞争者获得不正当的优势。See Parchomovsky, Gideon, and A. Stein., Intellectual Property Defenses, Columbia Law Review, Vol. 113, Issue 6, October 2013, p.1507.

"显著性"实际包括本身具有显著性与本身无显著性经使用产生识别性。[①]

菲维亚公司的涉案饰品其本身独特的设计图案就具有区别于其他商品的显著特征,再加上其悠久的历史、广泛的销售范围和超强的宣传力度,根据《关于审理不正当竞争民事案件应用法律若干问题的解释》确立的知名商品客观认定标准,可以判断涉案饰品在中国境内已具有一定的市场知名度,为相关公众所知悉,应当认定为知名商品。在实践中,认定商品知名并非一件容易的事情。究其根源,在于认定知名商品的具体因素本身具有一定的不确定性,从而使得实际操作难度加大。以知名商品的销售区域、宣传地域范围等体现出的空间性或者地域性为例,由于知名商品一般均具有特定的地域局限性,只能获得其知名度范围内的法律保护,因此在认定知名商品时,需要综合各种具体因素考察其知名度的地域性。

(3)"混淆"与"近似"的区别。侵犯知名商品特有包装装潢行为构成要件之一是"混淆"而非"近似",但在规制此类不正当竞争行为的实践中,却出现了将"混淆"与"近似"混同的情形。正如有学者指出,"二者的辩证关系在于,近似是因,混淆是果"。[②]直接将"混淆"与"近似"相等同,不异于将因果予以等同,属于典型的"因果不分、倒因为果"。根据《关于审理不正当竞争民事案件应用法律若干问题的解释》的规定,我国对于侵犯知名商品特有包装装潢行为认定采用的是混淆可能性标准,并不要求实际上已经发生混淆。当然此处的混淆可能性并非一般可能性,应当是指一种高度可能性,而非低度盖然性。在实践中,混淆可能性的认定一般是从"主要部分和整体印象相近"及"一般购买者施以普通注意力会发生误认"两方面进行着手。如果一般消费者能够依靠商标等其他商品标识对不同经营者的商品进行区分,那么即便实际发生了仿冒知名商品特有包装装潢的行为,也不应认定其行为构成市场混淆行为或者仿冒行为,或者依据《反不正当竞争法》的一般条款对此加以规制。

本案一审判决书中陈述:"被诉侵权的图案的饰品装潢与菲维亚公司涉案饰品的装潢视觉上基本无差别,构成近似,故被诉侵权饰品中擅自使用与涉案知名饰品近似的装潢,使相关公众将被诉侵权饰品误认为是菲维亚公司的该知名商品或认为其与菲维亚公司有特定关联,已构成不正当竞争行为。"一审法院判断是否引起混淆一般需要对双方商品的包装装潢进行比对,进而初步确认两者的包装装潢是否相近似,但并不能就此止步。判断是否近似,仅仅解决了部分问题,是否引起混淆或者误认还不得而知,需要进一步作出认

---

① 袁博:《商品外观形状构造获得知名商品特有装潢保护的条件》,载《科技与法律》2013年第3期,第82页。

② 蒋志培主编:《中国知识产权审判案例精选》,知识产权出版社2008年版,第228页。

定。本案一审判决书中对于二者是否构成混淆的论述不够充分，在没有具体分析的情况下直接认定使相关公众造成误认，缺乏说服力。判断侵犯知名商品特有包装装潢等混淆行为，一般是根据"主要部分和整体印象对比"及"一般购买者的普通注意力"等进行综合分析后加以认定。其中商品包装装潢的"主要部分与整体印象"是客观存在的，而"一般购买者的普通注意力"则具有较强的主观性，在案件处理中，如果直接根据司法审判人员的主观性来认定混淆是极为不当的，且有违现行法律规定。这种主观性可以通过引入某些方法加以限缩，如市场调查法，即在认定一般购买者施以普通注意力是否会发生混淆时，可以借助市场调查的方法，从而为法官作出判断提供较为客观的依据。在实践中，与之相关的还有隔离观察等方法，均可以在一定程度提升混淆认定的客观化水平。

【总体评价】

1. 事实部分。

本案事实清楚，菲维亚公司享有的著作权经过著作权登记且有充分证据证明首次发表作品的时间，被诉侵权产品亦符合"接触＋实质性相似"原则。菲维亚公司认为被诉侵权行为既侵害了涉案著作权，同时，又因擅自使用了与知名商品特有的装潢相近似的装潢而构成不正当竞争行为，即基于同一违法行为，产生两种受不同法律规范调整的法律责任，发生了法律责任竞合，经二审法院释明，菲维亚公司明确请求选择以侵害著作权为由来保护其权利。

2. 法律适用。

本案对于《著作权法》和《最高人民法院关于审理著作权民事纠纷案件适用法律若干问题的解释》的法律适用准确。

3. 对于赔偿数额的认定，具有典型意义。

本案属于典型的法定赔偿。首先，法院根据菲维亚公司的经营范围、经营历史以及涉案作品的具体情况肯定了涉案产品的知名度；其次，从众华堂公司、众华堂中心被诉侵权规模大、范围广、持续时间长，且主观恶意明显。因众华堂公司、众华堂中心的销售方式为互联网销售，因此侵权销售面广。法院酌定众华堂公司、众华堂中心应向菲维亚公司赔偿经济损失（含制止侵权的合理费用）8万元是合法、适当的。

4. 二审法院及时准确地处理了本案不正当竞争与著作权侵权竞合的法律关系。

反不正当竞争法的作用机制和技术特点对知识产权法律具有直接的补充作用，它通过具体禁止性行为列举与一般性原则条款相结合，兼具具体与抽象，将知识产权法律未曾涵盖的保护客体全部纳入。因此，知识产权法与反不正当竞争法是特别法与普通法的关系，反不正当竞争法补充保护作用的发挥不得抵触知识产权专门法的立法政策，凡是知识产权专门法已作穷尽性规定的领域，反不正当竞争法原则上不再提供附加保护，但在与知识产权专门法的立法政策相兼容的范围内，仍可以从制止不正当竞争的角度给予保护。本案众华堂公司、众华堂中心通过侵犯菲维亚公司的著作权从而获得不正当竞争优势，导致反不正当竞争请求权与侵犯著作权请求权发生竞合。在一审法院已经一并作出被诉侵权行为既构成侵害著作权又构成不正当竞争侵权的双重评价，且上诉人并未就此认定提出上诉请求的前提下，二审法院根据特别法优先于普通法的法律适用原则，在开庭审理前向原审原告释明，菲维亚公司最终选择以侵害著作权为由来保护其权利。二审法院及时指出一审法院属于认定事实与适用法律错误，并予以纠正，二审法院对本案竞合法律关系的处理及时到位，值得点赞。

【案例规则】

1. 当著作权侵权与不正当竞争行为产生法律责任竞合时，法院应向权利人释明择其一来保护其权利。

2. 著作权必须以某种形式予以表现，美术作品虽附着于首饰形状上，但进行相似性比对时其可以脱离于附着物，独立进行侵权比对。

3. 艺术首饰作品的赔偿数额，应当充分考虑市场占有率、公众认知度及销售范围，根据侵权规模、持续时间及主观恶意程度等因素予以认定。

黑龙江省五大连池市富民种子集团有限公司
诉黑龙江省同根生种业有限责任公司、
北大荒垦丰种业股份有限公司
不正当竞争纠纷案

张凤书 [①]

一、案例基本信息

案例类型	违反诚实信用　商业道德　不正当竞争　民事案件
案例名称	黑龙江省五大连池市富民种子集团有限公司诉黑龙江省同根生种业有限责任公司、北大荒垦丰种业股份有限公司不正当竞争纠纷案
裁判文书	一审：哈尔滨市中级人民法院（2015）哈知初字第 144 号《民事判决书》 二审：黑龙江省高级人民法院（2016）黑民终 338 号《民事判决书》
合议庭成员	二审：审判长贾岩红、代理审判员付兴驰、代理审判员徐明珠
一审原告	黑龙江省五大连池市富民种子集团有限公司（原五大连池市富民种子有限公司）(本文简称"富民公司")
一审被告	黑龙江省同根生种业有限责任公司（本文简称"同根生公司"）、北大荒垦丰种业股份有限公司（本文简称"垦丰公司"）
二审上诉人	同根生公司
二审被上诉人	富民公司
受理日期	不详
裁判日期	二审：2016 年 7 月 18 日
审理程序	一审、二审

---

① 张凤书，北京市北斗鼎铭律师事务所，执业律师。

续表

一审判决结果	一、同根生公司于判决生效之日起停止对"克山1号"大豆植物新品种权的不正当竞争行为； 二、同根生公司赔偿富民公司经济损失15万元； 三、驳回富民公司的其他诉讼请求
二审判决结果	驳回上诉，维持原判
涉案法律、法规和司法解释	一审： 《最高人民法院关于审理侵犯植物新品种权纠纷案件具体应用法律问题的若干规定》第一条①、第二条② 《中华人民共和国植物新品种保护条例》第六条③、第三十三条④ 《中华人民共和国种子法》（2013年）第三十五条⑤、第四十六条⑥

---

① 《最高人民法院关于审理侵犯植物新品种权纠纷案件具体应用法律问题的若干规定》第一条：植物新品种权所有人或者利害关系人认为植物新品种权受到侵犯的，可以依法向人民法院提起诉讼。前款所称利害关系人，包括植物新品种实施许可合同的被许可人、品种权财产权利的合法继承人等。独占实施许可合同的被许可人可以单独向人民法院提起诉讼。

② 《最高人民法院关于审理侵犯植物新品种权纠纷案件具体应用法律问题的若干规定》第二条：未经品种权人许可，为商业目的生产或销售授权品种的繁殖材料，或者为商业目的将授权品种的繁殖材料重复使用于生产另一品种的繁殖材料的，人民法院应当认定为侵犯植物新品种权。被控侵权物的特征、特性与授权品种的特征、特性相同，或者特征、特性的不同是因非遗传变异所致的，人民法院一般应当认定被控侵权物属于商业目的生产或者销售授权品种的繁殖材料。

③ 《植物新品种保护条例》第六条：完成育种的单位或者个人对其授权品种，享有排他的独占权。任何单位或者个人未经品种权所有人（以下称品种权人）许可，不得为商业目的生产或者销售该授权品种的繁殖材料，不得为商业目的将该授权品种的繁殖材料重复使用于生产另一品种的繁殖材料；但是，本条例另有规定的除外。

④ 《植物新品种保护条例》第三十三条：品种权被授予后，在自初步审查合格公告之日起至被授予品种权之日止的期间，对未经申请人许可，为商业目的生产或者销售该授权品种的繁殖材料的单位和个人，品种权人享有追偿的权利。

⑤ 《种子法》（2013年）第三十五条第一款：销售的种子应当附有标签。标签应当标注种子类别、品种名称、产地、质量指标、检疫证明编号、种子生产及经营许可证编号或者进口审批文号等事项。标签标注的内容应当与销售的种子相符。

⑥ 《种子法》（2013年）第四十六条：禁止生产、经营假、劣种子。下列种子为假种子：（一）以非种子冒充种子或者以此种品种种子冒充他种品种种子的；（二）种子种类、品种、产地与标签标注的内容不符的。下列种子为劣种子：（一）质量低于国家规定的种用标准的；（二）质量低于标签标注指标的；（三）因变质不能作种子使用的；（四）杂草种子的比率超过规定的；（五）带有国家规定检疫对象的有害生物的。

续表

涉案法律、法规和司法解释	《中华人民共和国反不正当竞争法》（1993年）第二条①、第九条②、第二十条③ 二审： 《中华人民共和国民事诉讼法》第一百七十条第一款第（一）项④
裁判要点⑤	1. 植物新品种独占实施许可的被许可人，依据品种权人的授权和法律规定，有权在许可期限内对侵权行为提起本案诉讼。在临时保护期内不可能存在因他人的侵权行为致使被许可人利益受损情形，追偿权只能由植物新品种的品种权人行使的辩解，违背事实和法律规定，不成立。 2. 在没有证据证明被诉侵权物的特征、特性与授权品种的特征、特性相同，或者特征、特性的不同是因非遗传变异所致的情况下，不能认定同根生逊克分公司以"克山1号"的名义销售涉案豆种侵害了涉案植物新品种权。 3. 经营者必须合法经营，有责任经营销售真实商品。同根生逊克分公司作为专门经营种子的经营者，以"克山1号"的名义销售不能确定品名、品种的种子，事后亦不能证明其为真实的"克山1号"种子，其行为不仅违反了法律和行政管理规范，而且违反了《中华人民共和国反不正当竞争法》（1993年）第二条和第九条的规定，属虚假宣传不正当竞争行为。

① 《反不正当竞争法》（1993年）第二条：经营者在市场交易中，应当遵循自愿、平等、公平、诚实信用的原则，遵守公认的商业道德。

本法所称的不正当竞争，是指经营者违反本法规定，损害其他经营者的合法权益，扰乱社会经济秩序的行为。

本法所称的经营者，是指从事商品经营或者营利性服务（以下所称商品包括服务）的法人、其他经济组织和个人。

② 《反不正当竞争法》（1993年）第九条第一款：经营者不得利用广告或者其他方法，对商品的质量、制作成分、性能、用途、生产者、有效期限、产地等作引人误解的虚假宣传。

③ 《反不正当竞争法》（1993年）第二十条：经营者违反本法规定，给被侵害的经营者造成损害的，应当承担损害赔偿责任，被侵害的经营者的损失难以计算的，赔偿额为侵权人在侵权期间因侵权所获得的利润；并应当承担被侵害的经营者因调查该经营者侵害其合法权益的不正当竞争行为所支付的合理费用。

被侵害的经营者的合法权益受到不正当竞争行为损害的，可以向人民法院提起诉讼。

④ 《民事诉讼法》第一百七十条：第二审人民法院对上诉案件，经过审理，按照下列情形，分别处理：

（一）原判决、裁定认定事实清楚，适用法律正确的，以判决、裁定方式驳回上诉，维持原判决、裁定；（二）原判决、裁定认定事实错误或者适用法律错误的，以判决、裁定方式依法改判、撤销或者变更；（三）原判决认定基本事实不清的，裁定撤销原判决，发回原审人民法院重审，或者查清事实后改判；（四）原判决遗漏当事人或者违法缺席判决等严重违反法定程序的，裁定撤销原判决，发回原审人民法院重审。

原审人民法院对发回重审的案件作出判决后，当事人提起上诉的，第二审人民法院不得再次发回重审。

⑤ 摘自一审《民事判决书》、二审《民事判决书》。

续表

裁判要点⑤	4. 植物新品种权是富民公司主张权利、提起诉讼的权利基础，其在起诉中主张同根生公司构成侵权，但未限于仅主张同根生公司侵害植物新品种权。故在本案适用法律问题上可以适用《中华人民共和国反不正当竞争法》等法律规定，而不应仅限于适用有关植物新品种的法律规定。 5. 因同根生公司不正当竞争行为所受损失与同根生公司因不正当竞争行为所得利益均无法确定，考虑同根生公司不正当竞争行为的性质、时间、后果、地域范围、主观过错程度，考虑涉案富民公司权利的性质、类型，富民公司与同根生公司系同属黑龙江省的同行业企业，富民公司就"克山1号"大豆植物新品种权支付的独占实施许可使用费数额，被诉侵权品种的销售价格和数量，富民公司为调查取证的支出等因素，综合确定同根生公司的赔偿数额
案例规则	1. 植物新品种权的被许可人可在授权范围内行使追偿权，具有诉讼主体资格。 2. 擅自使用授权品种名称，使人误认为是授权品种，侵犯了植物新品种权，亦构成不正当竞争行为。 3. 品种权人因不正当竞争行为所受损失与行为人所得利益均无法确定时，应当综合考虑不正当竞争行为和授权品种的市场销售情况确定植物新品种权追偿数额

二、案例综述

【主要诉请】

原告请求判令：1. 同根生公司和垦丰公司停止生产、销售侵权大豆种子；2. 同根生公司和垦丰公司连带赔偿富民公司经济损失50万元；同根生公司赔偿富民公司为调查取证支出的费用5.7万元。①

【基本事实】

1. 富民公司有没有诉权，能否行使追偿权？

富民公司诉称，2010年1月，黑龙江省农科学院克山分院（以下简称省农科院克山分院）与富民公司签订植物新品种（参见【名词解释】"植物新品种"）授权协议，将"克山1号"大豆的繁育、经营及保护的一切权利授予富民公司，授权时间为2010年至2018年。2015年，富民公司发现黑龙江省同根生种业有限责任公司逊克分公司（以下简称同根生逊克分公司）在未经富民公司和黑龙江省农科院克山分院授权的情况下，销售"克山1号"大豆种子，生产商为垦丰公司。

同根生公司辩称，富民公司不具备诉讼主体资格。植物新品种临时保护期的

---

① 来源：http://bmla.chinalawinfo.com/newlaw2002/slc/slc.asp?db=fnl&gid=123666240。

追偿权（参见【名词解释】"植物新品种追偿权"）只能由品种权人行使，品种权许可合同的被许可人不能行使。在整个交易过程中，同根生逊克分公司没有盈利行为，其行为是居间介绍，不是以商业目的销售繁殖材料，不构成侵权。

垦丰公司辩称：垦丰公司从未生产、销售过"克山1号"大豆种子。

法院审查确认的事实：

"克山1号"大豆植物新品种权（参见【名词解释】"植物新品种权"），申请日为2010年1月22日，初步审查合格公告日为2010年5月1日，品种权授权公告日为2015年5月1日，品种权人为省农科院克山分院。2011年1月30日，黑龙江省农科院克山分院与富民公司签订《克山1号大豆生产与经营权转让合同》，主要约定：（1）"克山1号"品种为黑龙江省农科院克山分院自主创新成果，具有独立知识产权，并从2011年1月30日开始一次性将"克山1号"生产与经营（参见【名词解释】"种子生产经营许可制度"）权独家转让给富民公司，黑龙江省农科院克山分院拥有其原种生产与经营权；（2）黑龙江省农科院克山分院转让上述品种生产与经营权，成果所属权、专利知识产权仍归其所有；（3）富民公司获得该品种生产与经营权后，可自主生产与经营，合同期内可以授权其他单位生产经营，由此生产的相关事宜或经济责任与黑龙江省农科院克山分院无关；（4）在品种审定（参见【名词解释】"品种审定"）基础上，"克山1号"品种保护工作由富民公司负责完成；（5）富民公司一次性支付给黑龙江省农科院克山分院"克山1号"大豆生产与经营权转让费50万元（不包括品种申请保护费用）；（6）合同期限：合同有效期至品种退出为止。2011年5月21日，黑龙江省农科院克山分院与富民公司签订《授权委托书（补充协议）》，主要内容为：黑龙江省农科院克山分院于2011年1月将"克山1号"大豆的生产、经营和保护的权利独家全部转让给富民公司，授权富民公司行使"克山1号"大豆的生产、经营、保护等所有的植物新品种权利，其中保护的权利包括：（1）行使保护权利时间为2011年1月30日至2018年1月30日，在此期间发生的所有侵犯"克山1号"大豆植物新品种权利的行为全部由富民公司负责处理；（2）富民公司有权以自己的名义主张权利，可单独向有关司法、行政机关举报、报案或提起诉讼、仲裁；（3）富民公司有权自行决定向何人（单位）主张权利及赔偿的数额；（4）因主张对"克山1号"大豆侵权取得的所有赔偿款项全部由富民公司接收并处理。

同根生公司具有《主要农作物种子生产经营许可证》，依法可以在许可的范围内从事主要农作物（参见【名词解释】"主要农作物"）种子的生产经营业务。①

---

① 来源：http://www.wtoip.com/news/a/20141225/7891.html，2016年12月30日截取；来源：http://baike.so.com/doc/6994557-7217431.html。2017年1月4日截取。

法院认为，根据富民公司与黑龙江省农科院克山分院签订的《克山1号大豆生产与经营权转让合同》及《授权委托书（补充协议）》，富民公司在许可期限内即自2011年1月30日起至该品种自动退出市场时止，享有"克山1号"大豆生产与经营的独占实施许可权，并获得自2011年1月30日至2018年1月30日期间行使"克山1号"品种权保护行为，包括起诉、决定赔偿数额及接收赔偿款项等授权。根据《植物新品种保护条例》第三十三条关于"品种权被授予后，在自初步审查合格公告之日起至被授予品种权之日止期间，对未经申请人许可，为商业目的生产或者销售该授权品种的繁殖材料的单位和个人，品种权人享有追偿的权利"的规定，品种权人享有追偿权。《授权委托书（补充协议）》明确约定，富民公司行使品种保护权利的期限为自2011年1月30日起，包括"克山1号"自初步审查合格公告之日起至被授予品种权之日止这一期间的追偿权。上述《克山1号大豆生产与经营权转让合同》及《授权委托书（补充协议）》不违反法律、法规的禁止性规定，富民公司依法享有追偿权。富民公司作为"克山1号"植物新品种独占实施许可的被许可人，依据品种权人的授权和法律规定，有权在许可期限内对侵权行为提起本案诉讼，对发生于2015年4月的被诉侵权行为行使追偿权。

二审另查明，五大连池市富民种子有限公司于2015年8月31日更名为黑龙江省五大连池市富民种子集团有限公司。

2. 同根生公司的侵害行为是什么？

富民公司认为，未经授权的情况下，同根生生产、销售其授权品种名称（参见【名词解释】"品种名称"）为"克山1号"的大豆种子，严重扰乱了市场秩序，给富民公司造成重大经济损失。富民公司向行政主管部门反映情况，行政主管部门要求就涉案豆种与"克山1号"进行比对鉴定，但黑龙江省农业科学院等都答复目前无法绘制大豆基因图谱（参见【名词解释】"基因图谱"），无法鉴定。富民公司在逊克县开设分公司销售"克山1号"，产品包装及包装袋上的企业名称和涉案豆种不同。同根生公司在没有"克山1号"生产许可证和销售许可证的情况下的销售行为，就是侵权行为。

同根生公司辩称：涉案被诉侵权行为发生品种授权前，品种权处于不确定状态，不可能将一项不确定的权利许可他人使用，也就不可能存在因他人的侵权行为致使被许可人利益受损的情形。另外，富民公司未当庭出示品种权证书及缴费证明，无法证明品种权现状，其称不能鉴定涉案豆种亦不是事实。同根生公司辩称其种子来源于农民自繁自用剩余种子，可以出售，不需要办理经营许可证。

法院审查确认的事实：

（1）"克山1号"大豆品种于2009年12月15日在黑龙江省克山县开始

销售，本案是"克山1号"品种权授权之日前的追偿权纠纷，富民公司是否提交品种权维持年费，对本案无影响。

同根生公司具有《主要农作物种子生产经营许可证》，可以从事主要农作物种子的生产经营资质，但没有"克山1号"大豆种子。

（2）富民公司提交了签署日期为2015年4月16日，加盖"黑龙江省同根生种业同根生逊克分公司发票专用章"的《收据》记载：交款单位张永军，人民币5.7万元，收款方式现金，收款事由"克山1号"，豆种2000028.5等。被诉侵权种子包装袋正面有"垦丰种业"、"大豆种子"、"北大荒垦丰种业股份有限公司"字样，背面有"种子经营许可证编号：BCO（黑）农种经许字（2013）第3040号"、"种子生产许可证编号、植物检疫证书编号、品种审定编号、产地等见内标签"、"生产商：北大荒垦丰种业股份有限公司"、"生产商地址：黑龙江省哈尔滨市南岗区长江路380号宏洋大厦"等字样，生产年月及服务热线处无内容。经拆包查看，被诉侵权种子包装袋内没有发现内标签（参见【名词解释】"种子标签"）。

（3）富民公司、同根生公司及垦丰公司均不确认涉案豆种是"克山1号"，在没有证据证明被诉侵权物的特征、特性与授权品种的特征、特性相同，或者特征、特性的不同是因非遗传变异所致的情况下，不能认定同根生逊克分公司以"克山1号"的名义销售涉案豆种侵害了涉案植物新品种权。

（4）同根生违反诚实信用原则，构成虚假宣传的不正当竞争行为。同根生明知"没有权利卖'克山1号'种子，因为'克山1号'是专卖"。经营者必须合法经营，有责任经营销售真实商品。同根生逊克分公司作为专门经营种子的经营者，以"克山1号"的名义销售不能确定品名、品种的种子，事后亦不能证明其为真实的"克山1号"种子，无合法来源证明，其行为不仅违反了法律和行政管理规范，而且违反了《反不正当竞争法》（1993年）第二条和第九条的规定，属虚假宣传不正当竞争行为。

3. 赔偿数额如何认定？

富民公司不清楚同根生公司销售"克山1号"的具体情况，请求在50万元以内酌定赔偿数额，并赔偿合理支出。

同根生公司辩称，涉案被诉侵权行为发生品种授权前，品种权处于不确定状态，不可能将一项不确定的权利许可他人使用，也就不可能存在因他人的侵权行为致使被许可人利益受损的情形。富民公司购买种子花费5.7万元不是为调查取证的合理支出，以"钓鱼"方式伪造证据是恶意诉讼。侵犯植物新品种权法定赔偿的最高限额是50万元，其中包括为制止侵权支付的调查费用，富民公司的诉讼请求超出此限额。

法院审查确认的事实：

"克山 1 号"于 2009 年 12 月 15 日在黑龙江省克山县开始销售,表明其此时已经达到种子的市场化要求,具有投资、生产和销售行为。

同根生逊克分公司是否获利,不能否定其销售行为系商业行为的性质、具有商业目的及所应承担的经营责任。同根生公司关于没有获利的主张,不能成为其免责的合法事由。

富民公司因同根生公司不正当竞争行为所受损失与同根生公司因不正当竞争行为所得利益均无法确定,考虑同根生公司不正当竞争行为的性质、时间、后果、地域范围、主观过错程度,涉案富民公司权利的性质、类型,富民公司与同根生公司系同属黑龙江省的同行业企业,"克山 1 号"大豆植物新品种权支付的独占实施许可使用费数额,被诉侵权豆种的销售价格和数量,富民公司为调查取证的支出等因素,综合确定同根生公司的赔偿数额。富民公司为调查取证支付的购买被诉侵权物的费用,同根生公司应予赔偿。

【案例背景】

1. 关于植物新品种权(参见【名词解释】植物新品种权)。

1997 年我国颁布了《植物新品种保护条例》,2000 年颁布和实施了《种子法》进一步明确规定我国实施植物新品种保护,建立了植物新品种的知识产权保护制度。1999 年正式加入《国际植物新品种保护公约》(UPOV)1978 年文本,公约规定成员国必须对植物新品种给予保护。在我国,国务院农业、林业行政部门按照职责分工共同负责植物新品种权的申请和保护工作。

"植物新品种"是一个法律概念,是从"品种"基础上发展而来的。UPOV 公约 1991 年文本对"品种"进行了明确,是指已知植物最低分类单元中单一的植物种群,具有"三性"(DUS),即一致性(Uniformity)、特异性(Distinctness)和稳定性(Stability)。某一植物种群满足 DUS 条件就可以被划分为一个"品种"。植物新品种与已知品种(参见【名词解释】植物新品种权)相比,具有新颖性。可以说,"品种"是"植物新品种"的上位概念。

植物新品种权是保护植物新品种的一种法律制度,植物新品种权保护的不是植物新品种本身,而是植物育种者作为权利主体应当享有的权利。2015 年修订的《种子法》设专章保护植物新品种,2017 年颁布的《民法总则》更是明确将植物新品种列为一项知识产权,提升了植物新品种保护立法层级,提高品种权的保护水平,对我国植物新品种保护具有明显的积极促进作用。

目前,我国在农业领域已公布了十批植物新品种保护名录,涉及植物属、种达 138 种。截至 2016 年年底,农业植物新品种权总申请量超过 18000 件,总授权量超过 8000 件。2016 年申请 2523 件，年申请量位居国际植物新品种保护联盟成员国第一[①]。客观地说，当前我国对植物新品种保护的范围与水平和 UPOV 公约 1991 年文本要求对所有植物品种实行保护等相比，有不小的差距。随着基因工程等现代生物技术在育种领域的广泛深入运用等因素，植物新品种保护工作将更多地涉及 UPOV 公约 1991 年文本，加入 1991 年文本是我国未来植物新品种保护制度的必然趋势。

2. 关于追偿权（参见【名词解释】追偿权）。

植物新品种追偿权是"公开换保护"原则和利益平衡价值理念的体现。[②] 每一粒市场销售的商品种子，往往是育种者数年甚至数十年的研究心血，然而复制生产一个新品种却非难事，这也是一种侵犯知识产权的"盗版"行为，给种子市场秩序造成混乱，阻碍品种科研上的创新。植物新品种追偿权，是在"早期公开、延迟审查"下的一种利益保护制度，育种者与国家之间订立了一份契约，品种权人想要获得一份垄断利益，就必须将技术公开。随着申请公开，通过实质审查，最终获得授权，新品种进入品种权保护阶段，申请人成为品种权人并获得品种独占实施权利。追偿权就是对植物新品种权的一种补充性保护措施，通过设置授权品种的临时保护期，对品种权人创新和创造的一种补偿和利益平衡，有助于提升行业植物新品种保护水平。

我国设立了植物新品种临时保护制度，品种权人对临时保护期内的侵权行为享有追偿权。《植物新品种保护条例》第三十三条规定，品种权被授予后，在自初步审查合格公告之日起至被授予品种权之日止的期间，对未经申请人许可，为商业目的生产或者销售该授权品种的繁殖材料的单位和个人，品种权人享有追偿的权利。授权品种的追偿期间通常被称为临时保护期，其起算之日与专利的临时保护期不同，自初步审查合格公告之日起算，而非申请日。

我国关于植物新品种追偿权的相关立法较为原则，其保护范围、构成要件、行为性质认定和费用计算方法等缺乏统一的追偿权纠纷的裁判规则，追偿权制度的实施留下了可以探讨的空间。

首先，品种权人及利害关系人均可依法行使追偿权。追偿权是一种经济权利，是可以通过转让、许可或其他合法方式让渡的一种民事权利。经依法转让品种权的，非育种者可以获得品种权人的法律地位，追偿权自然随之转让。追偿权亦可以通过合同的形式许可他人行使，被许可人在被许可行使追

---

① 来源：http://www.gov.cn/xinwen/2017–04/12/content_5185191.htm，2018 年 7 月 7 日截取。

② 来源：http://rmfyb.chinacourt.org/paper/html/2017–01/12/content_120752.htm?div=–1，2018 年 7 月 7 日截取。

偿权的情况下可以提起诉讼，主张相关权利。司法实践中，品种权人可对外授权植物新品种实施许可合同的被许可人行使该项民事权利，不违反法律、法规的禁止性规定，具备作为原告行使追偿权的主体资格。

其次，追偿权在植物新品种在得到授权后方可行使。对于植物新品种追偿权，涉及三个时间节点：申请日、初审合格公告日和授权公告日。申请日后，品种申请文件得以向社会公开，社会公众可以获悉有关品种的情况，如父本和母本、适合种植区域等。社会公众因此具备了实施的可能性。在该期间之前，没有向社会公开，法律不予保护。品种权人在授权后依法获取植物新品种权并受到法律保护，授权公告之日起方可行使追偿权。在追偿期间，品种尚未被授权，且权利保护开始日不是如专利制度中的从申请日而是从授权日起算，故被告在追偿期内为商业目的生产或者销售该品种繁殖材料不是侵害植物新品种权的行为。因此，从程序上看，植物新品种得到授权，是行使追偿权必备的起诉条件。

再次，追偿权的范围和对象，仅针对为商业目的的生产或者销售该授权品种的繁殖材料的行为，不包括将该授权品种的繁殖材料重复使用于生产另一品种的繁殖材料的行为，即授权品种的繁殖材料作为生产其他品种繁殖材料的亲本使用不能被追偿。

再其次，追偿权是对授权品种临时保护期内不正当使用行为的一项事后救济制度。在追偿权期内，凡未经品种权人许可为商业目的利用授权品种的行为均构成对授权品种的不当使用，被告的行为会对品种权人或者利害关系人可能获得的品种权益造成不利影响，如潜在地影响市场份额，造成利益损失，因此应给予原告以适当的补偿。适当的补偿，不应等同于侵权赔偿，而应当适当平衡两者的利益关系，追偿权是一种鼓励品种创新成果的利益平衡机制。

最后，追偿数额的确定。授权品种的临时保护期使用费的计算，在法律上没有明确的规定。从追偿权的本质以及利益平衡原则出发，应当是确定追偿数额的方法和基础。追偿权的本质是未经许可使用的利益补偿，临时保护期使用费的数额可以参照植物新品种实施许可费合理确定。但对于侵权规模大、金额高、情形严重等追偿权纠纷案件，应酌情提高使用费的数额。植物新品种权的法定赔偿制度是一种补充性的计算方法，亦可适用于追偿数额的计算。

近年来，人民法院陆续发布了一些植物新品种追偿权纠纷典型案例，丰富了追偿权制度及司法实践，具有很好的引领和示范意义。一项育种成果，最好在品种试验以前或与品种试验同步申请植物新品种保护，如果能及时取得植物新品种权，将有利于品种权人或利害关系人维护品种生产市场和销售市场，延长品种市场寿命。对于从业者也是一种有益的提醒，当品种处于授权前的临时保护期内，若未经许可即为商业目的生产和销售该品种繁殖材料，则可能面临经营风险，即品种权人在品种授权后行使追偿权，从而遭受诉讼和利益损失。对于从事品种科研工作者，利用授权品种进行育种及其他科研活动可以不经植物新品种权所有人许可、不向其支付使用费，但科研人员应当自律，不以剽窃、偷盗或其他非法手段取得科研用繁殖材料。对于授权杂交种，从公开市场购买育种材料使用是一种合法的方式，对于亲本繁殖材料，业内可以探索通过协议或向国家主管部门提出申请、主管部门审核、科研人员承诺等正当方式公开取得。当然，对于品种权人来讲，既然法律确立了科研活动不侵权的原则，就应该将自己的合法权益留待品种商业化阶段去实现。另外，我国已启动修订《植物新品种保护条例》，引入实质性派生品种（参见【名词解释】实质性派生品种）保护制度，保护原始植物新品种权所有人的利益，为调动和保护原始创新积极性提供有力的法治保障[①]，科研上的开放、包容、合作态度将会使品种权人获益匪浅。

3. 侵犯植物新品种权的表现形式和认定。

我国对于植物新品种的保护，不限定受保护植物的繁殖方式，即有性或无性繁殖的植物品种都受到保护。植物新品种权只保护植物品种本身，并不保护培育植物新品种的技术。我国法律规定了两种侵犯植物新品种权的行为方式，一是未经品种权人许可，为商业目的生产、繁殖或销售授权品种的繁殖材料；二是为商业目的将授权品种的繁殖材料重复使用于生产另一品种的繁殖材料。[②]对于销售以授权品种的繁殖材料重复使用于生产另一品种的繁殖材料的行为，不构成侵权。

（1）未经品种权人许可，为商业目的生产或销售授权品种的繁殖材料，或者为商业目的将授权品种的繁殖材料重复使用于生产另一品种的繁殖材料的，侵犯植物新品种权。侵犯植物新品种权的常见表现形式：①未经许可生产、繁殖授权品种；②未经许可销售（含许诺销售）[③]授权品种；③未经许可以授权品种为亲本重复生产另一品种；④无证生产、销售授权品种；⑤经营假冒授权品种案件。

（2）侵犯植物新品种权的认定。在司法实践中，侵犯植物新品种权的认

---

① 来源：http://www.npc.gov.cn/npc/cwhhy/12jcwh/2018-02/24/content_2037921.htm，2018年7月1日截取。

② 《种子法》（2015年修订）第二十八条：完成育种的单位或者个人对其授权品种，享有排他的独占权。任何单位或者个人未经植物新品种所有人许可，不得生产、繁殖或者销售该授权品种的繁殖材料，不得为商业目的将该授权品种的繁殖材料重复使用于生产另一品种的繁殖材料；但是本法、有关法律、行政法规另有规定的除外。

③ 最高人民法院莱州市永恒国槐研究所、葛燕军侵害植物新品种权纠纷再审审查与审判监督民事裁定书，（2017）最高法民申4999号。

定需要进行同一性认定，即被控侵权品种与授权品种如为相同品种，则构成侵权，反之则不能认定侵权。因此，需要对被控侵权品种的特征、特性与授权品种的特征、特性进行比对，而非是"三性"（DUS）的比对。比对时，不限于"三性"的比对，应当对具有特异性和不具有特异性的品种特征、特性项目均要进行比对。其中，具有特异性的品种特征、特性对于侵权判定更具有重要的意义。进行侵权比对的应该是植物品种的特征、特性，而非植物品种的繁殖材料的特征、特性。当然，一般情况下，植物品种的繁殖材料的特征、特性也是植物品种的特征、特性项目之一。植物品种的特征、特性一般指植物外观形态性状方面的特征、特性，而非植物品种的经济特征、特性。在司法实践中，一般将植物新品种在授权过程中进行三性测试过程中记载的品种的特征、特性，作为授权品种的特征、特性进行比对。被控侵权品种和植物新品种的经济特征、特性，如产量，不宜作为植物品种的特征、特性进行侵权比对。

（3）侵犯植物新品种权的鉴定。侵犯植物新品种权的行为往往涉及专业性很强的技术问题，人民法院在审理案件时需要进行技术鉴定。对植物新品种和被控侵权物的鉴定，采用何种方法鉴定，目前我国还没有明确的法律规定。另外，植物新品种特征、特性对比鉴定，尚未纳入《全国人民代表大会常务委员会关于司法鉴定管理问题的决定》规定需要登记的"四类"鉴定中，目前植物新品种侵权纠纷无法进行司法鉴定，只能由行业主管部门认可的种子质量检验机构进行技术鉴定。

植物新品种的常用鉴定方法包括：田间观察检测和实验室检测。实验室检测包括基因指纹图谱检测、同工酶检测和蛋白质电泳等。田间种植观察检测准确可靠，所需时间较长；实验室检测快速高效，可以满足诉讼效率的需要，但精确性不高。不同的鉴定方法做出的鉴定结论，一般情况下定性应为一致，但精确度可能有所不同。如果出现定性上的矛盾，或者在一个鉴定结论被采信作为定案依据时，如何认定证明力的大小，是要解决的焦点问题。根据民事诉讼法的规定，鉴定结论属于证据的一种，应遵循证据审核认证的一般规则认定其证明力。

①田间观察检测，是鉴定种子的常规方法，需要的时间长、成本高、精确度高，但受天气等其他因素影响的几率也大。田间观察观测一般是对植物品种的特征、特性进行观察观测，可以采取授权品种和被控侵权品种相邻种植的方式进行观测，也可以直接对被控侵权品种的特征、特性进行田间观测，并与授权品种在授权过程中观测的特征、特性进行比对。

②DNA 指纹检测等实验室检测。比如，基因指纹图谱检测的方法一般是对植物品种的繁殖材料进行鉴定，并通过繁殖材料的基因指纹图谱的一致性推定植物品种的特征、特性的一致性。

最高人民法院在《莱州市金海种业有限公司诉张掖市富凯农业科技有限责任公司侵犯植物新品种权纠纷案》的认定中①，依据中华人民共和国农业行业标准《玉米品种鉴定 DNA 指纹方法》NY/T1432-2007 检测及判定标准的规定，品种间差异位点数等于 1，不判定为近似品种；品种间差异位点数大于等于 2，判定为不同品种。品种间差异位点数等于 1，不足以认定不是同一品种。对差异位点数在两个以下的，应当综合其他因素判定是否为不同品种，如可采取扩大检测位点进行加测，以及提交审定样品进行测定等，举证责任由被诉侵权一方承担。该案例明确的裁判规则对于理解农业行业标准《玉米品种鉴定 DNA 指纹方法》NY/T1432-2007 检测及判定标准的规定提供了科学、准确、清晰的指引，对于人民法院正确适用举证责任规则，依法审理植物新品种权领域类似案件具有较强的指导价值。

4. 植物新品种不正当竞争行为。

在植物新品种保护中，不正当竞争行为仍有发生，加之我国《反不正当竞争法》的调整范围和保护条件，现实中可能发生的一些不正当竞争行为并未纳入反不正当竞争法中的情况。依据《反不正当竞争法》来保护植物新品种仍是一种辅助和补充方式，作用有限，但仍具有必要性。

（1）植物新品种保护中的竞争关系。植物新品种的不正当竞争行为主要发生在种子生产经营领域内，但竞争关系构成不取决于经营者之间是否属于同业竞争，亦不取决于是否属于现实存在的竞争，而应取决于经营者的经营行为是否具有"损人利己的可能性"②。市场竞争必然影响不同经营者之间市场利益或竞争优势的得失，市场竞争具有天然的损人利己性，自愿、平等、公平和诚信原则仍是法律和商业道德的基本要求。《反不正当竞争法》（1993 年）第二条规定，经营者在生产经营活动中，违反本法规定，扰乱市场竞争秩序，损害其他经营者或者消费者的合法权益的行为，即属于不正当竞争行为。我们不能简单地以在市场竞争中获利一方的行为导致对方利益受损为由便当然认定某行为是不正当的，是否违反法律和商业道德，是否符合诚信原则，仍是判断不正当竞争行为的核心问题。仿冒、虚假宣传、侵犯商业秘密、商业诋毁等扭曲市场竞争的行为，违背法律和商业道德，应当依据《反不正当竞争法》的规定予以禁止。

应当说明的是，《反不正当竞争法》仍是调整经营者之间的法律关系。如果植物新品种保护中的一方是经营者，另一方不是经营者，两者不存在反不正当竞争法所蕴含的市场竞争关系。比如，消费者，采取不正当的手段损害了经营者的合法权益，应当属于普通民事侵权行为，不构成不

---

① 来源：http://www.court.gov.cn/fabu-xiangqing-74142.html，2018 年 7 月 9 日截取。

② 李雪宇、张黎、赵俊杰：《2014 年·竞争法年度报告》反不正当竞争部分。

正当竞争行为，不受反不正当竞争法的规制，而应当依据其他民事法律来处理。

（2）植物新品种保护涉及的不正当竞争行为。根据植物新品种权在种子生产经营的实际情况以及公开的司法裁判案例分析，植物新品种保护涉及的不正当竞争行为主要有以下类型：

①混淆行为。混淆是一种典型的"搭便车"行为，不具有正当性，具体表现是有擅自使用授权品种的包装、装潢擅自使用授权品种名称等外观标识。

首先，仿冒授权品种的包装、装潢、标签等外观标识。种子应当包装①，附有标签②，种子生产经营者对标注内容的真实性和种子质量负责。根据《种子法》的规定，标签应当标注种子类别、品种名称，如系授权品种种子的，还应当标注品种权号。某一授权品种在推广应用后其市场价值以及推广价值巨大，特别是像小麦、玉米、水稻等粮食作物（即主要农作物）种子，在其适应区域内的种植面积往往几千亩甚至数十万亩，成为当地农户的热销商品，甚至是当地农业技术推广部门招标采购的主要品种，具有一定影响和市场知名度，其特有的包装、装潢以及标签具有显然性。面对巨大的市场诱惑，可能发生虚假标识授权品种包装、装潢、标签等外观标识的情况，导致误认，构成不正当竞争。

其次，假冒授权品种名称。该行为是以非授权品种种子冒充授权品种种子或者以非种子冒充授权品种种子的行为。在北京联创种业有限公司诉林俊红等植物新品种侵权案中③，法院认为："植物新品种名称是拥有植物新品种权的相关品种的特有名称，该品种繁殖材料自身所具有的独特品质、性状等内在信息在品种的市场流转过程中通过品种名称传达给用户，用户也是根据该品种名称据以将其与其他品种区别开来。相关消费者在购买使用种子产品的过程中，首先也是最重要的是对种子品种的识别，而对种子产品的提供者是否为品种权人或经品种权人授权许可的经营者的识别则在其次，甚至大量的终端种子消费者基于对品种权制度的认知程度，往往

---

① 《种子法》（2015 年修订）第四十条第一款　销售的种子应当加工、分级、包装。但是不能加工、包装的除外。

② 《种子法》（2015 年修订）第四十一条第一款、第二款、第三款：销售的种子应当符合国家或者行业标准，附有标签和使用说明。标签和使用说明标注的内容应当与销售的种子相符。种子生产经营者对标注内容的真实性和种子质量负责。

标签应当标注种子类别、品种名称、品种审定或者登记编号、品种适宜种植区域及季节、生产经营者及注册地、质量指标、检疫证明编号、种子生产经营许可证编号和信息代码，以及国务院农业、林业主管部门规定的其他事项。销售授权品种种子的，应当标注品种权号。

③ 来源：http://zzfy.hncourt.gov.cn/public/detail.php?id=16279 2018 年 7 月 6 日截取。

在做出品种识别后即行购买使用。消费者对品种的识别出于自身技术力量的限制和对市场经营规则的理解，则往往是根据种子产品包装袋上所标示的产品名称来确定的。消费者在确认品种名称后根据该名称所包含的产品相关品质信息结合自身生产场地的土质、水肥、气候等生产作业条件进行综合分析对比以确定是否购买使用该品种。因此，品种名称应当是种子产品在市场经营过程中最直接、准确的外在体现。"作为种子行业的生产经营者，知道或者应当知道授权品种的名称以及市场销售状况，擅自使用授权品种名称，不仅违反《种子法》的规定，亦违背诚实信用原则，构成不正当竞争。

类似的情况还有，擅自使用授权品种的品种权号、育种者或品种权人的字号或简称等外观标识，足以使相关公众对商品的来源产生误认。在种子生产经营中，具有市场知名度的授权品种种子包装、装潢因具有显而易见的可识别性，极易被抄袭、模仿使用，如果在相同商品上使用相同或者视觉上基本无差别的商品包装、装潢，应当视为足以造成和他人知名商品相混淆①，势必使他人利益受损，导致消费者发生误认，扭曲了正常的市场竞争秩序，构成不正当竞争。在《反不正当竞争法》中，"销售"和"使用"是两种不同的行为，如果销售者没有"擅自使用"这一行为，而仅仅是销售了"他人擅自使用……"的商品，该销售者不构成仿冒，不承担"擅自使用"的责任。

②虚假宣传。虚假宣传，是指品种不具备宣传所述的特征性状。《种子法》第四十一条第六款，对利用标签和使用说明对授权品种种子作引人误解的虚假宣传的行为作出了禁止性规定，种子生产经营者应当遵守有关法律、法规的规定，诚实守信，向种子使用者提供种子生产者信息、种子的主要性状、主要栽培措施、适应性等使用条件的说明。《农作物种子标签和使用说明管理办法》规定，授权品种种子在标签中应当如实标注有：作物种类、种子类别、品种名称、检测日期、质量保证期、质量指标、检疫证明编号、生产经营许可证编号、适宜区域和种植季节、生产经营者名称，以及种子主要性状等。对于种子广告，《广告法》第二十七条明确规定对产量、品质、经济价值等方面的表述应当真实、清楚、明白，并且禁止使用极限

---

① 《最高人民法院关于审理不正当竞争民事案件应用法律若干问题的解释》第四条第一款、第二款：足以使相关公众对商品的来源产生误认，包括误认为与知名商品的经营者具有许可使用、关联企业关系等特定联系的，应当认定为反不正当竞争法第五条第（二）项规定的"造成和他人的知名商品相混淆，使购买者误认为是该知名商品"。在相同商品上使用相同或者视觉上基本无差别的商品名称、包装、装潢，应当视为足以造成和他人知名商品相混淆。

用语①。

应当说，每个植物新品种与已知品种相比都会具有不同的特征、特性，有一定的优劣。比如，在种子标签和使用说明中，使用最优、最新、最佳等极限用语，虚假标注授权品种种子的生产日期、检测日期或质量保证期等行为。另外，《反不正当竞争法》（1993 年）第八条并未局限于仅对虚假广告予以禁止，还包括：经营者不得对其商品的"销售状况"、"用户评价"等作虚假或者引人误解的商业宣传，还包括通过组织虚假交易等方式，帮助其他经营者进行虚假或者引人误解的商业宣传。种子企业在对外介绍、宣传和销售中应当对其真实性负责，无论是否产生质量问题，如有虚假宣传行为引起误认，构成不正当竞争行为。

③商业诋毁。编造、传播虚假信息或者误导性信息，损害竞争对手的商业信誉、商品声誉，也被称为商业诽谤行为。

农谚说，"人误地一时，地误人一年"。种子质量以及生产经营者的信誉，颇受农资市场的关注。商誉是经营者参与市场竞争的连续性活动而逐渐形成的，大都需要经过大量而艰苦的市场研究、技术开发、广告宣传和公关活动等，去建立自己良好的商业信誉。经营者守法经营、讲究职业道德、严格履行合同、经济实力雄厚、技术水平先进等方面的商业信誉和质量精良、风格独特、热情周到、价格合理等方面的商品或服务声誉，无疑会赢得交易机会和消费者的信任，带来巨大的经济利益，带来市场竞争中的优势地位，并可能成为自己进行竞争的最大资本和立足市场的最重要支柱。植物新品种投入种子生产经营后，其商业诋毁行为的主要表现为，编造谎言甚至污蔑竞争对手销售的授权品种种子存在质量问题、假种子、退货或被行政主管部门查处等负面信息，从而使消费者不敢购买、使用授权品种种子。

对于诋毁商誉行为予以规制，可以避免市场主体以不适当的商业言论打击竞争对手，牟取不正当利益，从而破坏市场良性竞争的秩序。在植物新品种的生产经营领域中，编造和传播虚假信息或误导性信息，如"无中生有"的信息，或者具有真实性的信息，但由于信息陈旧、时间不匹配、内容不完整、篡改信息等问题，信息的真实性、客观性被扭曲，均可能导致竞争对手的商业信誉和商品声誉受损以及经济上的损失。商业诋毁行为违背诚实信用的原则，不仅损害竞争对手的商誉，也损害了消费者的自主选择权。

---

① 《广告法》第二十七条：农作物种子、林木种子、草种子、种畜禽、水产苗种和种养殖广告关于品种名称、生产性能、生长量或者产量、品质、抗性、特殊使用价值、经济价值、适宜种植或者养殖的范围和条件等方面的表述应当真实、清楚、明白，并不得含有下列内容：（一）作科学上无法验证的断言；（二）表示功效的断言或者保证；（三）对经济效益进行分析、预测或者作保证性承诺；（四）利用科研单位、学术机构、技术推广机构、行业协会或者专业人士、用户的名义或者形象作推荐、证明。

④侵犯商业秘密的行为。每个植物新品种都是一项技术成果，各方面的投入和论证，都包含着育种者付出的劳动，以及产品包含的知识产权信息，育种材料、数据等具有巨大的价值。除依法公开信息外，植物新品种仍涉及大量的商业秘密，应当正确理解和对待。

在科研育种环节，植物新品种尚未申请和公开，育种材料本身是首选的保护对象，也是重要的商业秘密，应当采取合理的保密措施进行控制。现代育种手段越来越多，如航天搭载进行的诱变育种、基因工程、远缘杂交等，对于相同的育种目标，育种者基于不同的经验和条件选择不同的育种思路和育种手段。育种过程中，所产生和记载的实验数据，如与植物新品种性状直接相关的数据以及其他试验所需的试剂、温度、时间等相关数据。因此，一个植物新品种出现后，其采用的培育方法、具体手段和实验数据等体现了育种者的劳动，是科学分析、判断和选择的结果，这些内容不是公开信息，属于商业秘密。还有，科研中使用的实验材料，如化学试剂、生物制剂等，这些与育种工作相关，亦应作为商业秘密管理。

种子生产环节，主要是繁殖制种工作。比如，生产地点的选择、品种信息、生产规模等秘密信息，均属于授权品种的商业秘密。

种子销售环节，授权品种在销售前、销售中和销售后，种子企业通常会对销售市场进行调查和分析，制定市场策略，确定经销渠道、经营模式以及客户需求信息等对种子企业利益的一部分，应当属于商业秘密的内容。

侵犯植物新品种商业秘密的行为主要形式是员工跳槽违法泄露信息、授权品种的育种材料被窃取。具体表现有：在授权品种繁育制种基地盗取亲本、通过商业贿赂获得亲本以及相关的技术信息或经营信息、非正常人才流动，甚至利用黑客窃取授权品种相关信息。这些行为违背《反不正当竞争法》（1993 年）第二条的规定，明显具有违法性，构成不正当竞争行为。

三、案例评析

【名词解释】

1. 植物新品种。

植物新品种是植物新品种权的物质载体，是受法律保护的客体。植物新品种是一个法律概念，而不是植物分类学上的"种"的概念（如门、纲、目、科、属、种等），也不等同于作物栽培学上"品种"的概念，但又与这两个概念有内在的联系。品种是指经过人工选育或者发现并经过改良，形态特征和生物学特性一致，遗传性状相对稳定的植物群体。植物新品种是指经过人工培育或者对发现的野生植物加以开发，具有新颖性、特异性、一致性和稳定性并有适当命名的植物品种。

新颖性，是指申请品种权的植物新品种在申请日前该品种繁殖材料未被销售，或者经育种者许可，在中国境内销售该品种繁殖材料未超过 1 年；在中国境外销售藤本植物、林木、果树和观赏树木品种繁殖材料未超过 6 年，销售其他植物品种繁殖材料未超过 4 年。

特异性（Distinctness），是指申请品种权的植物新品种应当明显区别于在递交申请以前已知的植物品种。

一致性（Uniformity），是指申请品种权的植物新品种经过繁殖，除可以预见的变异外，其相关的特征或者特性一致。

稳定性（Stability），是指申请品种权的植物新品种经过反复繁殖后或者在特定繁殖周期结束时，其相关的特征或者特性保持不变。

需要说明的是，申请品种权的植物新品种应当属于国家植物品种保护名录中列举的植物的属或者种。现已发布十批农业植物新品种保护目录，共 138 个属和种，对列入目录的新品种才给予保护。我国是 UPOV 公约 1978 年文本的成员国，植物新品种保护的品种数量已远远超过了成员国必须给予保护的植物属或种的最低数量①。

2. 植物新品种权。

植物新品种的保护问题，实质在于是否给予育种者的植物品种创新成果以知识产权保护。我国法律明确规定，育种者对其授权的品种，享有排他的独占权，即植物新品种权。被授予品种权的植物新品种，简称为授权品种。《植物新品种保护条例》第六条规定，完成育种的单位或者个人对其授权品种，享有排他的独占权。任何单位或者个人未经品种权所有人（以下称品种权人）许可，不得为商业目的生产或者销售该授权品种的繁殖材料，不得为商业目的将该授权品种的繁殖材料重复使用于生产另一品种的繁殖材料；但是，本条例另有规定的除外。《种子法》（2015 年）第二十八条规定，完成育种的单位或者个人对其授权品种，享有排他的独占权。任何单位或者个人未经植物新品种权所有人许可，不得生产、繁殖或者销售该授权品种的繁殖材料，不得为商业目的将该授权品种的繁殖材料重复使用于生产另一品种的繁殖材料；但是本法、有关法律、行政法规另有规定的除外。

植物新品种权，是一种排他性独占权，即商业性使用需要经品种权人许可。这一规定意味着，非商业性使用授权品种均为合理使用，将给予豁免，如"农民特权"、"私人的非商业性活动"、"育种者豁免"、"试验性活动"等均具有正当性，这一权利限制又被称为非强制性例外。UPOV 公约 1978 年文本第九条规定，各成员国可以出于公共利益考虑，或者广泛推广品种，可以

---

① UPOV 公约 1978 年文本第四条要求必须或可以保护的植物属和种：（1）三年内至少有十个属或种；（2）六年内至少有十八个属或种；（3）八年内至少有二十四个属或种。

限制育种者权的自由行使，但应给予报酬，该权利限制被称为强制性例外。我国植物新品种保护制度规定了"育种免责"和"农民特权"[①]。一般认为，育种免责源于专利制度下的科研为合理使用，而农民免责是出于对习惯的尊重、维持农民生计和保护粮食安全的需要，农民对植物新品种繁殖材料的"自繁自用"不构成侵权，如果对外销售繁殖的植物新品种种子则构成侵权。另外，为了国家利益或者社会公共利益，可以给予实施植物新品种权强制许可，但需要支付合理的使用费。[②] 国家农业或者林业主管部门作出的强制实施植物新品种权的许可时为法定使用，不侵犯植物新品种权。

3. 已知品种。

已知品种，简单说就是现有品种，具体是指已受理申请或者已通过品种审定、品种登记、新品种保护，或者已经销售、推广的植物品种。

4. 植物新品种追偿权。

植物新品种权被授予后，在自初步审查合格公告之日起至被授予品种权之日止的期间，对未经申请人许可，为商业目的生产或者销售该授权品种的繁殖材料的单位和个人，品种权人享有追偿的权利。追偿权系品种权人享有的一种民事权利，

5. 种子生产经营许可制度。

种子生产经营，是指种植、采收、干燥、清选、分级、包衣、包装、标识、贮藏、销售及进出口种子的活动；种子生产是指繁（制）种的种植、采收的田间活动。我国实行种子生产经营许可制度，种子生产经营许可证实行分级审核、核发。从事农作物种子生产经营活动的，应当取得县级以上人民政府农业主管部门核发的准予从事农作物种子生产经营许可证。申请领取种子生产经营许可证的企业，应当具有与种子生产经营相适应的设施、设备、品种及人员，符合相关办法规定的条件。从事主要农作物常规种子生产经营及非主要农作物种子经营的，其种子生产经营许可证由企业所在地县级以上地方农业主管部门核发；从事主要农作物杂交种子及其亲本种子生产经营以及实行选育生产经营相结合、有效区域为全国的种子企业，其种子生产经营许可证由企业所在地县级农业主管部门审核，省、自治区、直辖市农业主管部门核发；从事农作物种子进出口业务的，其种子生产经营许可证由企业所

---

① 《植物新品种保护条例》第十条：在下列情况下使用授权品种的，可以不经品种权人许可，不向其支付使用费，但是不得侵犯品种权人依照本条例享有的其他权利：（一）利用授权品种进行育种及其他科研活动；（二）农民自繁自用授权品种的繁殖材料。

② 《植物新品种保护条例》第十一条：为了国家利益或者公共利益，审批机关可以作出实施植物新品种强制许可的决定，并予以登记和公告。

取得实施强制许可的单位或者个人应当付给品种权人合理的使用费，其数额由双方商定；双方不能达成协议的，由审批机关裁决。

在地省、自治区、直辖市农业主管部门审核，农业部核发。

6. 主要农作物。

主要农作物，是指稻、小麦、玉米、棉花、大豆。

7. 品种审定。

国家对主要农作物和主要林木实行品种审定制度。主要农作物品种和主要林木品种在推广前应当通过国家级或者省级审定。由省、自治区、直辖市人民政府林业主管部门确定的主要林木品种实行省级审定。申请审定的品种应当符合特异性、一致性、稳定性要求。

8. 品种名称。

一个农业植物品种只能使用一个名称，相同或者相近的农业植物属内的品种名称不得相同。在植物新品种保护中，授予品种权的植物新品种应当具备适当的名称，并与相同或者相近的植物属或者种中已知品种的名称相区别，品种名称不符合命名规定的，应当限期修改，逾期未修改或者修改后仍不符合规定的，将驳回植物新品种保护的申请。品种名称一经注册登记后即为该植物新品种的通用名称，同一植物品种在申请新品种保护、品种审定、品种登记、推广、销售时只能使用同一个名称。不论授权品种的保护期是否届满，应当终身使用其注册登记的名称。

9. 基因图谱（DNA 指纹图谱）。

基因图谱，指综合各种方法绘制成的基因在染色体上的线性排列图。生物的性状千差万别，决定这些性状的基因成千上万。这些基因成群地存在于遗传物质的载体——染色体上。基因定位就是要确定基因所在的染色体，并测定基因在特定染色体上线性排列的顺序和相对距离。通过测定重组率得到的基因线性排列图称为遗传图谱，将遗传重组值作为基因间距离，所得到的线性排列图称为连锁图谱，用其他一些方法确定基因在染色体上的实际位置制成的图谱称为物理图谱。[①] 不同生物或不同个体，其基因图谱也各不相同。基因图谱检测，已经成为在植物新品种 DUS 测试和侵权认定一种常用的辅助技术检测方法。

DNA 指纹图谱技术是随着分子生物学发展而建立起来的应用性的遗传种子分析方法。每种植物及其品种都有各自特定的性状和相应的 DNA 序列，品种之间存在一定的序列差别，正如每个都有自己的特定指纹一样[②]。在植物新品种保护中，往往需要通过鉴定解决侵犯植物新品种权的认定。侵权认定的专业鉴定方法，主要有田间观察检测和基因指纹图谱检测（DNA）。一般认

---

① 来源：https://baike.so.com/doc/6128591-6341751.html 2018 年 6 月 2 日截取。

② 腾海涛等：《利用 DNA 指纹图谱辅助植物新品种保护的可能性》，载《生物技术通报》2009 年第 1 期。

为，田间观察检测是最根本的方法，比较可靠；基因指纹图谱检测则具有快捷、方便、成本低的优点，已经成为一种较为常见的技术手段辅助侵权认定。

10. 种子标签。

种子标签，是指印制、粘贴、固定或者附着在种子、种子包装物表面的特定图案及文字说明。标签是种子生产经营制度中的一个概念，销售的种子应当附有标签和种子使用说明。标签所标注的内容应当与销售的种子相符，种子生产经营者对标注内容的真实性和种子质量负责，其文字和图片不得作虚假或者引人误解的宣传。

标签应当标注如下内容：种子类别、品种名称、品种审定或者登记编号、品种适宜种植区域及季节、生产经营者及注册地、质量指标、检疫证明编号、种子生产经营许可证编号和信息代码（二维码），以及国务院农业、林业主管部门规定的其他事项。另外，标签还应分别加注如下内容：销售授权品种种子的，应当标注品种权号。销售进口种子的，应当附有进口审批文号和中文标签。销售转基因植物品种种子的，必须用明显的文字标注，并应当提示使用时的安全控制措施。标签，通常直接印制在种子包装物表面。依法可以不包装销售的种子，如苗木种子，其标签可印制成印刷品粘贴、固定或者附着在种子上，也可以制成印刷品，在销售种子时提供给种子使用者。

11. 实质性派生品种。

实质性派生品种（EDV），育种者以受保护品种为亲本，用以上育种方式得到的新品种，就是实质性派生品种，具体是指由原始品种通过选育、天然或诱导的突变、体细胞克隆、基因导入、同亲本回交而得出的新品种。[1] 实质性派生品种保护制度是 UPOV1991 应对生物育种剽窃的一项有力措施，实现了原始品种权人与实质性派生品种权人 / 基因专利权人在商业利用实质性派生品种上的合理利益安排，有助于激励真正的育种创新，实际上是一种利益分享机制。UPOV 公约 1991 年文本中规定，生产销售实质性派生品种需要得到原品种权人的授权，实质性派生品种的权利，是原品种权人权利的延伸。实质性派生品种保护规则是随着现代育种技术，特别是分子辅助技术的快速发展而必然要做出的一项法律调整，也是植物新品种保护制度自身的特点所必需的，是国际上不断要求加强知识产权保护的这一趋势在植物育种保护领域的体现。[2]UPOV 公约鼓励育种家充分利用现有品种资源源源不断地选育新品种。如果选育出的是实质性派生品种，只要征得原始品种权利人同意，合理付费，就可以生产销售，也可以申请植物新品种权。

---

① 来源：http://news.china-flower.com/paper/papernewsinfo.asp?n_id=192104　2018 年 7 月 2 日截取。

② 李菊丹：《国际植物新品种保护制度研究》，浙江大学出版社 2011 年 12 月第 1 次印刷，第 356 页。

我国尚未对实质性派生品种做出法律规定，实质性派生品种不受法律保护，而且在商业生产和销售过程中不需要征得原始品种育种人的许可。由于未对实质性派生品种给予适当的限制，不少具有原始创新能力的科研人员培育原始创新品种和申请品种权的积极性也在大大减弱，因为他们辛苦培育的品种很快就会被一个类似的品种替换掉。《种子法》（2015年）修订草稿中也曾对此进行过审议，但在通过时被拿掉了。为加强知识产权保护，学术界及行业等方面强烈呼吁在修订植物新品种条例时建立实质性派生品种保护制度，防止模仿、修改性育种对原始创新品种的伤害。①

【焦点评析】

1. 竞争关系与诉讼主体。

竞争关系，在《反不正当竞争法》中并没有明确的定义，但它仍是不正当竞争纠纷案件常常需要正视的问题。竞争关系涉及当事人主体资格的认定，也是认定不正当竞争行为的前提条件。《反不正当竞争法》（1993年）第二条规定，经营者在生产经营活动中，应当遵循自愿、平等、公平、诚信的原则，遵守法律和商业道德。本法所称的不正当竞争行为，是指经营者在生产经营活动中，违反本法规定，扰乱市场竞争秩序，损害其他经营者或者消费者的合法权益的行为。本法所称的经营者，是指从事商品生产、经营或者提供服务（以下所称商品包括服务）的自然人、法人和非法人组织。根据该规定，不正当竞争行为与市场竞争秩序是对立统一的，这就如同市场竞争对手之间相互抵制同时又相互依赖。可以说，竞争关系是市场竞争秩序在法律上的表达，并由此界定经营者在参与市场竞争中与经营者、市场、消费者等的行为规则。

经营者之间是否存在竞争关系，应着眼于行为。在本案中，一、二审法院并未查明双方当事人的经营范围，根据企业名称中双方的行业或经营特点看，均为种子生产经营企业，具有竞争关系。法院另查明，富民公司主张的"克山1号"大豆种子于2009年12月15日在黑龙江省克山县开始销售，自2011年1月起获得该品种种子的生产经营权。同根生公司具有主要农作物种子生产经营许可证，销售区域、内容和范围重合，在销售种子时使用了"克山1号"的品种名称，收据上载明为豆种，容易造成相关公众对其产品来源的混淆，扰乱正常的市场竞争秩序，双方存在同业竞争关系。

在植物新品种权纠纷中，当事人多为种子生产经营企业或科研院所，存在同业竞争关系。《种子法》（2015年）规定，鼓励种子企业与科研院所及高等院校构建技术研发平台，建立以市场为导向、资本为纽带、利益共享、风险共担的产学研相结合的种业技术创新体系。由财政资金支持为主形成的育

---

① 来源：http://www.chinanews.com/gn/2018/02-24/8453945.shtml 2018年6月11日截取。

种成果的转让、许可等应当依法公开进行，禁止私自交易。[①]由此可知，即使由财政拨付经费的科研院所亦可参与种子研发、转让、许可等经营性活动，依法属于反不正当竞争法中的经营者。经营者身份严格讲不存在差异性，即使存在差异性，也只是对法人、经济组织、个体工商户等民事主体种类上予以区分。

应当说，具有竞争关系的经营者，可依法行使诉权及实体权利，具备诉讼主体资格。《最高人民法院关于审理侵犯植物新品种权纠纷案件具体应用法律问题的若干规定》第一条明确规定，植物新品种权所有人（以下称品种权人）或者利害关系人认为植物新品种权受到侵犯的，可以依法向人民法院提起诉讼，还应包括植物新品种临时保护期内的追偿权。前款所称利害关系人，包括植物新品种实施许可合同的被许可人、品种权财产权利的合法继承人等。独占实施许可合同的被许可人可以单独向人民法院提起诉讼；排他实施许可合同的被许可人可以和品种权人共同起诉，也可以在品种权人不起诉时，自行提起诉讼；普通实施许可合同的被许可人经品种权人明确授权，可以提起诉讼。在本案中，同根生公司辩称，临时保护期的追偿权只能由植物新品种的品种权人行使，品种权许可合同的被许可人不能行使，不能成立。本案中，双方当事人虽然没有明确各自的经营范围，一审判决也没有对此进行查明和认定，但是法院审理认为"考虑富民公司与同根生公司系同属黑龙江省的同行业企业"，与双方生产经营行为和实际表现是一致的，双方具有显而易见的竞争关系。

在涉及植物新品种权不正当竞争纠纷中，如一方不具有种子生产经营资格但从事了竞争性活动，品种权人因此受损，另一方应当受到《反不正当竞争法》的规制。在新的经济模式下，只要双方在最终利益方面存在竞争关系，亦应认定两者存在竞争关系，适用《反不正当竞争法》。[②]

2. 擅自使用"克山1号"名称的性质及判定。

（1）擅自使用受到临时保护的植物新品种名称，不构成侵犯植物新品种权。植物新品种权保护的对象是繁殖材料，品种权人对授权品种的繁殖材料所享有的权利不仅包括法律明确规定的生产权、销售权、使用权、许可权、

[①]《种子法》（2015年）第十二条：国家支持科研院所及高等院校重点开展育种的基础性、前沿性和应用技术研究，以及常规作物、主要造林树种育种和无性繁殖材料选育等公益性研究。

国家鼓励种子企业充分利用公益性研究成果，培育具有自主知识产权的优良品种；鼓励种子企业与科研院所及高等院校构建技术研发平台，建立以市场为导向、资本为纽带、利益共享、风险共担的产学研相结合的种业技术创新体系。

国家加强种业科技创新能力建设，促进种业科技成果转化，维护种业科技人员的合法权益。

[②] 来源：http://gx.people.com.cn/n2/2016/0517/c229247-28346749-3.html，2017年7月2日截取。

追偿权[①]，亦应包括授权品种的名称标记权，即在授权品种包装上标明品种权标记的权利，如注明授权品种名称、品种申请号、品种授权号，以及品种权人名称。植物新品种权具有排他独占性，其权利范围应包括授权品种的名称标记权，擅自使用授权品种名称应当构成侵犯植物新品种权。

首先，品种名称必须能识别品种，是获得植物新品种权的必备条件。植物新品种应当适当命名，并且与相同或者相近的植物属或者种中已知品种相区别，经授权后即为该植物新品种的通用名称，这是获得授权的必备要件。[②]植物种子具有生物遗传性和多样性，其品种名称与特定的品种之间具有对应性和指向性，是特有的，不能将其视为某一类商品的通用名称。同时，某一品种名称必须能识别品种，即使在保护期满后授权品种仍应使用其登记的名称，因此具有特有性和专属性。[③]

授权品种名称的使用及先用权受到法律保护。一个农业植物品种只能使用一个名称，国家建立了农业植物品种名称检索系统。根据先用权原则，两个以上相同或者相近植物属内的植物新品种使用同一名称时，品种名称授予先申请的；同日申请的，名称授予先完成培育的品种，后完成培育的应当重新命名。对于授权品种，使用其注册登记的名称不仅是一项法律义务，亦是一种法律上的权利。在销售授权品种未使用其注册登记的名称的受到禁止，对生产或销售种子时假冒其品种名称的行为[④]，农业部门亦将其认定为植物新品种侵权行为进行查处。只有授权品种名称受到法律保护，才能真正保护品种权人或者说育种者的权利。[⑤]

[①] 《植物新品种保护条例》第三十三条：品种权被授予后，在自初步审查合格公告之日起至被授予品种权之日止的期间，对未经申请人许可，为商业目的生产或者销售该授权品种的繁殖材料的单位和个人，品种权人享有追偿的权利。

[②] 《种子法》（2015 年）第二十七条：授予植物新品种权的植物新品种名称，应当与相同或者相近的植物属或者种中已知品种的名称相区别。该名称经授权后即为该植物新品种的通用名称。

[③] 《植物新品种保护条例》第十二条：不论授权品种的保护期是否届满，销售该授权品种应当使用其注册登记的名称。

[④] 《植物新品种保护条例实施细则（农业部分）》第五十七条《条例》第四十条、第四十一条所称的假冒授权品种行为是指下列情形之一：第（五）项，生产或销售冒充品种权申请或者授权品种名称的品种；（六）其他足以使他人将非品种权申请或者非授权品种误认为品种权申请或者授权品种的行为。

[⑤] 《植物新品种保护条例》第十八条：授予品种权的植物新品种应当具备适当的名称，并与相同或者相近的植物属或者种中已知品种的名称相区别。该名称经注册登记后即为该植物新品种的通用名称。下列名称不得用于品种命名：（一）仅以数字组成的；（二）违反社会公德的；（三）对植物新品种的特征、特性或者育种者的身份等容易引起误解的。

另外，品种名称应放在显著位置，字号不得小于标签标注的其他文字。① 当授权品种名称与商标、商品名称和其他类似的标志连用时，该品种名称应突出显示，易于识别。② 对品种命名及其标记上的要求，是防止对品种的特性、价值或类别，或对育种者的身份发生误解或混淆。因此，植物新品种权的保护范围应及于品种名称，如果不当使用授权品种名称且导致相关公众发生误认属假冒授权品种的行为，在主观上属恶意，应为法律所禁止。涉案品种"克山1号"授权品种，其名称应当放在突出位置，以区别于已知品种。

需要注意的是，追偿权不能等同于植物新品种权的保护范围。对尚未得到授权的植物新品种，侵权人进行商业化生产或者销售时，不侵犯植物新品种权，其名称被不正当使用时亦不构成侵犯植物新品种权。对于处于临时保护期内的植物新品种，品种权人仅能要求补偿，而不能主张侵权赔偿责任。在本案中，因双方均不确认涉案品种是"克山1号"，且无法通过技术鉴定对被诉侵权物的特征、特性与授权品种进行比对，不能认定同根生公司以"克山1号"的名义销售涉案豆种侵害了涉案植物新品种权。该认定结果是正确的，但理由并不充分。原因在于，即使通过技术鉴定进行比对，涉案品种与"克山1号"是同一品种，因涉诉行为发生在授权之前，仍无法认定侵犯了植物新品种权。加之，一二审法院未对"突出显示"、"克山1号"大豆种子的品种名称的这一事实进行认定，没有从追偿权角度进行处理，因此说理不充分。

（2）擅自使用"克山1号"名称使人误认为是授权品种，构成不正当竞争。依新《反不正当竞争法》的规定，具有一定影响的名称、包装、装潢是经依法认定的工商服务业标记，具有无形性、地域性、专有性和财产性特点，是创造性智力劳动产生的成果，是重要的工业产权。本案中，富民公司以虚假宣传为由主张构成不正当竞争，并得到了一审法院支持。实际上，"克山1号"的名称，在不能确认侵犯植物新品种权的情况下，擅自使用该品种名称并不构成虚假宣传，故不应以此事由认定不正当竞争行为。

"克山1号"作为授权品种的特有名称，自2009年12月15日起在黑龙江省克山县开始销售。根据主要农作物品种审定办法的要求，大豆品种须经审定方可对外销售和推广。该品种经审定和长期在当地推广已成为其适应区域，在当地已具有一定影响力，形成了较高的知名度和市场占有率。"克山1

---

① 《农作物种子标签和使用说明管理办法》第二十五条第二款：品种名称应放在显著位置，字号不得小于标签标注的其他文字。

② 《国际植物新品种保护公约（1978年文本）》第十三条第（八）项：当品种提供出售或市场销售时，应准予登记的品种名称与商标、商品名称和其他类似的标志连用，若连用这类标志，则该品种名称应易于识别。

号"的名称已与富民公司建立起特定的联系，具有区分、识别商品来源的功能，应当认定"克山1号"已经成为具有一定影响的特有名称。① 具有一定影响的商品，在很大程度上反映经营者商品的品质和信誉，其特有名称、包装、装潢知名后，所依附的商品会有较高的市场占有率。在消费者的心目中，商品的美誉度、信誉度已和特有的名称、包装、装潢密不可分。因此，具有一定影响的商品特有的名称、包装、装潢能更好地区别同业竞争者，更有利于相关公众进行识别。法律保护具有一定影响的商品特有名称，其目的是更好地保护同业竞争者，制止同行业经营者不正当地使用，从而维护正常的市场竞争秩序。

一审法院认定，同根生公司出具的《收据》记载：收款事由"克山1号"，豆种 2000028.5；"一些袋子背面有黑色的'克山1号'字样"。就该事实讲，同根生公司经销的"克山1号"大豆种子产品外包装袋上在显著位置突出标注"克山1号"的名称，导致消费者误认为是授权品种"克山1号"大豆种子，构成不正当竞争。② 该行为，不符合虚假宣传的构成。在植物新品种保护中，虚假宣传应是指在包装、宣传材料中毫无根据地夸大种子的质量、品质、产量、耐性等，夸大自己品种的优点，乘机贬低其他品种，引起消费者的误解，从而达到促销的目的。但从本案的事实和证据看，在涉案品种不能确定是"克山1号"时，按虚假宣传处理明显不符合逻辑和法律规定。

由上看出，植物新品种权被侵犯的同时，经营者的竞争利益也可能会受到侵害，诉讼争议包含了两种法律关系，可以要求法院在同一案件中处理。③ 本案中，不当使用授权品种名称属于植物新品种侵权行为，且当"克山1号"为具有一定影响的商品名称时构成不正当竞争行为。一、二审法院以不正当竞争纠纷定性处理是片面和错误的。

---

① 《最高人民法院关于审理不正当竞争民事案件应用法律若干问题的解释》第一条第一款：在中国境内具有一定的市场知名度，为相关公众所知悉的商品，应当认定为反不正当竞争法第五条第（二）项规定的"知名商品"。人民法院认定知名商品，应当考虑该商品的销售时间、销售区域、销售额和销售对象，进行任何宣传的持续时间、程度和地域范围，作为知名商品受保护的情况等因素，进行综合判断。

② 《反不正当竞争法》（2017年）第六条：经营者不得实施下列混淆行为，引人误认为是他人商品或者与他人存在特定联系：（一）擅自使用与他人有一定影响的商品名称、包装、装潢等相同或者近似的标识；（二）擅自使用他人有一定影响的企业名称（包括简称、字号等）、社会组织名称（包括简称等）、姓名（包括笔名、艺名、译名等）；（三）擅自使用他人有一定影响的域名主体部分、网站名称、网页等；（四）其他足以引人误认为是他人商品或者与他人存在特定联系的混淆行为。

③ 最高人民法院《民事案件案由规定》第三条第（三）项：同一诉讼中涉及两个以上的法律关系的，应当依当事人诉争的法律关系的性质确定案由，均为诉争法律关系的，则按诉争的两个以上法律关系确定并列的两个案由。

3. 赔偿数额的确定

一审、二审判决确定了 15 万元的赔偿金额，基本合理，较为保守。目前，本案判决仅认定构成虚假宣传的不正当竞争行为，未认定构成侵犯植物新品种权，赔偿金额是基于不正当竞争行为来确定的。另外相关尚未明确规定植物新品种权追偿费用的计算公式，也影响以本案的赔偿数额的构成。

对于赔偿数额的构成：一方面，本案认定的虚假宣传行为应当依据《反不正当竞争法》确定赔偿额，即赔偿额应以被侵害的经营者的损失或者侵权人所得利润计算，同时承担合理的维权费用，此属民事赔偿责任；另一方面，对于植物新品种临时保护期内发生的不正当竞争行为，可主张民事补偿责任，不能依照侵权赔偿责任确定赔偿。在追偿权期间，侵权人进行商业化生产、销售或存在不正当竞争行为时，自然会对品种权人可能获得的品种权益造成不利影响和利益损失，因此应给予原告以适当的补偿。补偿责任，不应等同于侵权赔偿。对以剽窃、篡改、假冒等非法手段对尚未授权的植物新品种进行商业化生产或销售时，则可依据追偿权并参照民事赔偿责任确定补偿金额，适当加重侵权人的违法成本。

本案并无侵犯植物新品种权之情形，不能依据《植物新品种保护条例》确定赔偿。在富民公司因不正当竞争行为所受损失与同根生公司因不正当竞争行为所得利益均无法确定时，一、二审法院考虑了如下因素：（1）同根生公司不正当竞争行为的性质、时间、后果、地域范围、主观过错程度；（2）富民公司权利的性质、类型，考虑富民公司与同根生公司系同属黑龙江省的同行业企业；（3）富民公司就"克山 1 号"大豆植物新品种权支付的独占实施许可使用费数额；（4）被诉侵权豆种的销售价格和数量；（5）富民公司为调查取证的支出等因素。综合上述因素，确定了同根生公司的赔偿数金额和方式，合理适当。

【总体评价】

1. 事实部分。

本案涉及的虚假标识授权品种名称应当受到《植物新品种保护条例》和《反不正当竞争法》的规制。本案一、二审部分事实不清，未准确认定涉案行为的性质，主要体现：一方面，擅自使用临时保护期内非授权品种，不具有排他的独占权，擅自使用未授权品种名称不构成侵犯植物新品种权，一、二审判决未给予认定；另一方面，本案应以混淆行为进行裁判，以虚假宣传行为定性有失偏颇，放纵了"搭便车"的不正当竞争行为。

对于不正当竞争行为的责任承担，同根生公司是涉案"克山 1 号"种子的销售者，并非"擅自使用"授权品种名称的责任主体，销售"擅自使用"授权品种名称的种子不必然构成不正当竞争行为。因同根生公司未提供合法来源的证明，法院认定其直接承担"擅自使用"的不正当竞争责任并无不妥，此事实认定正确。

2. 法律适用。

本案的基本事实不清，自然影响正确适用法律。本案并非虚假宣传行为，不应适用 1993 年《反不正当竞争法》第九条进行判决，同时适用第二条更为不妥，一审判决在适用法律上应予纠正。

对于本案不正当使用受到临时保护的未授权品种名称，该行为应当适用《植物新品种保护条例》第三十三条的规定，不构成侵权；同时，因构成混淆行为，可依 1993 年《反不正当竞争法》第五条①关于禁止仿冒行为的规定进行处理。当然，按照 2017 年《反不正当竞争法》的规定，则应适用该法第五条②的规定作为裁判依据。

【案例规则】

1. 植物新品种权的被许可人可在授权范围内行使追偿权，具有诉讼主体资格。

2. 擅自使用授权品种名称，使人误认为是授权品种，侵犯了植物新品种权，亦构成不正当竞争行为。

3. 品种权人因不正当竞争行为所受损失与行为人所得利益均无法确定时，应当综合考虑不正当竞争行为和授权品种的市场销售情况确定植物新品种权追偿数额。

---

① 《反不正当竞争法》（1993 年）第五条：经营者不得采用下列不正当手段从事市场交易，损害竞争对手：（一）假冒他人的注册商标；（二）擅自使用知名商品特有的名称、包装、装潢，或者使用与知名商品近似的名称、包装、装潢，造成和他人的知名商品相混淆，使购买者误认为是该知名商品；（三）擅自使用他人的企业名称或者姓名，引人误认为是他人的商品。

② 《反不正当竞争法》（2017 年）第六条经营者不得实施下列混淆行为，引人误认为是他人商品或者与他人存在特定联系：（一）擅自使用与他人有一定影响的商品名称、包装、装潢等相同或者近似的标识；（二）擅自使用他人有一定影响的企业名称（包括简称、字号等）、社会组织名称（包括简称等）、姓名（包括笔名、艺名、译名等）。

刘秋玲诉天津万赢科技有限公司技术合同纠纷案[①]

张 黎[②]

一、案例基本信息

案例类型	重大误解 技术开发 技术合同 民事案件
案例名称	刘秋玲诉天津万赢科技有限公司技术合同纠纷案
裁判文书	一审：天津市和平区人民法院（2015）和知民初字第0523号《民事判决书》 二审：天津市第一中级人民法院（2016）津01民终5460号《民事判决书》
合议庭成员	二审：审判长史会明、代理审判员雷艳珍、代理审判员王颖鑫
一审原告	刘秋玲
一审被告	天津万赢科技有限公司（本文简称"万赢公司"）
二审上诉人	万赢公司
二审被上诉人	刘秋玲
受理日期	二审：2016年8月19日
裁判日期	二审：2016年11月7日
审理程序	一审、二审
一审判决结果	一、撤销刘秋玲与天津万赢科技有限公司于2013年9月15日及同年9月17日分别签订的《手机客户端应用服务协议》（合同编号：SJKHDTJ-0506）及《服务条款》，《手机客户端应用服务协议》（合同编号：SJKHDTJ-0491）及《服务条款》； 二、天津万赢科技有限公司于判决生效之日起十日内返还刘秋玲技术服务费共计300000元人民币； 三、驳回刘秋玲的其他诉讼请求

① 本案为天津市2016年知识产权十二大典型案件之十。

② 张黎，北京市中伦文德律师事务所，执业律师。

续表

二审判决结果	驳回上诉，维持原判
涉案法律、法规和解释	一审： 《中华人民共和国合同法》第五十四条①、第五十八条②、第三百三十条第一款③、第三百五十六条④第二款 《中华人民共和国民事诉讼法》第六十四条第一款⑤ 《最高人民法院关于贯彻执行〈中华人民共和国民法通则〉若干问题的意见（试行）》第七十一条⑥ 《最高人民法院关于民事诉讼证据的若干规定》第二条⑦ 二审： 《中华人民共和国民事诉讼法》第一百七十条第一款第一项⑧

---

① 《合同法》第五十四条：下列合同，当事人一方有权请求人民法院或者仲裁机构变更或者撤销：（一）因重大误解订立的；（二）在订立合同时显失公平的。

一方以欺诈、胁迫的手段或者乘人之危，使对方在违背真实意思的情况下订立的合同，受损害方有权请求人民法院或者仲裁机构变更或者撤销。

当事人请求变更的，人民法院或者仲裁机构不得撤销。

② 《合同法》第五十八条：合同无效或者被撤销后，因该合同取得的财产，应当予以返还；不能返还或者没有必要返还的，应当折价补偿。有过错的一方应当赔偿对方因此所受到的损失，双方都有过错的，应当各自承担相应的责任。

③ 《合同法》第三百三十条第一款：技术开发合同是指当事人之间就新技术、新产品、新工艺或者新材料及其系统的研究开发所订立的合同。

技术开发合同包括委托开发合同和合作开发合同。

技术开发合同应当采用书面形式。

当事人之间就具有产业应用价值的科技成果实施转化订立的合同，参照技术开发合同的规定。

④ 《合同法》第三百五十六条：技术咨询合同包括就特定技术项目提供可行性论证、技术预测、专题技术调查、分析评价报告等合同。

技术服务合同是指当事人一方以技术知识为另一方解决特定技术问题所订立的合同，不包括建设工程合同和承揽合同。

⑤ 《民事诉讼法》第六十四条第一款：当事人对自己提出的主张，有责任提供证据。……

⑥ 《最高人民法院关于贯彻执行〈中华人民共和国民法通则〉若干问题的意见（试行）》第七十一条：行为人因对行为的性质、对方当事人、标的物的品种、质量、规格和数量等的错误认识，使行为的后果与自己的意思相悖，并造成较大损失的，可以认定为重大误解。

⑦ 《最高人民法院关于民事诉讼证据的若干规定》第二条：当事人对自己提出的诉讼请求所依据的事实或者反驳对方诉讼请求所依据的事实有责任提供证据加以证明。

⑧ 《民事诉讼法》第一百七十条第一款第一项：第二审人民法院对上诉案件，经过审理，按照下列情形，分别处理：（一）原判决、裁定认定事实清楚，适用法律正确的，以判决、裁定方式驳回上诉，维持原判决、裁定；

续表

裁判要点①	1. 行为人因对行为的性质、对方当事人、标的物的品种、质量、规格和数量等的错误认识，使行为的后果与自己的意思相悖，并造成较大损失的，可以认定为重大误解。 2. 合同无效或者被撤销后，因该合同取得的财产，应当予以返还；不能返还或者没有必要返还的，应当折价补偿。有过错的一方应当赔偿对方因此所受到的损失，双方都有过错的，应当各自承担相应的责任
案例规则	1. 以替换信息内容为履行义务的方式，不属于技术开发合同。 2. 行为人因对行为的性质、对方当事人、标的物的品种、质量、规格和数量等的错误认识，使行为的后果与自己的意思相悖，并造成较大损失的，可以认定为重大误解

二、案例综述

【主要诉请】

原告起诉请求：1. 撤销刘秋玲、天津万赢科技有限公司双方于 2013 年 9 月 15 日及同年 9 月 17 日分别签订的《手机客户端应用服务协议》及《服务条款》；2. 要求天津万赢科技有限公司返还刘秋玲服务费 300000 元；3. 要求天津万赢科技有限公司赔偿刘秋玲交通费损失 1744 元；4. 诉讼费用由天津万赢科技有限公司承担。

【基本事实】

1. 上诉人与被上诉人签订的《手机客户端应用服务协议》及《服务条款》是否应予撤销？

2012 年 5 月，刘秋玲从北京中搜网络技术股份有限公司处购买涉案关键词"水处理"、"酒店设备"。中搜公司向刘秋玲承诺在中搜公司搜索平台上做相应的网络页面，便可高价转让。刘秋玲购买该关键词（参见【名词解释】关键词）后，便一直有客户打来电话要求购买该关键词及与之相匹配的 APP 软件（参见【名词解释】APP 软件），出价高达 400 万元。大约 2013 年 8 月，万赢公司的工作人员找到刘秋玲，要求给刘秋玲做与其关键词相匹配的 APP 软件，并与之签订了涉案《手机客户端应用服务协议》及《服务条款》、《网络资源转让授权协议》，刘秋玲委托万赢公司制作涉案 APP 软件并代为转让该软件。上述协议签订后刘秋玲向万赢公司支付了涉案合同款 30 万元。万赢公司当庭表示刘秋玲的相关信息是从中搜公司获取的，并认为关键词必须进一步利用才能体现其价值，如做与之相匹配的 APP 软件、网站及申请相关

---

① 摘自二审《民事判决书》。

的域名。万赢公司确认了《手机客户端应用服务协议》及《服务条款》，但对《网络资源转让授权协议》予以否认。根据《手机客户端应用服务协议》及《服务条款》的约定：（1）万赢公司提供的手机客户端应用（以下简称客户端）服务是安装在互联网及移动互联网网站上的可供用户下载至手机上的应用程序，用户可以通过下载的客户端便捷地访问该手机客户端的相关信息；（2）合同中确认该程序为万赢公司自主研发；（3）刘秋玲在万赢公司交付相应的服务费用且完整提交相关资料后，在 30 个工作日内完成涉案 APP 软件的制作，并将相关管理权限、用户名和密码以电子邮件形式发给刘秋玲；（4）万赢公司在刘秋玲确认该软件完成填充内容后，协助刘秋玲将该使用安卓应用系统的涉案软件提交国内 3 个知名安卓电子市场，协助刘秋玲免费将该使用苹果应用系统的涉案软件以天津万赢科技有限公司名义提交至 AppStore，审核期限均由电子市场决定。但万赢公司一直未能替刘秋玲转让该软件，也再无电话要求购买该软件。刘秋玲认为万赢公司具有欺诈行为，遂诉至法院。

2. 涉案合同是否属于技术开发合同？

在庭审中，万赢公司认为双方的合同属于技术开发合同（参见【名词解释】技术开发合同），并当庭演示经刘秋玲确认，万赢公司对涉案软件的制作内容为：在涉案两个 APP 软件的各功能模块中填充了水处理设备及酒店设备这两个行业内的一般信息类内容。

三、案例评析

【案例背景】

最早的手机 APP 是苹果公司于 2008 年推出 AppStore，其中只有不到 500 个应用，但在随后的三年时间里，这个数字已经增长到 500000，累计下载次数更是高达 15,000,000,000 次，而且这个数字还在以几何形式增长。目前主要的四大 APP 系统是：1. 苹果 ios 系统版本；2. 塞班 Symbian 系统版本；3. 微软 Windows phone7 系统版本；4. 安卓 Android 系统版本。现在我们对 APP 软件已经不再陌生，APP 软件已经成为我们日常生活的一部分，甚至操纵着我们的日常生活和行为方式。随着 APP 软件技术的逐步推广，其所带来的新的商业模式和商业机会以及个性化的体验都促使国内 APP 软件技术的迅猛发展。在 APP 软件之前是搜索平台的关键词的发展时期。中搜公司成立于 2003 年，是国内电子商务平台服务提供商。主营第三代搜索引擎与个性化微件两大互联网技术，构筑国内首家行业应用的云服务平台，并称以独创的"合作经营"模式，充分结合传统产业的优势和资源，为传统产业提供电子商务解决方案。[①] 万赢公司的经营范围为：计算机网络设备、电子信息技术的开

---

① 参见：https://www.tianyancha.com/company/12482398?hi=s。

发、转让、服务、网页设计等。本案源起于 2012 年刘秋玲购买了中搜公司的关键词。到 2013 年，国内 APP 软件开发技术已经基本成熟，正处于占领市场、扩大经营成果的阶段。利用已被大量出售的关键词，营造关键词再"投资"，提升"价值"的"理念"，正好成为 APP 软件设计研发企业最为有利的营利点。

2015 年之后，智能手机所引发的围绕 APP 软件纠纷案件逐渐增多也就不足为奇了，恰如本案事发于 2012 年，但诉讼提起于 2015 年。"关键词投资升值"成为一夜的神话。此后围绕 APP 软件的纠纷案件从 APP 软件的开发、转让合同所产生的合同纠纷，很快延伸到商标权、著作权、信息网络传播权、不正当竞争等侵权纠纷。例如：2016 年福建法院知识产权司法保护十大案例之三的"参考消息报社与福建博瑞网络科技有限公司侵害商标权纠纷案"，在该案中：福建博瑞网络科技有限公司（下称"博瑞公司"）在其登记并实际经营的安卓市场平台，向网民提供名称为"参考消息"的 APP 手机应用程序，下载热度达到 13.22 万。2014 年 7 月，参考消息报社向博瑞公司发出警告函并要求其对涉案 APP 等客户端作下架处理。福州市中级人民法院认为：首先，博瑞公司在其经营的网站中提供"参考消息"手机 APP 应用程序下载服务及相关时政新闻财经信息阅览服务中使用了"参考消息"文字提示，属商标性使用了涉案注册商标"参考消息"。其次，参考消息报社和博瑞公司宣传载体虽不相同，但其宣传内容类似，消费群体相关。在各大媒体争相采用原有纸质载体和互联网传播方式向消费者提供新闻财经信息的社会形式中，博瑞公司通过提供软件下载服务及相关信息阅览服务，容易使相关公众认为该软件服务和信息阅览服务为参考消息报社提供或与其存在某种联系。故博瑞公司使用涉案商标所提供的服务与参考消息报社注册商标"参考消息"商品类似。再次，驰名商标认定遵从"按需认定原则"，本案运用商标法"混淆侵权"即可使涉案注册商标权益获得保护，故对参考消息报社提出的对涉案注册商标作驰名认定的主张不予支持。综上，一审法院判决博瑞公司赔偿经济损失 25 万元。福建省高级人民法院以调解的方式审结本案。① 技术是为人所用的，有人设计开发，就必然会被人非法利用——利用 APP 软件技术进行各类违法犯罪。例如：郭某、刘某非法获取计算机信息系统数据案，被告人通过反向编译他人手机 APP 软件的方式，破解手机 APP 软件向数据库服务器请求数据信息，将自己的手机 APP 软件进行模拟伪装，向被破解手机 APP 软件数据库服务器发送请求信息，获取他人计算机信息系统数据的违法行为构成

---

① 参见：http://bjlx.pkulaw.cn/case/pfnl_1970324845978970.html?keywords=APP%E8%BD%AF%E4%BB%B6&match=Exact。

非法获取计算机信息系统数据罪定罪量刑。[1] 廖某某等 2 人盗窃案亦是利用了 APP 软件进行的。根据新密市人民检察院指控，2017 年 5 月 20 日，赵建行（已判）在新密市嵩山大道供销社家属院内，通过 QQ 电话与被告人廖某某等 2 人预谋后，让廖某某等 2 人在周口市中州大道海燕新居家中，利用四川会购电子商务公司"半价团"APP 软件，将被害人马某"半价团"APP 账户中的 355 张话费充值卡盗走并售卖，非法获利 6450 元。被判处拘役两个月，缓刑三个月，并处罚金人民币 3000 元。[2]

【名词解释】

1. 关键词[3]。

"关键词"源于英文"keywords"，是图书馆学中的词汇，指单个媒体在制作使用索引时，所用到的词汇。关键词搜索是网络搜索索引主要方法之一，就是希望访问者了解的产品、服务或者公司等的具体名称用语。"关键词"的作用，是能够快速对某事、某物进行定位。[4]

2. SEO（搜索引擎优化）。[5]

SEO（搜索引擎优化）是针对搜索引擎对网页的检索特点，让网站建设各项基本要素适合搜索引擎的检索原则，从而收录尽可能多的网页，并在搜索引擎自然检索结果中排名靠前，最终达到网站推广的目的，从而提高网站访问量，最终提升网站的销售能力或宣传能力的技术。

3. 手机客户端[6]。

手机客户端是指可以在手机终端运行的软件。手机客户端为企业开辟全新的营销推广手段，手机客户端通过软件技术将公司把产品和服务介绍安装于客户的手机上，相当于把公司的名片、宣传册和产品等一次派发给用户，而

① 参见：http://bjlx.pkulaw.cn/case/pfnl_1970324846831733.html?keywords=APP%E8%BD%AF%E4%BB%B6&match=Exact&tiao=1。

② 参见：http://bjlx.pkulaw.cn/case/pfnl_1970324893848079.html?keywords=APP%E8%BD%AF%E4%BB%B6&match=Exact&tiao=1。

③ 图片来源：https://baike.sogou.com/v292307.htm?fromTitle=%E5%85%B3%E9%94%AE%E8%AF%8D。

④ 参见：https://baike.sogou.com/v292307.htm?fromTitle=%E5%85%B3%E9%94%AE%E8%AF%8D。

⑤ 参见：https://baike.sogou.com/v292307.htm?fromTitle=%E5%85%B3%E9%94%AE%E8%AF%8D。

⑥ 参见：https://baike.baidu.com/item/手机客户端/1944201。

且用户还会主动的保留他们。目前占手机客户端市场最大的系统是 Android、ios、windows 三大系统。

4. APP 软件。[①]

APP 是英文 Application 的简称，指智能手机的第三方应用程序。APP 技术最先是对软件进行加速运算的技术，基于 Paas 开发平台开发出的 APP，直接部署在云环境上，为企业进行集成，形成一种租用云服务的模式，继而 APP 技术还可以应用于移动互联网中。目前越来越多的商家和个人利用云平台打造和赢得商业机会，如淘宝开放平台，腾讯微博开发平台，百度应用平台都是 APP 思想的具体表现，一方面可以积聚各种不同类型的网络受众，另一方面借助 APP 平台获取流量，其中包括大众流量和定向流量。其目的是利用网站、微博、微信、移动客户端的特点，打通社会化营销渠道，提高品牌宣传的渗透度。[②]

5. APP 软件开发。[③]

APP 软件开发指的是手机应用软件的开发与服务。APP 软件作为企业、个人开辟全新的营销推广手段，其开发的原因主要有：（1）抢占商机，增强品牌传播速度和效率；（2）创造更多的盈利机会；（3）可根据自身特征，制作出最符合企业自身需求的客户端，满足不同价值客户的个性化需求；（4）相比派发宣传册与会员卡，移动应用程序不仅成效高，把企业的相关信息都包含在内，而且用户下载该程序是出于主动保留的心理，成效高，成本不会随着下载次数增加而增加。

APP 软件开发一般需要以下步骤：（1）规划应用 UI；（2）设计数据操作与存储；（3）跳转多页面实现；（4）实现 Service；（5）完善特性与细节；（6）移动应用程序测试；（7）打包、签名、发布。

在本案中，法庭查明的事实是万赢公司"对涉案软件的制作内容为：在涉案两个 APP 软件的各功能模块中填充了水处理设备及酒店设备这两个行业内的一般信息类内容"。

6. 技术开发合同。

技术开发合同是指当事人之间就新技术、新产品、新工艺或者新材料及其系统的研究开发所订立的合同[④]。法律规定的"新技术、新产品或者新材料

---

① 图片来源：https://baike.baidu.com/pic/ 手机软件 /7973966/0/9358d109b3de9c824b6acfc26681800a19d8436b?fr=lemma&ct=single#aid=0&pic=9358d109b3de9c824b6acfc26681800a19d8436b。

② 参见：https://baike.sogou.com/v61570988.htm?fromTitle=APP%E8%BD%AF%E4%BB%B6%E5%BC%80%E5%8F%91。

③ 参见：https://baike.sogou.com/v61570988.htm?fromTitle=APP%E8%BD%AF%E4%BB%B6%E5%BC%80%E5%8F%91。

④《合同法》第三百三十条。

及其系统"中的新是指当事人在订立技术合同时尚未掌握的技术方案,其实质要件是应当具备一定的技术先进性或者技术创新性。技术开发合同包括委托开发合同、合作开发合同和技术转化合同。

涉案合同中的一方当事人万赢公司确认其与刘秋玲签署的合同为技术开发合同,从合同约定的"在 30 个工作日内完成涉案 APP 软件的制作"以及刘秋玲的委托意图来看可以初步认定为双方之间的合同具有委托开发的意思表示。

7. 委托开发合同。

委托开发合同是一方当事人委托另一方当事人进行研究开发所订立的合同,即当事人一方仅提供资金、设备、材料等物质条件或者承担辅助协作事项;另一方当事人以自己的技术能力、技术人员进行和完成研发工作。[①]

从本案当事人各方的权利义务及履约行为来看,属于刘秋玲委托万赢公司就其购买的关键词"水处理"、"酒店设备"进行 APP 软件的开发,刘秋玲支付开发费用,但并不参与开发活动。因此,涉案合同应为委托开发合同。

8. 重大误解。

误解有两种含义,一是理解得不正确;二是不正确的理解。[②]乍看这两层含义相同,简单而言,第一个含义的重点在于后果,第二个含义重点在理解的方式方法上,其后果可能是正确的也可能是不正确的。重大是形容词,指大而重要[③],既包括范围、深度,也包括要紧的程度。

重大误解(在《合同法》语境下),指的是一方当事人因自己的过错导致对合同的内容等发生误解而订立了合同。误解直接影响到当事人所应享有的权利和承担的义务。误解既可以是单方的误解,也可以是双方的误解。

【焦点评析】

1. 涉案合同的性质是否属于技术开发合同?

技术开发合同(参见【名词解释】技术开发合同)有以下几个显著区别于其他技术合同的特征:

(1)未知性。在合同签订时,作为合同标的的技术属于双方当事人尚未掌握的新技术、新产品和新工艺或者新材料及其系统;未知性并不受限于地域范围,也不受限于现有技术的最高水平。凡是能够提高效率、提升质量、降低成本、减低能耗的均可以作为技术开发合同的标的;未知性不排除已经初步掌握和了解相关的一些技术内容、信息和在公知技术基础上的研究开发。

(2)风险性。伴随未知性的是风险性。因为是未知的新技术、新产品和

---

① 《律师办理技术合同非诉讼法律业务操作指引》(2015 年),中华全国律师协会。
② 《现代汉语词典》,商务印书馆第 6 版,第 1386 页。
③ 《现代汉语词典》,商务印书馆第 6 版,第 1691 页。

新工艺或者新材料及其系统，开发过程中因无法解决的技术难题或者被他人申请专利等原因导致无法实现合同目的，属于技术开发合同中特有的风险点，即合同履行的结果（签约目的）能否实现是不确定的。

（3）创造性和新颖性。技术开发合同的标的并不需要绝对的创造性和新颖性。但是为了避免重复性开发和研发成本、研发人员等资源浪费，在签署合同前一般双方当事人应当进行相应的技术调查、技术评估、风险预判和分析专利技术情报等工作。

从法院查明的事实来看，"万赢公司提供的 APP 软件分为行业标准版及行业百科版两个版本以供客户选择，针对涉案两个 APP 软件，刘秋玲选择了行业标准版的 APP 软件，该软件的前台功能表现为四个资讯模块及两个图文模块。四个资讯模块分别为行情动态、供求信息、技术动态及代理商机；两个图文模块为产品展示及企业推荐。上述《手机客户端应用服务协议》、《服务条款》及《移动 APP 需求表》均体现为格式条款。"

技术开发，顾名思义应当具有技术性的开发内容和行为，并实现合同约定的技术成果。当技术开发的受托方在已有的模板上仅仅将信息内容予以调换、补充、删减，很显然：①合同签约所要实现的技术成果是已经存在的；②仅仅将信息内容予以调换、补充、删减，并非具有智力劳动的基本属性，缺少技术开发的实质性要件。而从 APP 软件开发的一般性流程可以看出，在合同标的的 APP 软件开发（参见【名词解释】APP 软件开发）中，开发思路、功能设计（需求分析和个性化设计）、功能实现、测试等程序都是必要的。而前三项都具有技术创新的特点。在本案万赢公司缺少这些必要的开发程序，起码是无法证明。因此，涉案合同是名为技术开发合同，因万赢公司并无实际开发的内容和行为，导致法院认定"以替换信息内容为履行义务的方式，不属于技术开发合同。"的结果。

2. 本案是否构成重大误解？

重大误解（参见【名词解释】重大误解）是可撤销民事行为的法定事由之一，除了重大误解之外法定撤销事由还有：显失公平[①]。重大误解、显失公平、欺诈、胁迫是在民法意思表示中可撤销的行为，是基于当事人依法享有的撤销权而产生的。[②] 因重大误解而做出的民事行为一般具有以下构成要件：

①误解一般是因受害方当事人自己的过错造成的，而不是因为受到他人的欺骗或不正当影响造成的。这类合同多是由于当事人缺乏必要的知识、技

---

① 《民法通则》第五十九条：下列民事行为，一方有权请求人民法院或者仲裁机关予以变更或者撤销：（一）行为人对行为内容有重大误解的；（二）显失公平的。被撤销的民事行为从行为开始起无效。

② 参见：https://baike.baidu.com/item/ 重大误解 /3410875?fr=aladdin。

能、信息或交易经验而造成的，从而导致合同与当事人自己的真实意思相违背。根据《民法总则》第一百三十三条的规定：民事法律行为是民事主体通过意思表示设立、变更、终止民事法律关系的行为。当合同当事人对于自己不正确的理解所导致的意思"扭曲"是重大误解的第一构成要件。

在本案中，刘秋玲听信他人的言论及被多个电话误导，认为"关键词"匹配"APP软件"可以"升值"，有更大的盈利空间，因此决定花费30万元进行APP软件的开发，显然属于误解中的"不正确的理解"。

②当事人的误解必须是要对行为的主要内容构成重大误解。如果仅仅是行为的非主要条款发生误解且并不影响当事人的权利义务关系，就不能作为重大误解而撤销合同。也就是说，误解必须是对行为的内容发生误解。那么对签约目的和签约动机的误解是否可以构成《合同法》语境下的重大误解？有观点认为，对签约动机的判断错误不应构成重大误解。[①]笔者认为，对签约目的和签约动机的误解可能导致行为内容是基于误解所产生的，必然会影响到当事人双方的权利义务和合同利益，也应当属于重大误解予以撤销的合同。

③误解直接影响到当事人所应享受的权利和承担的义务。行为一旦生效，将会使误解方的利益受到损害。根据《最高人民法院关于贯彻执行〈中华人民共和国民法通则〉若干问题的意见（试行）》第七十一条的规定，行为人因对行为的性质、对方当事人、标的物的品种、质量、规格和数量等的错误认识，使行为的后果与自己的意思相悖，并造成较大损失的，可以认定为重大误解。重大误解必须是造成较大损失的，才可以认定为重大误解。因此，重大误解还必须符合"重大"这个形容词的限定。笔者认为这是为了稳定合同关系所做出的规定，从实质上讲，凡是因为重大误解所导致的与当事人的真实意愿不符所签订的合同，只要确认该误解足以导致合同目的和性质的变化、权利义务的重大变化都应当属于法定的重大误解，并不应以损失多少为认定标准，损失标准仅为辅助判断"合同目的和性质的变化、权利义务的重大变化"的标准。

在本案中，法院认为：行为人因对行为的性质、对方当事人、标的物的品种、质量、规格和数量等的错误认识，使行为的后果与自己的意思相悖，并造成重大损失的，可以认定为重大误解。首先，被上诉人基于投资关键词的目的，与上诉人签订了相关技术合同，其本意是通过转让关键词及与关键词相匹配的涉案APP软件实现盈利，而并非对相关技术的研究开发、相关技术问题的解决存在需求，双方当事人对合同性质的理解存在根本不同。其次，上诉人在明知被上诉人真实意图的情况下，在合同订立时未对涉案合同及服

---

① 参见：https://baike.baidu.com/item/ 重大误解 /3410875?fr=aladdin。

务条款的性质、标的、内容及可能产生的后果向被上诉人做出明确告知和充分解释，造成被上诉人对其行为的性质、合同标的物等相关情况产生了错误认识，致使涉案合同订立的后果与自己的意思相悖。最后，被上诉人在上诉人"进一步体现该关键词价值"的承诺影响下支付了不合理的高额对价，实际形成了较大的损失。故基于上述三点可以认定，涉案技术合同系双方当事人因重大误解而订立，准予撤销涉案合同。

3. 如果合同被依法撤销，双方当事人的损失大小及承担方式如何确定？

本案中涉及的重大误解是指《合同法》第五十四条规定的属于由人民法院或仲裁机构可以变更或撤销的"重大误解"。法院认为，合同无效或者被撤销后，因该合同取得的财产，应当予以返还；不能返还或者没有必要返还的，应当折价补偿。有过错的一方应当赔偿对方因此所受到的损失，双方都有过错的，应当各自承担相应的责任。

本案中，万赢公司作为专业的经营公司，理应明悉相关关键词投资、涉案技术研发的现实情况以及签订合同所应承担的法律后果，其在明知刘秋玲为相关领域非专业人员，欠缺识别投资风险能力的前提下，仍主动与其联系，以提高关键词价值的许诺性表述与其签订涉案合同，可以认定万赢公司的主观过错严重，应当返还刘秋玲支付的技术服务费并对己方付出的相关成本损失自行承担。

【总体评价】

1. 事实部分。

本案事实部分比较清晰。

2. 法律适用。

本案法律适用准确。但法院判决因同时适用了《合同法》第三百五十六条第二款的规定，且说明了"万赢公司履行合同的方式及内容未能体现是对新的软件技术的研发，或是为刘秋玲解决特定的技术问题所进行的工作，该软件亦不体现相应的价值"。应当在最终认定中明确"以替换信息内容为履行义务的方式，不属于技术开发合同，亦不属于技术服务合同"。

3. 典型意义。

一些科技企业经常将"网络关键词"进行包装，制作与网络关键词相匹配的"网络产品"进行投资，诸如APP软件、微信客户端及网站平台等，科技企业对外宣传其赋予了该"网络关键词"新的价值，可以与该"网络关键词"一并高价转让。借用有的当事人对于科技新名词、技术手段及市场状况并不了解，急于获利的心理，给予误导、引诱，使得当事人"主动"签约，有些性质还是十分恶劣的。在本案中，法院以"重大误解"和对"技术开发合同"的定性诠释法律的立法本意，无异于给一批有不当行为的企业予以严厉警示。

【**案例规则**】

1. 以替换信息内容为履行义务的方式，不属于技术开发合同。

2. 行为人因对行为的性质、对方当事人、标的物的品种、质量、规格和数量等的错误认识，使行为的后果与自己的意思相悖，并造成较大损失的，可以认定为重大误解。